禅外说禅

張中行————

著

三聯書店

責任編輯	劉汝沁
書籍設計	道 轍
書籍排版	楊 錄
校 對	栗鐵英

書　　名	禪外說禪
著　　者	張中行
出　　版	三聯書店（香港）有限公司
	香港北角英皇道 499 號北角工業大廈 20 樓
	Joint Publishing (H.K.) Co., Ltd.
	20/F., North Point Industrial Building,
	499 King's Road, North Point, Hong Kong
香港發行	香港聯合書刊物流有限公司
	香港新界荃灣德士古道 220-248 號 16 樓
印　　刷	美雅印刷製本有限公司
	香港九龍觀塘榮業街 6 號 4 樓 A 室
版　　次	2022 年 6 月香港第一版第一次印刷
規　　格	32 開（130 × 190 mm）480 面
國際書號	ISBN 978-962-04-4951-2

© 2022 Joint Publishing (H.K.) Co., Ltd.

Published & Printed in Hong Kong

目錄

第一章

弁言

—— **1.1** ——

1.1.1 緣起（一）

想起我與禪的關係，說來話長。最早大概是青少年時期，看《紅樓夢》，第九十一回寫黛玉和寶玉用禪語問答：

> 黛玉乘此機會，說道："我便問你一句話，你如何回答？"寶玉盤著腿，合著手，閉著眼，撅著嘴道："講來。"黛玉道："寶姐姐和你好，你怎麼樣？寶姐姐不和你好，你怎麼樣？寶姐姐前兒和你好，如今不和你好，你怎麼樣？今兒和你好，後來不和你好，你怎麼樣？你和他好，他偏不和你好，你怎麼樣？你不和他好，他偏要和你好，你怎麼樣？"寶玉呆了半晌，忽然大笑道："任憑弱水三千，我只取一瓢飲。"黛玉道："瓢之漂水，奈何？"寶玉道："非瓢漂水，水自流，瓢自漂耳。"黛玉道："水止珠沉，奈何？"寶玉道："禪心已作沾泥絮，莫向春風舞鷓鴣。"黛玉道："禪門第一戒是不打誑語。"寶玉道："有如三寶。"

話撲朔迷離，像是句句有言外之意，覺得有意思。甚至覺得巧，因為化顯為隱，使難說的變為可以說。

過了些年，興趣早已離開編撰的故事而轉到實在的人生。自己思索，疑難很多，於是求外援。希望能夠"朝聞道"；未能如願只好多方尋求，看看所謂賢哲都是怎麼想的。這包括古今中外。這裏撇開外和今，專說中和古。就現存的文獻説，儒家大概是最靠前的（《老子》時代有問題），道家大概是最深入的。順路往下走，自然會碰到佛家。儒家講"率性之謂道"（《禮記·中庸》），也講修齊治平（指修身、齊家、治國、平天下。見《禮記·大學》）。道家講"知其不可奈何而安之若命"（《莊子·人間世》），也講"治大國如烹小鮮"（《老子》第六十章）。只有佛家，總是喊"生死事大"，雖然也不能不把在上者奉為大檀越。總之，與孔孟、老莊相比，釋迦的思想言論似乎離個人更近。於是看，通過空、有，通過般若、法相，等等，想大致了解，對人生，他們是怎樣看的，對其中較為突出的問題，他們是怎樣對付的。五花八門，但也萬變不離其宗，是以"悟"力脱"苦"境。悟，何以能得？於是就不能不碰到"禪"。這之後，就扔開俱舍、法華等等而讀《古尊宿語錄》《五燈會元》一類書。一讀才知道，這些所謂禪師比黛玉和寶玉厲害得多，因為二玉的話雖然迷離，卻沾邊，禪師的話是不沾邊，甚至像是夢中説囈語。舉一點點為例：

❶ 黃檗希運禪師——（丞相裴公）問："聖人無心即是佛，凡夫無心莫沉空寂否？"師云："法無凡聖，亦無空寂。法本不有，莫作無見；法本不無，莫作有見。有之與無，盡是情見，猶如幻翳。所以云：'見聞如幻翳，知覺乃眾生。'祖宗門中只論息機忘見，所以忘機則佛道

隆，分別則魔軍熾。" 　　　　　　　　　　（《古尊宿語錄》卷三）

❷ 趙州從諗禪師 —— 僧問："如何是古佛心？"師曰："三個婆子排班拜。"問："如何是不邊義？"師曰："一個野雀兒從東飛過西。"問："學人有疑時如何？"師曰："大宜小宜？"曰："大疑。"師曰："大宜東北角，小宜僧堂後。"問："柏樹子還有佛性也無？"師曰："有。"曰："幾時成佛？"師曰："待虛空落地時。""虛空幾時落地？"師曰："待柏樹子成佛時。" 　　（《五燈會元》卷四）

❸ 臨濟義玄禪師 —— 上堂。僧問："如何是佛法大意？"師豎起拂子。僧便喝，師便打。又僧問："如何是佛法大意？"師亦豎起拂子。僧便喝，師亦喝。僧擬議，師便打。師乃云："大眾！夫為法者不避喪身失命。我二十年在黃檗先師處，三度問佛法的大意，三度蒙他賜杖，如蒿枝拂著相似。如今更思得一頓棒吃，誰人為我行得？"時有僧出眾云："某甲行得。"師拈棒與他。其僧擬接，師便打。 　　　　　　　　　　（《古尊宿語錄》卷四）

❹ 昭覺克勤禪師 —— 入侍者寮。方半月，會部使者解印還蜀，詣祖（五祖法演，非弘忍）問道。祖曰："提刑少年曾讀小艷詩否？有兩句頗相近，頻呼小玉元無事，只要檀郎認得聲。"提刑應"喏喏"。祖曰："且子細。"師適歸，侍立次，問曰："聞和尚舉小艷詩，提刑會否？"

　　祖曰："他只認得聲。"師曰："只要檀郎認得聲。他既認
得聲，為甚麼卻不是？"祖曰："如何是祖師西來意？庭
前柏樹子。聻！"師忽有省。遽出，見雞飛上欄干，鼓翅
而鳴，復自謂曰："此豈不是聲？"遂袖香入室，通所得，
呈偈曰："金鴨香銷錦繡幃，笙歌叢裏醉扶歸。少年一段
風流事，只許佳人獨自知。"祖曰："佛祖大事，非小根
劣器所能造詣，吾助汝喜。"祖遍謂山中耆舊曰："我侍
者參得禪也。"

（《五燈會元》卷十九）

　　例 ❶ 雖是正面說，可是拈舉有無，意思玄遠，並且有矛
盾。例 ❷ 大部分是所答非所問；至於大宜（便）小宜（便），
簡直是開玩笑。例 ❸ 近於演啞劇，用形相表玄意。例 ❹ 只有
佳人獨自知的風流事竟是非小根劣器的造詣之證，而且徒自
信，師印可，他們共同的（假定能夠共同）意境究竟是甚麼？
這裏面應該有看人生、對待人生的所謂"道"，可是這道是怎
麼回事？簡直莫明其妙。

　　有那麼一種講歷史的書，觀點鮮明，解決這個疑難的辦
法很乾脆，用一種中藥名為"一掃光"的，說都是欺騙。欺有
外向、內向之別，外向（欺人）比較容易講；內向（自欺）不
容易講，因為牽涉到主觀、客觀的問題，相對真、絕對真的問
題，還牽涉到雅名所謂立場、俗名所謂眼鏡的問題。在這種地
方，我們最好還是虛心一些，暫不戴有色眼鏡，看看大批語
錄所反映的，作為人生之道，究竟是怎麼回事。顯然，其中會

雜有渲染，甚至誇大，更甚至自欺欺人。但璞中有玉也是世之常理；正面説，我們總不能設想，禪宗典籍中所説，許多古德的思想與行事，都是假的。儒家講究"躬自厚"，"能近取譬"（《論語·雍也》），我們可以本此精神想想，有不少古德，甘居草野，粗茶淡飯，不娶妻，如果他們沒有與常人不同的想法，或説所謂"信"，這辦得到嗎？如果還覺得這不算甚麼，就無妨自己試試。這是內證。還有外證，是一千多年來，禪影響很大，如上面所引，連年輕的蘇州姑娘林黛玉，到有難言之意難表之情的時候，也不得不到這裏來討點巧；至於不年輕的秀才們或老爺們，如白香山、蘇東坡之流，就更不用説了。

禪是客觀存在。可是禪的語言多以機鋒出現，言在此而意不在此，打破了"名者，實之賓也"的表達規律，因而以言考實，它就如《老子》所説："道之為物，惟恍惟惚。惚兮恍兮，其中有象。恍兮惚兮，其中有物。窈兮冥兮，其中有精。其精甚真，其中有信。"象，物，精，都真而有信，遺憾的是外面有恍惚、窈冥罩著，我們只能覺得有而看不清形質。多年以來，由讀書的角度看，中文典籍，包括四部九流，我感到最難讀的是禪宗語錄。儒家的"中庸""慎獨"等，道家的"逍遙""坐忘"等，不管意思如何微妙，總容許由字面探索。禪則不然，面對文字，卻不能照文字解，打個比方説，甲約乙在北京站見面，乙知道必不是北京站，那他到哪裏去赴約呢？這是雖見文字而幾乎等於不見文字。當然可以臆測，也必致臆測，如由"北"而聯想到北新橋，由"站"而聯想到永定門車站，等等，可是怎麼能知道某一種聯想可能正確甚至一定正確呢？不能知道，說嚴重一些，那就是讀了等於不讀。情況就是如此。但知難而退也不易，因為探討人生，總不能不聽聽禪家的發言。結果就成為進退兩難：吃，怕燙；不吃，饞得慌。對於禪，很長時期心情就是這樣。

1.1.2 緣起（二）

四十年代後期，由於某種機緣，我主編一種研討佛學的期刊《世間解》。約稿難，不得不廣求師友。其中顧羨季（隨）先生是熟悉禪的，於是就求他寫了《揣籥錄》（後收入上海古籍出版社 1986 年版《顧隨文集》）。揣籥的故典來自蘇東坡《日喻》："生而眇者不識日，問之有目者。或告之曰：'日之狀如銅盤。'扣盤而得其聲，他日聞鐘，以為日也。或告之曰：'日之光如燭。'捫燭而得其形，他日揣籥，以為日也。……道之難見也甚於日，而人之未達也無以異於眇。……故世之言道者，或即其所見而名之，或莫之見而意之，皆求道之過也。"顧先生取義甚明，是謙遜；如果把引文中的"道"換為"禪"，義就更明，是主觀的胡猜。全文由《小引》到《末後句》，共十二章，談了禪法的各個方面，或者說，兼及表裏，兼及知行，而且妙在，推古德之心，置學人之腹，一併以散文詩的筆法出之。刊出之後，讀者很快有反應，要點有二：一是好，二是深。覺得深，我的看法，是因為：一，顧先生雖是在家人，講禪卻還是坐在禪堂之內；二，行文似是為上智說，輕輕點染，希望讀者聞一以知十。關係重大的是前者，在禪堂之內說，一就不能不隨著禪師的腳步走，二就難於俯就常識，化為淺易。想卑之無甚高論，需要寫些初學能夠了然的文章，顧先生希望我勉為其難。我答應了，可是心為物擾，一直到五十年代初才拿筆，寫了一篇《傳心與破執》，刊在 1953 年 11 月號的《現代佛學》上。如文題所示，這是想用常人的常識講禪，可是篇幅不很長，其結果自然是，既不能全面，又不能深入，甚至比顧先生的"揣籥"更不能言下大悟。

一晃三十年過去，隨著運動動了若干次之後，心情漸漸平靜。吃飯睡覺，仍然不能不接觸人生。也沒有忘記人生。"死生亦大矣"（《莊子·德充符》引孔子語），於是有時就想到禪。漸漸還產生了弘願。我想，至晚由南朝晚年開始，在中土文化中，禪成為相當重要的成分，有相當多的人走入禪堂，企圖了他們的所謂"大事"，不走入的，有不少人樂得從禪堂討些巧妙，來變化自己的文章，思想，甚至生活，勢力這樣大，卻面目不清楚，能不能弄個放大鏡，上上下下，前前後後，左左右右，仔細看看，大致弄清廬山真面之後，把自己的所見告訴也感到困惑的人？這自然不容易，原因是一，客觀的，禪，複雜而恍惚，難於看清楚；二，主觀的，我，不只學力有限，而且缺少參的經驗。但我不想知難而退，因為我覺得，一，緊跟著品頭論足，總會比目不邪視看得清楚些；二，細看，有個印象，舉以告人，總會比沒有人過問好一些。本於這樣的弘願，或這樣的妄念，我決定試試。

1.2

禪內禪外

　　説禪，書名的前半是"禪外"，有人會想，這是表示自己是門外漢。這樣理解對不對？也對也不對。對，因為一，余生也晚，即使想參禪，已經沒有曹溪、百丈、雲門等等那樣的環境；二，讀語錄，如果説間或還能心領神會，所領所會的大多是各式各樣的機鋒之下的"不契"，而不是聽驢叫、見桃花而悟的"悟"。但這沒有甚麼大妨害，因為就是唐宋時代走入禪堂的人，也是不契者很多而悟者很少。這樣説，謙遜不謙遜也就關係不大；在禪外説，應該還有另外的或説積極的理由。

1.2.1 在外有自由

　　在禪內，我的理解，是走入禪堂，踏著祖師的足跡，求了所謂生死大事。這樣做，思想方面必須有個前提，是相信生死事大，並且可以通過悟求得解脱。這，換句話説，是自己先要成為信士弟子。成為信士弟子有甚麼不好嗎？人各有見，知行貴能合一，新的説法是信教自由，當然沒有甚麼不好。問題是，這裏的要求不是走入禪堂坐蒲團，而是想搞清楚，坐蒲團，以及所言所行，尤其所得（如果有），究竟是怎麼回事。還是用上面用過的比喻，這是用放大鏡，上下前後左右仔細端詳某種對象，而不是自我觀照。仔細端詳，可以看見桃腮杏眼；但也有可能，看的不是桃腮杏眼，而是某處有個傷疤。

説不説？遇見這種情況，禪內禪外就有了大分別。在禪內，根據戒律，妄語是大戒，明載著，當然可以説，應該説。可是還有個不明載著的更為根本的戒，是不能不信佛所説（呵佛罵祖是修持手段，非叛教）。顯然，這就會形成難以調和的矛盾，説形象一些，如已經走入禪堂，坐在蒲團之上，忽然發奇想：見性成佛，入涅槃妙境，不會是幻想嗎？也許竟是幻想吧？心行兩歧，很難辦。佛法無邊，也只能以"不共住"（也就是趕出禪堂）了之。如果沒有走入禪堂，那就沒有這樣的麻煩，因為本來就沒有共住。考慮到這種情況，所以説禪，如果決心知無不言，言無不盡，那就只好站在禪堂之外。這取其消極的意義是避免不共住的處罰，積極的意義是旁觀者自由，可以怎樣想就怎樣説。

1.2.2 著史只能在外

由現在的一般人看，禪是中土文化的一種現象，或一種成分。如果同意這種看法，顯然，寫它，那就最好把它當作文化史的一個分支來對待。這樣，寫史，以今述昔，自然只能站在外面動手。理由可以分作三項説。一，著史貴在記實，不偏不倚，如果是坐在禪堂之內，那就要忙於參機鋒，解公案，甚至進而宣揚"庭前柏樹子"的妙理，其結果就難於不偏不倚。二，禪是文化史的一支，文化有多支，多支間有千絲萬縷的關係，想明白一支，就不得不時時看看多支，如果已入禪堂，那就難得平等地觀看多支，不見多支，講一支就難得講清楚。

三，以太史公著《史記》為例，寫垓下之圍，不管怎樣希圖繪
虞姬之影，繪項羽之聲，也只能在漢武帝時的長安寫，因為無
法置身於其中。

1.2.3 易解的路

禪，難解。想變難解為易解，介紹，評論，都不得不用現
在一般人能夠理解、容易接受的辦法。這辦法是甚麼？不過是
注意兩個方面。一是"態度"方面，要客觀，或打個比方說，
是不要像廣告，而要像記者述評。廣告是在內的人寫的，保養
藥，一夜可以使病號變為大力士；化妝品，一瞬間可以使無鹽
變為西施。記者述評就不然，是在局外寫，雖然有時也難免略
有傾向，但就大體說，總不能不擺事實，講道理。可見在內就
容易主觀；近理，就不能不在外。二是"表達"方面，要現代
化。過去講禪，幾乎都是老的路子。這不能怪它，因為那時候
還沒有西化的新術語，所以只能在自性清淨、真如實相，以及
水牯牛、乾屎橛等等中翻來覆去，而這些，正是現在一般人感
到莫明其妙的。想變莫明為能明，不管介紹還是評論，都應該
用（至少是多用）現代通行的術語，擺在科學的或說邏輯的條
理中，讓人領會。禪或者不能算科學，但它是文化的一種現
象，同樣是事實；是事實，我們總能夠解釋它，或說把它化為
科學常識。想變恍兮惚兮為明晰易解的科學常識，自然也只能
在禪外說。

1.3

史料問題

　　介紹，評論，要根據事實；事實由史（各種記錄）中來。可是說到史，一言難盡，想所記皆實，說是難上加難還不夠，應該說是絕對辦不到。原因很多。最輕微的是感覺、知識、記憶之類有誤，這是想據實寫而所據並不實。退一步說，即使所據是實，語言文字與現實終歸是兩個系統，想合一必定做不到。還有較嚴重的，是等而下之的種種。所記不實，可以出於偏見，如張三和李四衝突，動了手，在張三一面的筆下是李四先舉起拳頭，在李四一面的筆下卻相反。還有必須不實的，是照例要頌聖、罵賊。帝王降生，祥雲照戶，逐鹿失利，蜂目豺聲，等等美言惡語都屬於此類。因此，遠在戰國時代，孟子已經慨嘆："盡信書則不如無書。"（《盡心下》）可是，談論舊事又不能無書。中間的一條路是考證，去偽存真，利用可信的事實，捨棄不可信的非事實。但這很不容易，因為既牽涉到文獻的數量，又牽涉到史才和史識的程度。文獻不足，只好存疑；無才無識，難免道聽途說，將錯就錯。

　　以上是就一般史實說；至於宗教，尤其佛教與禪，那就嚴重得多，甚至可以說是另一回事。這也難怪，宗教想解決的不是家常的柴米油鹽問題，而是有關靈魂、永生之類的問題。靈魂，永生，由常人看來是非人力所能及，可是創宗立教，就必須證明難及為易及，不能及為能及，於是就不能不到舉手投足之外去尋求力量，或者說，不能不乞援於神異。佛教來自印度，古印度是最喜歡並最善於編撰神話的，於是近朱者赤，由釋迦牟尼創教開始，或有意或無意，就也連篇累牘地講神異。如降生時是：

> 佛初生刹利王家，放大智光明，照十方世界。地湧金蓮華，自然捧雙足。東西及南北，各行於七步。分手指天地，作獅子吼聲。上下及四維，無能尊我者。

> （《景德傳燈錄》卷一引《普曜經》）

其後，由成道、轉法輪（傳道），一直到入涅槃（寂滅），是處處充滿神異。這神異還從教主往四外擴張，三世諸佛，以及無數的菩薩、羅漢，都是具有多種神通。這些，因為我們是現代的常人，頭腦中科學常識佔了主導地位，想信受奉行自然有大困難。

縮小到中土，再縮小到禪，也是如此，常常不免因誇飾而失實。大的如道統，由菩提達磨到六祖慧能這一段，看《六祖壇經》，是如此如此傳授，看《楞伽師資記》，是如彼如彼傳授，同物異相，可證，至少是可以設想，傳說的南宗的光榮歷史，其中有些大概並不是事實（詳見第五章）。小的如大量的著名禪師的事跡，初始的一段是有異稟異相，末尾的一段是預知示寂的時日，等等，與我們大家都看到的“人”（禪師也是人）的事跡合不攏，顯然也應該歸入神話一類。就是不神異的那些，見於大批僧傳、語錄中的，就都可信嗎？也不能這樣一攬子計劃。原因是：一，材料的大部分來自傳說，傳說，由甲口到乙口，由乙口到丙口，等等，不能不因記憶、措辭等而變，尤其不能不因個人的想炫奇鬥勝而變。二，即使是親炙弟子記的，因為意在揚善以取信，所記也會或多或少地走些樣子。所有這些就給介紹和評論帶來相當嚴重的困難。更加困難的是必不能滿意地解決，就是說，引為典據的，總難免，零星的，甚至大塊頭的，以為可信的，原來並不可信，或不都可信。怎麼辦？顯然，正如寫其他史書一樣，也只能以科學常識為尺度，量一量，選取合用的，或為篩子，篩一篩，選取有分量的。但這終於難免混入個人之見，譬如說，對於捨去的那些，坐在禪堂內的人就未必不看作珍寶。在這種地方，兩全之道是沒有的，也只能言自己的所信而已。

1.4

也是揣籥

有些洩氣的話應該說在前面，是成果未必能夠與主觀願望相副。更明確一些說，是想說清楚卻未必能說清楚，想說對了卻未必能說對了。這，原因的一部分是客觀的，本來是恍兮惚兮，自然難於化為清兮晰兮。但也可以多反求諸己，說自己沒有慧眼，因而不能於恍惚中看到清晰。總之，結果是一樣，是許了願卻未必能還願；甚至可以說，在有些地方，一定不能還願。這類地方，多得很，只舉一點點例。

一個最大的是參的所求，或說悟的所得，用舊的名相容易說，真如，實相，佛性，涅槃，菩提，自性，以至彼岸，淨土等等，都可以；但就怕碰見追根問柢的人，一定要求講明白，甚至要求拿出來讓他看看，怎麼辦？依理，既然有實相，在彼岸，就應該指給想看的人看看。可是，偏偏這不同於現在的宏觀世界和微觀世界，可以用大鏡子和小鏡子，或數字和方程式，讓人看到或悟到。不能讓人看到，很可能是因為這本來就非視覺所能及。不能及，還要講，就不能不乞援於推想。推想，錯的可能自然是有的。

另一種，數量更多，是古德用機鋒引導，學人有省，如果這都像記錄的那樣貨真價實，這條通路，內容和作用究竟是怎麼回事？顯然也只能推想。推想，也就難於避免錯的可能。

此外，還有不少過於離奇而費解的，只舉一個例。《五燈會元》卷六"亡名道婆"條：

　　　　昔有婆子供養一庵主，經二十年，常令一二八女子送飯給侍。一日，令女子抱定，曰："正恁麼時如何？"主曰："枯木倚寒岩，三冬無暖氣。"女子舉似婆。婆曰："我二十年只供養得個俗漢！"遂遣出，燒卻庵。

按照書的體例以及記錄的口氣，這裏以禪理為標準，論高下是婆子高而庵主下，論是非是婆子是而庵主非。為甚麼？可惜道婆沒有說明理由。我們想補理由，不容易，因為不能躲開

"女子抱定"。不得已，只好求救於《六祖壇經》，庵主是"臥輪有伎倆，能斷百思想"，所以錯了。或者更深地追求，道婆是"煩惱即是菩提，無二無別，若以智慧照破煩惱者，此是二乘見解"，所以對了。這説來像是頭頭是道，但"道"，要不只能説，而且可行。如何行？那就不可免，要"不斷百思想"，要保留"煩惱"。這據我們常人的理解，也許就是無妨"動心"吧？可是，真要是這樣，影響就太大了，積極的，修不淨觀，消極的，持五大戒，就都完了。世俗的，如宋人筆記所説：

> （蘇）東坡守彭城，參寥往見之。坡遣官奴馬盼盼索詩。參寥作絕句，有"禪心已作沾泥絮，不逐東風上下狂"之語。
>
> 　　　　　　　　　　　　　　　　　　　（《續骫骳説》）

歷來傳為美談的，也就隨著完了。在禪宗歷史中，道婆燒庵是有名的公案，究竟要表示甚麼道理？——當然，如果只是玩玩機鋒，我們也可以為庵主想想辦法，如乞援於祖師，説"仁者心動"，或乞援於流行的成句，説"人面不知何處去，桃花依舊笑春風"（崔護《題都城南莊》）之類，也許就可以不被趕出去吧？這裏的問題不是被趕不被趕，是被女子抱定時，依照禪理，究應如何反應（語言的，身體的，心境的）。這，至少我覺得，是很難辦。

總之，説禪，我們不能不利用有關禪的記錄，而這些記錄所顯示的，有些苦於看不清，有些苦於拿不準。其結果，自然不免如《日喻》所説，"聞鐘，以為日也"，"揣籥，以為日也"。

第二章

觀照人生

2.1

宇宙和人生

佛教，教義或佛理，來源於對人生（或世間）有某種看法，對人生問題有某種解決辦法。因此，說禪，說佛教，有如尋長江、黃河的源頭，不能不由人生說起。

人生是"一"，人生之道（包括看法和對待辦法）是"多"。有一種道，在老莊眼裏也許是最高的，是"不識不知，順帝之則"（《詩·大雅·皇矣》）。但這很不容易，即以老莊而論，讚頌"虛其心，實其腹"（《老子》第三章），讚頌，就是已經在比較、選擇，也就是心裏早已裝了不少東西，並非虛其心，不識不知。這裏的情況，正如鄭板橋所說，是"難得糊塗"。不能糊塗，睜眼就會看見人生，閉眼就會為這樣那樣的人生問題所苦。如孔子就頗有這種心情，所以說："朝聞道，夕死可矣。"（《論語·里仁》）

回到亞當和夏娃的伊甸園時期，至少就常態的人說，是辦不到了。所以就只好接受現實，該看就看，該想就想。遺憾的是，有不少現象，簡直想不明白；有不少問題，簡直無法解決。一個最大的是人生的環境或基地，舊的說法是天地，新的說法是宇宙，究竟是怎麼回事，我們弄不清楚。由有文獻記錄起，人們就在猜謎，陰陽五行，無極而太極，地水火風，上帝創世，等等，費了很大力，所得也許不值後來人一笑。笑人的後來人呢？所知顯然多了，大的，由銀河系到類星體，小的，由分子到基本粒子，外加相對論和測不準原理，等等，可是，如果以徹底了解的要求為鵠的，究竟比陰陽五行之類前進了多少？像是只移動了一點點。我們住在"有"的世界裏，"有"是怎麼回事？甚至證明其為"有"，除了直觀以外，我們也是想不出好辦法。在這種地方，萬不得已，我們還是只能接受或者可以稱之為本能的信仰，我們既然已經"感"其為有，那就只好"信"其為有。

信為有，定了，接著會碰到一連串問題。為甚麼會"有"，不是"無"？有沒有起因？如果有，這"因"或"最初"是甚麼？想到初，自然連帶會想到"趨向"，向哪裏？如果有所向，即傳統所謂"天命"，是不是蘊涵著"目的"？目的，由"意志"的橋一跳，就會過渡到"生命"，與"人生"近了，不可避免地又會引來一連串問題。

這一連串問題，因為接近，所以就更加迫切，甚至更加嚴重，而且就是以"個人自掃門前雪"為信條的人也躲不開。古今中外的賢哲，幾乎都是不想躲。有的甚至追得很深遠，如法國的笛卡爾，一疑再疑，最後對"我"的存在也起了疑心。左思右想，渴望證明其為有。最後還是借重左思右想，說："我思，故我在。"證明"我"不是虛假的，拍拍胸脯就是。這樣證明，後來有人（如羅素）認為也是自己騙自己，因為"思"只能證明"思在"，"我"是偷偷跟進來的。我們是常人，可以不（甚至不應該）這樣走入思辨的奧境；那就還是借重於常識或本能的信仰，說，不管原因和證據是甚麼，"我"的確是存在。"我"有了穩固地位,與"我"有關的"人生"也就成為硬梆梆的現實。人生,與宇宙相比,雖然個頭兒小得可憐,但它是家門之內的事,所謂休戚相關,因而就不能引來更多的人的更深沉的思慮。

━━━━━━ **2.2** ━━━━━━

人生問題

人生問題,以著書立說或聚徒授業的為限,西方由蘇格拉底起,東方由孔子起,可以說有數不清的人在這方面費盡了心血。所得不能說少。但是,惟其因為看法和辦法也多,我們可以推論,就質說,所得並不很多。明確一些說,所得的十之九是病情方面的清楚,不是藥理方面的有效。說起病情,大大小小,一言難盡。這裏選一點點大戶談一談。

2.2.1 目的難證

上面曾說到"目的",人生有沒有目的?以我們現在所知的宏觀世界為背景,像是不能給目的找到靠山。生命是自然演化的一種現象,如何來,正在摸索;如何去,連摸索也談不到。"人為萬物之靈",這是出於"人"之口的話;如果出於"羊"之口,那就很可能是截然相反的一句,因為吃烤羊肉串的是人。由哲理方面考慮,目的是途程中的最遠點,指定者應該是人以外的甚麼。古人設想是"天"，或説"上帝"，或説"神"，不管怎麼稱謂，都是性格遠遠超過人的甚麼，或説至上的甚麼。可是這"甚麼"是設想的，或説是由人能造許多物品推想的，證明其為有很難。退一步説，即使勉強以不能無中生有為理由，向上一級一級地推出個全知全能全善的甚麼，我們也不可避免地要碰到個邏輯問題，這"甚麼"的上面應該還有甚麼，因為無中不能生有。這是説，在我們的知識系統裏，不能推出最初因。不得已，再退一步，承認有個全知全能全善的甚麼，有許多現象也顯然與這種設想不能協調。如一，目的應該是可取的，力求達到的，既然全能，為甚麼不把它放近些？二，目的不應該是反善的，可是世間分明有不少惡，這怎麼解釋？三，還是説世間，根據地質學家的考證，有不少生物曾經盛極一時，可是滅絕了，這也是目的中應有的事嗎？四，即以日常雜事而論，吸紙煙，打麻將，以及夫妻吵架，飛機失事，等等，説都是預定的趨向某遠點的應有的階段，就更不能取信於人了。其實，設想有目的，性質不過是小生意想賺大錢，自我膨脹。常説的"活得有意義"，"這輩子沒白來"，以及"佛以一大事因緣出世"，等等，也是這種奢望的表現。奢望的根柢是信仰。信仰有用處，或有大用處，是可以由它取得心安。但心理的滿足與事實如此是兩回事。這引來的問題就是：有目的是好事，可惜像是沒有。

2.2.2 義務和善念

目的，玄遠，搞不清，或說鞭長莫及，我們只好縮小範圍，由天涯回到己身，想想怎麼樣生活才好，才對；或者說，就一個人說，未來的路像是很多，究竟應該選擇哪一條？這太繁雜，不好說，只好由概括方面下手，轉為道德哲學的問題，是：評定行為的善惡或對錯，應該以甚麼為最根本的標準？這答案，在古今中外賢哲的言論中也是五花八門。但大致可以綜合為兩類，曰 "義"，曰 "利"。先說義。孟子說："生，亦我所欲也，義，亦我所欲也，二者不可得兼，舍生而取義者也。"（《孟子・告子上》）這是說，只有合於義的行為才是善的，對的。歷代道德哲學家，或不成家而也談論這類問題的人，甚至常人，自覺或不自覺，幾乎都可以算作這一派（推重品德就是一證）；自然，說到實行，至少有相當多的人，那就是另一回事了。專就理的方面說，以義為評價行為的標準，問題也不少，只說重大的。一是根基相當渺茫。義好，對，不義不好，不對，誰規定的？古人說："皇天無親，惟德是輔。"（《尚書・周書・蔡仲之命》）說本源是天命。可是天命虛無縹緲，難知，尤其難證。外，找不到，只好反求諸己，說是內心有良知良能。可是這同天命一樣，也是虛無縹緲，難知難證。而且不只如此，我們找它，它卻常常和人欲糾纏在一起，使我們大失所望。總之，以義為有大價值，像是很應該，卻有缺陷，是難於找到它的娘家。以人為喻，沒有根，取得信賴就很難。二，窮理要追根，而義常常像是背後還有甚麼。以日常生活為例，遇見自尋短見的，救是違反被救人的意願的，可是通常說是義，為甚麼？因為都直覺地認為，生比死好。又如撒謊是不義，可是醫生向垂危病人說病狀，卻照例要撒謊，為甚麼？因為這樣可以減少病人的痛苦。可見我們所謂義的行為，都有所為；有所為，在理上它就不能是根本。三，義，作為價值觀念，有時是浮動的，異時異地且不說，嚴重的是可以因人而不同，如小至買賣雙方，大至交戰雙方，義的所指總是衝突的。事同而評價異，義的實在性也就成問題了。

2.2.3 快樂與眾樂主義

上面說到生比死好，苦少比苦多好，這就理說是由義跳到利。為了避免誤會，我們可以不用利，而用道德哲學中習用的說法：生活現象雖然多到無限，而所求不過是快樂（偏於心理學的說法）；或者說，評定行為的善惡或對錯，應該以能否去苦得樂為標準（偏於道德哲學的說法）。與行義相比，這種求樂的想法也許更接近常識。當然，問題也不少。一是樂與義有時候衝突（小如酗酒，大如吸食毒品），怎麼辦？二，樂與品德像是沒有血肉聯繫。沒有聯繫，它就有可能被趕到道德規律之外，還會有道德規律之外的評價行為的標準嗎？三，樂有人己之間未必協調的問題，如爭奪心愛之人或物就是這樣，甲樂則乙苦，甲苦則乙樂，怎麼辦？邊沁主義就是想解決這最後一種困難，它把樂的範圍擴大，說道德哲學所謂善，應該指能夠使最大多數人得到最大幸福的行為。這樣，樂在人己之間不能協調的時候，就可以用計量的辦法來解決（自然還難免有算不準的問題）。邊沁這種想法，過去稱之為功利主義，其實也是古已有之，就是《孟子》的"與少樂樂，與眾樂樂，孰樂？""不若與眾。"（《梁惠王下》）可以稱之為"眾樂主義"。眾樂主義是"量"的原則的擴大：一方面，就己身說，一分樂不如兩分樂，兩分樂不如三分樂；另一方面，就社會說也是這樣。兼及社會，肯定了利他，可以使道德規律找到更穩固的基石。可是以樂為值得追求的價值，終歸是，就己身說容易圓通，因為有"實感"為證；推到己身以外，找理由就不容易，因為沒有實感為證，尤其是人己苦樂不能協調的時候。此外還有個非常嚴重的問題，是四，量的原則難得普遍實用，因為有許多事是雖樂而不當做。寫《邏輯系統》的小穆勒是邊沁主義者，也承認快樂有高下之分。常識也是這樣看，如平時，賭博與讀詩之間，亂時，整人與寬大之間，絕大多數人認為前者卑下而後者高尚。可是這樣一來，量的原則就不得不同質的原則平分秋色，作為評價的原則，允許平分秋色，它就完了。五，還是就常識說，人的日常活動，有不少顯然與求樂無關，小的，如擠向前看車禍，大的，如已經苦於不能教養還要生育，等等，都屬於此類。有不求樂的行為，而且為數不小，這就使我們不能不推想，人生活動的種種花樣，如果有動力，或說有所求，這動力或所求，也許是比快樂更為根本的甚麼。

2.2.4 欲的滿足

說來也許是值得感傷的，這更為根本的甚麼，或者並無價值可言。原因是，人生，擴大到生命，是自然現象的一部分，何自來，莫明其妙，有何意義，也莫明其妙。這是一面。另一面，這現象的一部分（生活）卻實實在在，並且在感知之前早已受命，只能這樣而不能那樣，只能向此處而不能向彼處。這用《中庸》的話說，是"天命之謂性"。天為甚麼命，為甚麼這樣命，不知道，人所能做的不過是"率性"而行。想抗嗎？連抗的力量和方式也不能不來自天命。說句洩氣的話，至少叔本華這樣看，是徹底的被動。這被動的情況，承認也罷，不承認也罷，反正不能不動。這就使我們又碰到人生問題：怎麼理解才對？怎麼活動才對？"天命之謂性"是一種理解。與之相連的有性的性質問題，很麻煩。為這個，孟子曾經同告子展開辯論。孟子是理想主義者，主張性善，想憑藉良心以修身治國平天下。這顯然是書生坐在書齋裏做的白日夢。與孟子相比，荀子實際得多，由書齋走到街上，看到形形色色，於是以所見為根據，主張性惡，也就是成為教化主義者。教化，會多有實效；但是，如果性惡的想法對了，推崇教化的善念又從何而來？孟荀以後，兩千幾百年來，無數讀書人，包括韓愈、李翱，以及幾乎所有的宋元明理學家，直到戴東原和譚嗣同，都在這上面大動腦筋，因為像孟荀一樣，都認為這同修身治國平天下有血肉聯繫。花樣越來越多，如有善有惡，性善情惡，等等。現在，一般認為，反而被缺席裁判的告子（自己沒有書傳下來）的想法比較近真。他說："性猶湍水也，決諸東方則東流，決諸西方則西流。"（《孟子‧告子上》）這是說，性無所謂善惡，只是受之自然的某些趨向而已。我們說這種想法只是近真，是因為它還同善惡勾勾搭搭。其實，性和善惡並沒有直接關係：善惡評價的對象是意志範圍內的"行為"，不是性。性是天命所定，非人力所能左右，如有生必有死，飢要食，渴要飲，有甚麼善惡可言？但告子終歸通情達理，於水的比喻之後，還說了這樣的名言："食色，性也。"這話值得我們深思。為甚麼？因為它觸及人生的奧秘：不食，就不能保持己身的生命；不色，就不能保持種族的生命。總之，人生，不管說得如何天花亂墜，最基本的，最實在的，是要活，要生存。這種情況也可以說得雄偉些，是"天地之大德曰生"（《易‧繫辭下》）。生，概括，因而近於玄妙，能不能說得較質實些？古人早已這樣做過，如荀子說：

> 人生而有欲，欲而不得則不能無求，求而無度量分界則不能不爭。爭則亂，亂則窮。先王惡其亂也，故制禮義以分之，以養人之欲，給人之求。使欲必不窮於物，物必不屈於欲，兩者相持而長，是禮之所起也。　（《禮論》）

這裏最重要的是第一句的"人生而有欲"，尤其是其中的"欲"。欲是一種頑固地要求滿足的力量，依照現代心理學的看法，尤其是弗洛伊德精神分析學派的看法，這就是生命的底裏。欲的表現是求，求就不能不觸及外界（包括人和物），於是有得，有不得，有和諧，有衝突，並且，與得失相伴，有使欲更為頑固的，使求更為有力的“感情”，如喜怒哀樂等。這些加在一起就是“人生”。這樣理解人生，性質單純；至於表現，則芥子化為須彌，千頭萬緒。它還容許伸張，或說遐想，如書中自有顏如玉，立德、立功、立言三不朽，等等，都屬於此類。但不管怎樣遐想，想得如何美妙，追到根柢，總是來源於欲。值得慨嘆的是，欲雖然強有力，卻是渺小的，即如“天地之大德曰生”的“生”，就己身說是終須結束，就種族說是難於找到保票。總之，求徹底滿足，求終極意義，都會失望。這就難怪，在人生的各式各樣的現象裏，竟有輕生的一類；甚至提高為理論，即所謂悲觀主義，如叔本華就是突出的代表。幸或不幸而絕大多數人是《呂氏春秋》一派，講究“貴生”，至少是實際“貴生”。但是貴生，要生，就不能不碰到與生有關的種種問題，即所謂人生問題。這有來自內心的；內又不能不外，於是就成為各種性質各種形式的社會問題。所有這些問題，就性質說可以歸結為：欲不得滿足，或生不得遂順。

2.2.5 粗略認識

對於人生問題，我們由義利，由生而有欲等方面分析，大致可以得到以下一些認識。一，“人生而有欲”是根，義利、善惡，以及樂觀、悲觀等都是枝葉，至多只是幹而不是根。二，有欲是受天之命，天是怎麼回事，不知道，受與不受，我們沒有選擇的自由，所以應該承認，這裏找不出道德哲學和美學性質的“意義”。三，欲表現為有所求的各種趨向，或說各種活動，趨，可能通順，但由於條件（包括己身、他人和社會環境）的陰錯陽差，更多的可能是不通順，這就形成各種人生問題。四，感情是欲的心理形態的表面化，它兼有代表和助手的作用，所以談人生問題，講修身治國平天下，都不能低估它的地位。五，講人生之“道”，至少就一般人說，不能不接受現實，走貴生的路，或說“順生”的路。六，順生之為可取，或者只是因為“容易”（沒有終極意義）；如果是這樣，顯然，我們不能以易行為理由，反對其他難行的，不同於平常的。這是說，人生和人生問題雖然是“同”，人生之道卻無妨不是同，而是“異”。

2.3

人生之道

　　人生之道，用平常的話說，是應該怎樣活；或說得具體些，是遇見某種情況，應該怎樣對待，遇見某種問題，應該怎樣解決。情況無限，問題無限，因而對待辦法和解決辦法也無限。無限的具體無法說，只好說原則。古今中外的賢哲，談人生問題都只是講原則，或以具體活動為例，以顯示原則。但就是這樣，也太多了，因為範圍是古今中外。這裏不是講思想史，而是為說禪鋪一條路，所以範圍可以大大地縮小，只涉及中土的一點點大戶，以期通過對比，可以較清楚地看到禪的面目。

2.3.1 勤勉的路

這條路是順生的路，就是《中庸》所說，"率性之謂道"。率性是順本性而行，用上一節的說法是，既然有欲，就當想辦法使欲得到滿足。這還可以引經據典，是："飲食男女，人之大欲存焉。"（《禮記·禮運》）這樣的人生之道，如果允許用民主的原則，它就會成為勝利者，因為一般人總要投票選它。這裏說勝利，勝利不等於正確，因為如上一節所說，大道可以多歧，任何歧路都不會有甚麼究竟意義。一般人投票，未必多想投票的理由，這近於"不識不知，順帝之則"。但這不識不知有大力量，因為小反其道而行，大難；大反其道而行，必辦不到。中土學派有不少是走這條的，主要是儒家。既然成家，當然不只要行，而且要想。於是而有連篇累牘的可以稱之為積極樂觀的理論。如孟子說：

> 養生喪死無憾，王道之始也。五畝之宅，樹之以桑，五十者可以衣帛矣。雞豚狗彘之畜，無失其時，七十者可以食肉矣。百畝之田，勿奪其時，數口之家，可以無飢矣。謹庠序之教，申之以孝悌之義，頒白者不負戴於道路矣。七十者衣帛食肉，黎民不飢不寒，然而不王者，未之有也。
>
> （《孟子·梁惠王上》）

這裏想望的顯然是世俗所謂幸福的生活。甚麼是幸福？不過是滿足求飽暖舒適的欲望而已。這自然不那麼容易，因為社會中不只一個人，使人人的欲望能夠協調，不因衝突而引來禍害，簡直辦不到。儒家的賢哲明察及此，所以於“率性之謂道”之後，緊接著說一句，是“修道之謂教”。這用我們現在的話作注解，是要用文化，尤其是其中的道德，來節制，來調停。這自然也不容易做到，所以要“知其不可而為”（《論語·憲問》），期望以人力勝天命。為，追到根柢，是對付欲。但也逐漸認識，欲是修齊治平的大敵，因而，雖然仍舊相信率性之謂道，卻對欲產生了戒備之感。荀子說欲的結果是求，是爭。到宋儒就更進一步，設想“天理”和“人欲”是善惡對立的兩種力量，人生之道要伸張天理而扼制人欲。可是，由表面追到本質，天理不過是人欲的節制，沒有人欲，又哪裏來的天理？（戴東原就這樣想）因此，講人生的這一種道，我們最好還是扔開玄妙的不可知，只說，走這條常人的率性的路，應該樹立這樣一個或者也可以稱為量的原則：最好是使包括旁人在內的欲得到最大量的滿足。這所謂大量，包括各種級別的，或說各種性質的。具體說，不只可以喝可口可樂，而且可以聽貝多芬交響曲。與音樂同類的還有其他各種藝術創作和欣賞的活動。再推而廣之，還有各種知識的鑽研活動。這打個比喻，是已經溫飽了，就應該鼓勵腰間掛珮，鬢上插花，讓生活帶點詩意、理意。用我們現在流行的話說，是應該求生活的改善和提高。這是常人的常態，可是作為人生之道，它也可以同哲理拉上關係，這哲理就是儒家大講特講的。這也可以反過來說，儒家講這一套，是接受了常人的生活態度。因為是常人的，所以又成為傳統的，如先秦典籍《尚書》《左傳》等，論是非，定取捨，就都是沿著這條路走的。這條路，與其他人生之道相比，至少有兩種優點。一是合乎情理，因為情理的根基是欲，肯定欲，求平和的滿足，是絕大多數人樂於接受或說不能不接受的。二是因為勤勉，它就會使我們走向文明，縱使羽絨衣、巧克力、空調室、直升機，以及天文鏡、原子能、民主制度、互助合作，等等，由哲理的角度考慮，是並沒有終極價值的。

2.3.2 倦怠的路

這可以舉先秦的道家，嚴格說是《莊子》為代表。儒家和道家，看到的人生和社會是一個，但因為興致不同，反應卻有別。儒家也看到黑暗的一面，可是覺得這花花世界有意思，值得費心思，想辦法，把它改好，人力勝天，化黑暗為光明，即使失敗了也不洩氣，要"知其不可而為"。道家不然，而是認為，黑暗不能化為光明，而且，即使有常人所謂光明，也沒甚麼意思，因而不值得追求。這是由於多看黑暗面（包括己身的）而灰了心又不願費力抗拒的生活態度，是倦怠，而沒有深到叔本華的悲觀，所以不說出世，而說"知其不可奈何而安之若命"。安之，是任其自然，不因愛惡而執著於取捨。這種意思，《莊子・大宗師》篇描述得最為真切生動：

子祀、子輿、子犁、子來四人相與語曰：“孰能以無為首，以生為脊，以死為尻，孰知生死存亡之一體者，吾與之友矣。”四人相視而笑，莫逆於心，遂相與為友。俄而子輿有病，子祀往問之。（子輿）曰：“偉哉！夫造物者將以予為此拘拘也，曲僂發背，上有五管，頤隱於齊，肩高於頂，句贅指天。”陰陽之氣有沴，其心閒而無事，跰𨇤而鑒於井，曰：“嗟乎！夫造物者又將以予為此拘拘也。”子祀曰：“汝惡之乎？”曰：“亡（無），予何惡！浸假而化予之左臂以為雞，予因以求時夜；浸假而化予之右臂以為彈，予因以求鴞炙；浸假而化予之尻以為輪，以神為馬，予因以乘之，豈更駕哉！且夫得者，時也，失者，順也。安時而處順，哀樂不能入也。此古之所謂縣（懸）解也，而不能自解也，物有結之。且夫物不能勝天，久矣，吾又何惡焉？”

對天命的態度，以招待客人為喻，儒家（代表常人）是熱情，道家是冷淡。安時而處順，就是一切都無所謂。這一切包括己身的苦樂和社會的治亂。因為無所謂，所以立身，是不幹事，寧可曳尾於塗（途）中，以不材終其天年；對社會是反對機心，輕視一切文化施設。與儒家相比，道家的態度是遠於常人的，所以深入考察就會發現，那種想法，在腦子裏轉轉像是沒甚麼滯礙，如果跳出腦子走入實際，就會到處碰壁。大的方面，是社會決不會因為某少數人的理想（也許應該稱為幻想）而就變動甚至倒退；小的方面，就是莊子自己，如果生在現代，有機緣由北京往廣州，也會乘飛機，或坐特快軟臥，而不徒步奔波吧？如果真是這樣，他的理論的價值就很可疑了。但是道家思想，作為一種人生之道，影響卻是大的，因為人生是複雜的，正如一個大倉庫，即使是裝食品的，也無妨擠入一兩箱刮臉刀片。影響最明顯的是六朝時期的清談，文士手揮麈尾，上天下地，以脫略世事為高。不明顯的，是心內則淡泊，心外則隱居，幾乎支配兩千年來的許多所謂雅士。這用同情的眼光看，也可說是不得不然，因為率性，或因欲而有所求，尤其求而不能如意，確是有使人厭煩甚至難忍的一面。

2.3.3 以逆為順

上面說，人生現象雖然是一，對人生的看法卻可以是多。原因主要是兩種。一，人生現象包羅萬象，某一人切身經驗的只能是其中的星星點點，這星星點點有特定的性質，由滿足欲望的程度方面說是有量的差別，甚至大差別，就是說，或者樂多苦少，或者苦多樂少。二，即使苦樂的程度相同，人心之不同各如其面，也會有不同的感受和反應。感受和反應不同，看法和對待辦法也就隨著不同；這不同如果多而且深，就會形成“道”的差異。這有如同是買票消閒，有人看京戲，有人看芭蕾舞。道的差異，就中土說，最突出的是儒家和佛家的背道而馳。佛家遠離代表常人的儒家，原因也可以舉出兩種。一種小的，是社會現實。總的有天災人禍，分的有機緣舛錯，以致安全和幸福沒有保障，或說確是有不少苦，甚至難以忍受的苦。一種大的，是佛教來自印度，隨身帶來產地的非中土所有的思想，如現世多苦、六道輪迴、修苦行可以解脫之類。戴著這種異國眼鏡看人生，結果由淺到深就成為：一，現象界的森羅萬象，睜眼時便有所選擇，總是多看見不可取的而少看見可取的，或說見苦而不見樂。二，常常是，一般人感到可取的，佛家卻認為無所謂，甚至可厭棄的。三，再發展就成為對"欲"，以及作為欲的表現和助力的"情"的否定（自然難於徹底，詳見下），比如說，使常人神魂顛倒的錦衣玉食、翠袖羅裙之類，所謂人之大欲存焉，佛家偏偏要避之若仇。四，因為有以上觀感，於是盡終生之力求證涅槃；辦法，就禪宗說是"自性清淨"；甚麼是淨？實質不過是清除一切常人的欲而已。常人，以及代表常人的儒家，人生之道是率性，就是求欲的合情合理的滿足。這條路，用佛家的眼光看，是不只無所得，而且必致永沉苦海。這樣，就對欲的態度而言，儒佛就正好相反，儒家是"順"之，佛家是"逆"之。可是照佛家的看法，只有這樣才能得到真值得獲得的，才是"順"。我們，如果站在常人的立場，就無妨說佛家是"以逆為順"。這逆，佛家也並非視而不見，因為他們承認自己的人生之道是"出世間法"。出世間，設想能夠求得無欲的人生，至少由常人看，困難一定不少。這一點，佛家也清楚地認識到，因而就不能不講般若真空之類的理，堅持戒定慧之類的行，以及發展到禪宗，坐蒲團，參機鋒，由棒喝直到燒木佛，面貌雖然怪，用心卻是苦的。還不只用心苦，由常人看，這條路也是苦的，因為逆，就是行舟，也太難了。有不少人進一步，不只說難，而且說背人之性，虛妄不實。不過談人生之道，說實虛要有個前提，而設想一個前提，理論上並能獲得人人承認，恐怕比佛家的背人之性更難。因此，對於佛家的逆，作為一種人生之道，我們最好還是虛心地看一看，想一想，先分析而後評價。

2.3.4 道的同異

　　人生之道是多，其中個體與個體間有大異小異之別，就是只論大異也說不盡。但可以總括說，區別都來自愛惡的不同，以及愛惡等級的不同，還有對待辦法的不同。惡的極端是叔本華式的悲觀主義者，認為人生只是受自然定命的制約，沒有積極意義；或者說，沒有“去苦”之外的積極的樂，也就沒有順從欲的要求的必要。叔本華沒有自殺，可是寫了《論自殺》的文章，認為這是向自然定命的挑戰。由人生之道的性質方面看，叔本華的看法像是五條腿的牛，雖然可能出現，卻非常罕見。中土，包括佛家在內，沒有這樣的悲觀主義，因為都相信，怎麼樣怎麼樣生活就“好”，雖然在“怎麼樣”方面，各家的看法相差很多。重要的是都承認有“好”，而叔本華就不承認。打個比喻，避暑季節，中土學派是往山還是往海之爭，叔本華是不想避暑。不避暑，熱得難捱，常人總是不願意接受，或不能接受。其實，由生理和心理方面看，人人（包括叔本華在內）都是常人（非超世間之義），因而，至少由“行”

的方面看，世間並沒有徹底的悲觀主義者；以自殺了一生的只是求樂而不得的失敗主義者，因為臨死的時候也沒有輕視樂。這樣，就有所想望並癡寐以求這種心理狀態和行為狀態說，中土學派，儒家用不著說，連佛家也是積極的，甚至更奢望的（詳見下）。但是，儒和佛的關係究竟很微妙。從都承認有"安樂"並都求"安樂"這個角度看，兩家走的是一條路。不過走法則大異，儒家接受常識，從"欲"（人生而有欲的欲）的方面說是求合情理的滿足；佛家則是"滅"，或者說，也要，但要的是一種性質迥然不同的欲，滅掉常人之欲的欲。這自然不容易，所以要多想辦法，證明不只為可欲，而且為可行。這辦法就是所謂"佛法"，下一章介紹。

第三章

佛法通義

3.1

章題釋義

佛法，或說佛教教義，是個大題目，只得小作；就是小作也有不少困難。所以"義"前加個"通"字，為的是可以化大為小，化複雜為簡單，因而也就可以化很難為較易。"通"在這裏有三種意思。一是"通常"，就是儘量取一般人（非教內或研究佛學的）容易接受的，或者說，所說雖是教內事卻不太專。二是"通用"。佛教教義，遠在佛滅度後不久就有大分歧，傳入中土以後就更加厲害，分為各宗各派，當然人人都自信為真正老王麻子。同是"如是我聞"而所聞不同，或體會不同，依照邏輯規律不能都對。可是深入考究對錯，就會陷入義理交錯的大海，不只無此精力，也無此必要。取通用，是只涉及各宗各派幾乎都首肯的基本觀點，如人生是苦、萬法皆空之類，至於苦的真實性，空和有能不能調和，等等，就只好不深追了。三是"通達"。講佛法是為講禪做準備，沒有這樣的準備，提及禪家的想法和行事，沒接觸過佛學的人會感到離奇，或說不可解。準備多少，應以能否進一步了解禪為取捨的尺度。就是說，只要能鋪平通禪的路，介紹教義能淺就淺，能少就少。以下先說介紹的不易。

3.2

3.2.1 內容過多

　　佛教教義內容多，由集多種典籍為大藏的壯舉也可以看出來。在這方面，自稱為儒的讀書人遠遠落在和尚之後，先是熱心於輯要，如三國時的《皇覽》、宋朝的《太平御覽》之類，都是為皇帝能夠取巧作的。比較像樣的是明朝的《永樂大典》和清朝的《四庫全書》，可是都只是抄而沒有刻。佛教就不然，集佛教典籍都是大幹，不只多收，而且全刻。佛教典籍的庫存稱為"藏"，包括"經"（佛所說）、"律"（佛所定）、"論"（門徒的解說）三部分，也稱為"三藏"。在中土，最早刻成的藏是北宋初年的開寶藏，收佛教典籍六千多卷。其後有《磧砂藏》《南北藏》《龍藏》等，總計刻了十四次。所收典籍越來越多，如清朝的《龍藏》收七千多卷，到日本印《大正藏》，所收超過萬卷。萬卷以上，卷卷有複雜的內容，這就不能不如《史記・太史公自序》所慨嘆："六藝經傳以千萬數，累世不能通其學，當年不能究其禮。"就是想撮要介紹也太難了。

3.2.2 內容過專

　　佛教教義是進口貨，與中土的思想相比，是出於不同的文化系統，由不同的語言（佛教經典傳入，兼用梵語以外的語言，如巴利語、藏語和各種胡語）表達的。想輸入，為中土所了解，要翻譯。翻譯是難事，因為某一詞語的意義，是必須以該詞語所屬的文化系統為基地的；離開這個基地，意義會變，至少是韻味會變。舉例說，"保守"，我們的理解或體會，一定與英國人不同，因為他們還有保守黨。這是泛論。佛教教義就大大超過一般的情況，因為，一是有很多不是中土所有；二是有很多意義過於深奧。我們沒有，過於深奧，都使翻譯成為難上加難。為了克服過難的困難，一種辦法是知難而退，即不意譯。這在六朝時期已經如此，到唐朝玄奘綜合為五不翻：一是秘密，如陀羅尼，不翻；二是多義，如薄伽梵（有六義），不翻；三是中土所無，如閻浮樹，不翻；四是順古，如阿耨菩提（漢以來就這樣稱呼），不翻；五是生善（用原語可以使人生善念），如般若（意為慧），不翻。但這究竟是少數。絕大多數還是不得不翻。這就不能不用中土的語言（很多要改裝），表達印度一種教派的思想。而這種教派，偏偏是喜歡深思冥想的，於是表現在中土佛教典籍上，就成為數不盡的生疏的名相（耳可聞謂之名，眼可見謂之相，大致相當於現在說的術語）。名相多，一種原因是同文（或同義）可以異譯，如阿賴耶識，異名有十八個，涅槃，異名有六十六個。譯名不同，含義還可能大同小異，即如阿賴耶識，南朝真諦譯為"無沒識"，兼指淨法；玄奘譯為"藏識"，專指染法。這些都可以不管。只說名相，且放下多；就是隨便拿出一個，如果想透徹了解，也必致鬧得頭暈眼花。即以佛法的"法"而論，我們常人可以理解為"道"，像是不錯，可是"萬法皆空"也用"法"，似是也指一切事物，怎麼回事？往深處鑽，看唯識學的解釋，是包含二義：一是"自體任持"，二是"軌生物解"。這由一般人看，是你不說我還明白，一說反而糊塗了。佛家的名相幾乎都是此類。難解還有進一步的來源，是此名相不能不同彼名相發生關係，如阿賴耶識是第八識，自然要同第七識末那識和第六識意識發生關係。這就有如八卦，三爻重為六爻，一乘就變為六十四卦。而佛教名相就不只重一次，因而數目也就比六十四大多了。佛教教義難解，還來源於一種脫離常態的思辨方式。如《心經》說："不生不滅，不垢不淨，不增不減。"《中論》說："不生亦不滅，不常亦不斷，不一亦不異，不來亦不出。"公然違反排中律而不以為意。我們翻看佛教典籍，這樣的思辨方式幾乎隨處可見。如三論宗著重破一切邪見，說執此是邊見，執彼也是邊見，不執此不執彼還是邊見。總之，要一反知識論必須承認有知的定理，否定一切知見。禪宗更是這樣，這裏說"即心是佛"，那裏說"非心非佛"，你問哪個對，他說都不對。就這樣，佛教教義大多遠離常人的知解，總是太專了。

3.2.3 內容過繁

古印度人大概是最不怕麻煩的。他們慣於繁瑣，如同類的意思，喜歡反覆說；一種平常的名相，經過冥思，會發現平常人不見的奧妙；一種事物，經過解析，會一分為二，二分為四，四分為八，沒有完。各舉一個例。一，重複說的。如《維摩詰所說經》，說長者維摩詰害病，佛派大弟子去問疾。由舍利弗起，佛說："汝行詣維摩詰問疾。"舍利弗白佛言："世尊！我不堪任詣彼問疾。"以下說不敢去的理由。接著派大目犍連，派大迦葉，派須菩提，派富樓那彌多羅尼子，派摩呵迦旃延，派阿那律，派優波離，派羅睺羅，派阿難，都說不敢去以及不敢去的理由。理由雖有小異，記述的格式和話語卻都是照樣來一遍，中土典籍是難於找到這樣的筆法的。二，含奧妙的。如"睡眠"，人人有此經驗，似乎用不著解釋。可是佛家要解釋。淺的是睡與眠不同：睡是意識昏熟；眠是五識（眼識、耳識、鼻識、舌識、身識）暗冥不動。還可以再深追，說它是五蓋（貪欲蓋、瞋恚蓋、睡眠蓋、掉悔蓋、疑蓋）之一，五欲（財欲、色欲、飲食欲、名欲、睡眠欲）之一。三，解析入微的。如"生死"，雖然事大，卻非常簡單，生是有生命，死是失掉生命，像是用不著再分類。可是佛家偏偏要分類，而且分法不只一種。少的是二分：一是分段生死，二是不思議變易生死。再多有三分、四分、七分。直到《十二品生死經》分死為十二種：無餘死，度於死，有餘死，學度死，無數死，歡喜死，數數死，悔死，橫死，縛苦死，燒爛死，飢渴死。其實，這十二還是少數，如天有三十三，見有六十二，尤其因明三支的過，先粗分為宗九類，因十四類，喻十類，然後一再細分，總起來是幾千種，不要說王藍田式的人物，就是我們常人也會感到頭疼的。

3·3

教外說

難，要介紹，還要一般人能夠接受，所以不能不限於"通義"。求通，要有辦法，或說原則。這主要是以下三種。

一是不走舊路。舊路包括兩種意思。一種，大藏的"論"藏，以及未入藏的，甚至晚到現代的不少講佛學的文章，性質都是解釋、發揮佛以及佛的一再傳弟子所說，也就是重述佛教教義。述說、辨析都是用傳統的形式排比名相，這是舊路。舊路，門內漢能懂，門外漢不能懂。求門外漢能懂，就不宜於走舊路。另一種，佛學離常識比較遠，因而作論的幾乎都是門內的。門內的人作論，經常是箋注、闡微，而不走到門外，看看這裏面究竟有沒有問題。而門外的人，更想知道的可能是某種想法有沒有問題，有哪些問題。為了滿足門外人的願望，也不宜於走舊路。

二是不求甚解。求甚解，是無論講到甚麼，都要求明澈見底。這要費大精力，而結果卻未必能如願，並且常常是無此必要。原因有多種，這裏只說一點點突出的。一，有些名相，如"心"，含意太複雜，而且，根據此經論是這麼回事，根據彼經論是那麼回事，想明其究竟就不能不岔入歧路。二，歷史上，包括西土、中土，佛學大師很多，對於許多大大小小的事理，人各有見，想明辨是非，也就不能不岔入歧路。三，有些名相，如"識"，解說大多根據自己的心理感受，判定是非就更難。四，這裏重點是介紹佛教教義，不是批判佛教教義，對於其中我們未必能同意的，為了不轉移重點，也最好是暫且安於不求甚解。

三是不離常識。這意思很簡單，是用常人的知見講，講給常人聽。佛法是超常的，用常人的知見強之就下，由門內人看來，就未免可笑；而所得，輕則太淺，重則太陋，甚至太謬。講道理，不管牽涉到任何性質任何名稱的教，張口總是很難的。但既然張了口，也就只好說說自己之所見了。

―――――――● 3.4 ●―――――――
佛法要點

佛法，如上文所說，太複雜；想介紹，比較省力的辦法是各取所需。這裏的所需是為講禪做準備。禪是一種人生之道，因而介紹佛法，就宜於以人生之道為主要線索。

3.4.1 生死事大

由最根本的講起。"生死事大"是禪宗和尚常說的話。也常說"佛以一大事因緣出世"，這大事是了生死，原因當然也是覺得生死事大。這句話兼說生死，其實重點是"生"。這正如宋儒所批評：說生死事大，只是怕死。怕死是樂生，連帶說死是捨不得死。這是人之常情，連賢哲也無可奈何；甚至可以說，賢哲講學論道，千言萬語，連篇累牘，追到根柢，不過是設想怎麼樣就可以活得更好些。這裏面真是五花八門，千奇百怪。其上者是追求立德、立功或立言的不朽。等而下之，練氣功，吃抗老藥，登旅遊車，下酒菜館，直到夾塞擠買入門票，說穿了不過都是有了生，就想生得豐富些，有趣些。最好是不死，萬不得已就求晚死。在這一點上，我們無妨說，古往今來，域內海外，數不盡的人，甚至包括叔本華式的悲觀主義者，都屬於一黨一派，有了生就緊抱著生不放。小的差異，或說量的差異是有的。一個極端是"不識不知，順帝之則"，也吃飯，也傳種，只是不想生是怎麼回事，怎麼樣生活更好些，也就是有些人認為可憐可笑的，糊裏糊塗過了一輩子。而其實，跑到另一極端，冥思苦想，傷春悲秋，又何嘗不可憐可笑？與中土的人，尤其帶些老莊氣質的人相比，古印度人總是偏於冥思苦想的另一極端，有了"生"的本錢就不甘心於糊裏糊塗一輩子，或者說，心裏總是裝著生死事大。這種心理狀態，思辨方面表現為各種教理、哲理，行為方面表現為非日常生活所需的各種形式，如靜坐、禮拜以及各種苦行等。據說釋迦牟尼成道前也修過六年苦行，因為不得解脫才改走另外所謂中道的路。在不同的道中摸索，就因為心裏總是想著生死事大。這個傳統傳到中土，表現為與華夏的精神大異其趣。儒家接受常態，飲食男女，有齟齬就設法修補。道家雖然不積極，但也願意以不材終其天年。佛家想得多，想得深，總以為飲食男女，平平一生，遠遠不夠，因為生死事大。感到不夠，於是不能不反覆想，以求建立新認識，然後是依新認識而行。

3.4.2 人生是苦

前面說，在重生方面，佛家和儒家大同小異：同是都珍視生，異是佛家的願望奢得多。這情況，六朝時期已經有人看到，如《世說新語·排調》篇記載："何次道往瓦官寺，禮拜甚勤。阮思曠語之曰：'卿志大宇宙，勇邁終古。'何曰：'卿今日何故忽見推？'阮曰：'我圖數千戶郡尚不能得，卿乃圖作佛，不亦大乎？'"取大捨小，是因為不只認為生死事大，而且對現象的生有獨特的看法。這看法是"人生是苦"。至此，佛家和儒家就有了大的分歧。儒家的生活態度是常人的加以提煉，但基本是常人的，所以不離常態。常人承認有苦，但眼注意看的，或說心注意求的卻是樂。睜眼見美色是樂，聽靡靡之音是樂，乘肥馬衣輕裘仍是樂，直到在家有天倫，出門有山水，"有朋自遠方來"，都是"不亦樂乎"（《論語·學而》）。就是道家，一切看作無所謂的，也承認："鯈魚出游從容，是魚之樂也。"（《莊子·秋水》）常人的人生哲學（如果有）是：應盡力求安樂。求，是因為相信有樂，而且種類和數量都不少。佛家就正好相反，打個比喻說，是戴著一種特製的過濾眼鏡，睜眼只能見苦而不能見世俗的樂（他們的所求也可稱為樂，但不是世俗性質的）。這種怪看法，大概與古印度的社會狀況有關，與民族習性與文化傳統或者也有相當密切的關係，這且不管。總之，是他們看到的人生無樂可言，都是苦。

據說釋迦牟尼為太子時曾經遊城四門，一門見生苦，一門見老苦，一門見病苦，一門見死苦。這顯然也是戴著特製的眼鏡看的。又，佛家所謂苦，還不只是眼所見，因為還有"設想"的輪迴。說全了是六道輪迴，就是人的靈魂（或心識）不滅，由於業因不同，死後要相應地由六種道轉生，即地獄道，餓鬼道，畜生道，阿修羅道，人間道，天上道，循環不息。這樣，苦就由現世的一段苦變為無盡的苦，所謂苦海無邊。

由我們現在看，說人生是苦有片面性，說苦無盡不只有片面性，而且有幻想性。幻想，這是戴著現代科學的眼鏡看出來的；沒有科學眼鏡的時候，看到幻是不容易的，只有少數特異人物如范縝等是例外。因為認幻為真，所以兩千年來，六道輪迴說一直是佛教教義的一根強有力的支柱。時至今日，這支柱有被科學知識撞倒的危險。但更大的危險還不是來自設想或幻想，而是來自現實，是生而為人，或多或少，或強烈或微弱，或這裏或那裏，總會有"不亦樂乎"的實際感受；而這類感受常常有難以抗拒的力量。如果竟至不抗，或抗而不能成功，顯然，佛法的出發點就有漸滅至少是模糊的危險。補救之道是想辦法證明樂的實感是空幻，而破除空幻之後才能獲得實相的樂。這不容易，所以才出現各種超常的知和行。

3.4.3 四聖諦

這是最早期最基本（自然較粗疏）的理論。傳說釋迦牟尼是北印度一個小城主淨飯王的兒子，大約與孔子同時。小時候從婆羅門學者受教，接受不少厭世的觀點。十六歲娶妻，生一個兒子。因為痛感生老病死等苦，想解脫，二十九歲時候，扔下妻子，出了家。先學"無所有處"道，繼學"非想非非想處"道，都不滿意。於是到苦行外道那裏去修苦行，六年，只落得皮包骨。決心改變，坐畢缽羅樹下，發誓說："我今若不證無上大菩提，寧可碎是身，終不起此坐。"（《方廣大莊嚴經》）靜坐想苦因和脫苦之道，觀十二因緣，過了七七四十九日，終於成了正覺，也就是尋得解脫之道。這解脫之道是對人生的一整套認識或理論，分稱是苦、集、滅、道，合稱是四聖諦。諦是真實義，大致相當於現在所謂真理。四聖諦按性質可以分為兩大類：苦和集屬於"知"，即領悟世間不過是這麼回事，是世間法；滅和道屬於"行"，即這樣做就能解決問題，是出世間法。兩大類還可以按因果關係再分：苦是集之果，集是苦之因；滅是道之果，道是滅之因。以下依次說一說。

（一）苦諦。這就是前面說過的人生是苦。不過作為一種諦，講得更細緻，更玄遠。如人生，這裏就擴大為"世間"。佛家講世間，正如其他名相一樣，也不能簡單化。它包括三界：一是欲界，用現在的話說，是執著於"食色，性也"的。二是色界，用現在的話說，是不具生命的物質。三是無色界，是非物質的精神，究竟指甚麼，難於說清楚。總之，三界都不能不生滅變化，都是苦。苦，種類很多，通常是於生老病死之外，再加愛別離苦（與所愛者離別之苦）、怨憎會苦（與可厭者相聚之苦）、求不得苦（想有而沒有之苦）、五盛陰苦（身心熾盛而生之苦）。還有另一種分法。先分為內外兩大類。內苦再分為兩類：各種病為身苦，憂愁嫉妒等為心苦。外苦也再分為兩類：受虎狼盜賊等侵害是一類，受風雨冷熱等折磨是一類。這樣，生活就成為十分難忍，所以就不能不想辦法。辦法是先求苦因。

（二）集諦。這一諦講苦因，集是因緣和合，用現在的話說是各種條件的湊合，或說相關原因的結果。原因分為兩大類：一類名為正因，是"業"〔過去（包括現世以前）所思成為的積存〕；一類名為助因，是煩惱（又名結、縛、感、纏、漏等，指各種不快的情緒）。業來於思：思表現為身體的活動，成為身業；表現為語言，成為口業；不表現於外，只在內心思量，成為意業。業還可以依時間分：過去時的是宿業，現在時的是現業。煩惱，通常分為六種：貪，瞋，痴，慢（驕傲凌人），疑，見（指偏見，即不合理的想法）。每一種都可以再分，其中重要的是見，通常分為五種：身見（謂己身為實有）、邊見（偏於一邊，非中道）、邪見（謂無因果）、見取見（總以為自己高明）、戒禁取見（以戒禁為解脫之因）。以上總稱根本煩惱或本惑。由根本煩惱還要引起許多煩惱，如忿恨、嫉妒、吝嗇、放逸等，多到二十種，名隨煩惱或枝末惑。所有以上各種業和各種煩惱，都來於無明（詳下面"十二因緣"節），其結果是苦。

（三）滅諦。苦的原因找到，問題自然容易解決了（至少是理論上，也許至多是理論上）。辦法是使業永盡，使煩惱永盡。說具體些是去掉愛欲。佛家深知欲是苦的本原，把欲分析得很細，其中最有力的是愛欲、有欲（執著生存）和繁榮欲（爭權力財富）。斷了欲，不再造業，不再有煩惱，所得是解脫。這解脫的境界，佛家稱為涅槃，意譯是寂滅、滅度、圓寂、無為、解脫、安樂等。涅槃是佛家求證的最高的所住（未必是生）境界，可是說明卻很難。佛家自己也承認，涅槃的實體，不是思慮言語所能觸及，涅槃的實義，不是思慮言語所能說明。可是既然要求證，望道而未之見總是遺憾。勉為其難，通常是由反面說，如："貪欲永盡，瞋恚永盡，痴愚永盡，一切諸煩惱永盡。"（《雜阿含經》）還可以描畫得更加精緻，說涅槃境界有八味：常住，寂滅，不老，不死，清淨，虛通，不動，快樂。總而言之，是不再有苦。可是，不老，不死，常人沒有見過。就是修出世法的，病危時入涅槃堂（近於世俗的太平間），這涅槃顯然也不是不老不死。因此，雖然理論上涅槃非言語所能說明，可是事實上，為了破除迷離恍惚，卻必須用言語來說明。這不得不用慣用的辦法，分析。一般是分為兩種：一種初級的是有餘依涅槃，一種高級的是無餘依涅槃。兩者的分別是，前者只斷生死之因，後者兼斷生死之果。還可以分得更細，如法相宗分為四種：自性清淨涅槃，有餘依涅槃，無餘依涅槃，無住處涅槃。看名相，頭頭是道，可是，這裏的難題是，它不能像商彝周鼎那樣，你沒見過，想看，可以指給你看，說這就是。涅槃，沒法拿給你看。還不只如此，譬如你問個頂淺近的問題，它與死是一是二？答也很不容易。可是就本書而言，參禪的所求正是這個，就是講不清楚，也要講清楚為甚麼講不清楚。這問題很複雜，都留到正面講禪時候再辨析。

（四）道諦。這一諦最好依字面解釋，是通往滅（解脫或涅槃）的路。這當然很難走。原因是：一，目標不清晰；二，斷貪欲，就是賢哲，也太難了。克服太難，不得不加倍努力，所以修持的方法越來越複雜。佛初轉法輪（搖動佛法的武器，即傳道）時是八正道，也稱八聖道支，是：一，正見，就是明確認識四聖諦的道理為絕對真理；二，正思惟，就是堅持思索四聖諦，不生其他妄念；三，正語，就是說正經的，不要言不及義；四，正業，就是不幹犯戒的壞事；五，正命，就是照規矩過淡泊生活，不貪圖享受；六，正精進，就是勤勉修持，不懈怠；七，正念，就是總想道法，不生邪念；八，正定，就是修禪定，不亂想。後來，也許覺得這樣還不夠，於是擴大為七科三十七道品：第一科四念處，包括身念處等四種；第二科四正勤，包括對已生之惡，為除斷而勤精進等四種；第三科四神足，包括欲神足等四種；第四科五根，包括信根等五種；第五科五力，包括信力等五種；第六科七覺支，包括念覺支等七種；第七科八聖道，包括正見等八種（同前）。這由常人看來，真是太麻煩了。其實還遠遠不夠，這有如乘宇宙飛船上天，因為難，設備就不能不複雜。佛法傳入中土以後，在這方面不斷範圍加大，節目加細，於是而有理方面的唯識之類，行方面的止觀之類，以及戒方面的加多加細，直到南禪的機鋒棒喝，花樣這樣多，目的則可一言以蔽之，求此路能通而已。

3·4·4 無常

佛家常説，諸行無常，諸法無我。無我，問題太複雜，意義太深奧，這裏只説無常。無常是我們這個世界的普遍現象，大概沒有例外，除非説"無常是常"。這種情況，遠古的賢哲早已看到，所以古希臘赫拉克利特説"人不能兩次走入同一河流"，孔子説"逝者如斯夫，不舍晝夜"（《論語·子罕》）。常人也是這樣，如説："幾天沒出門，牡丹都謝了。"但佛家説無常，有述説現象之外的用意。這可以有兩個方面：一是作為人生是苦的一種證明；二是作為萬法皆空的一種證明。關於後者，下面還要談到，這裏只説前者，作為厭棄現世生活的一種論據。無常就都值得厭棄嗎？人間的許多情況顯然不是這樣。如夏天炎熱，好容易熬到過了立秋，西風乍起，有些涼意，大概和尚也歡迎這種變吧？同理，連著吃幾頓米飯熬白菜，承廚師的善意，改為餡餅粥，總不會有人反對吧？可見厭惡無常，起因不是不歡迎一切變，而是不歡迎某種變，那是老和死。那像是説，飲食男女，柴米油鹽，有甚麼意思？都留不住，到頭來還是不免一死。這意思，還是上面説過的生死事大。因為無常，所以才有生死事大的問題出現。反過來，因為感到生死事大，所以不能不大喊無常。不只喊，還要分析它，這就成為四有為相。有為是因緣和合而造作的意思。由佛家看，凡是造作的都是不能常的，正如因明學中所證明：聲無常（宗），所作性故（因），如瓶等（喻）。四相之一是生，就是已有或已出現；之二是住，就是有特定的體性；之三是異，就是連續變化；之四是滅，就是消亡。無常還可以加細解析，那就成為剎那生滅，玄遠且不說，各家的理解還有大差異，只好從略。這裏我們只須知道，這是佛家對現世的一種重要看法；因為有此看法，所以才有對於真如實相（常而不變）的想望，也就才有各種修持方法，其中一種重要的是禪。

3.4.5 五蘊皆空

證明現世不值得眷戀，只說無常還不夠，因為那究竟是有，是實。由佛家看，現世大概有非常強的頑固性，不只睜眼可見，而且閉眼可思。怎麼辦？最好是想辦法，證明它並不是實，直到感知是實的"我"也不是實。這就是般若學所努力做的。其主張，玄奘譯的《心經》可為典型的代表。前半說：

> 觀自在菩薩行深般若波羅蜜多時，照見五蘊皆空，度一切苦厄。舍利子！色不異空，空不異色，色即是空，空即是色；受想行識，亦復如是。舍利子！是諸法空相，不生不滅，不垢不淨，不增不減。是故空中無色，無受想行識，無眼耳鼻舌身意，無色聲香味觸法。無眼界，乃至無意識界。無無明，亦無無明盡，乃至無老死，亦無老死盡。無苦集滅道，無智亦無得。

　　一切無，就成為一切空，也就證明了一切不實，因而不值得執著。這空無的認識，來於對感知的現象界（包括心理狀態）的分析。總分為五種：色，受，想，行，識，合稱五蘊，或五陰，或五聚。蘊是積聚的意思，用現在的話說，是時間流中所感知現象中的一種狀態。佛家想破的是認識方面的信無為有，信空為實，所以分析著重從感知方面下手。蘊之一是色，指顯現於外界的事物；之二是受，大致等於現在所謂感覺；之三是想，大致等於現在所謂思辨（包括記憶）；之四是行，意義廣泛，大致等於現在的意念活動和行為；之五是識，指意識的統一體（包括覺得有自我）。這五蘊，以心和物為綱，可以分為兩類：色是心理活動的對象，屬於物；受、想、行、識是不同的心理活動，屬於心。以能認識（我）和所認識（我所）為綱，也可以分為兩類：色、受、想、行都能為識所認識，是認識的對象，屬於我所；識是能認識的，屬於我。無論怎樣分類，都可以看出著重心理活動的性質。到此為止，佛家的理論與英國柏克萊主教相似，不管外界是否實有，我們所知的外界總是我們感知的。但佛家並不到此為止，他們要進一步證明，這五蘊都是空而不實。證明的辦法非常繁瑣。以色為例，說它靠不住，會變。變有兩種：一是觸對變壞，指有形體可指的，大至山川，小至草木，都可以用外力使之變化、損壞以至破滅。二是方所示現，指有形象可見可想的，都是由主觀認識而有此假名，並沒有客觀的真實性。

　　照第二種分法，識獨自成為一類，與它有關的理論當然就更為複雜。先分析為六種，是眼、耳、鼻、舌、身、意。每一種識都有對境，如眼的對境是色，因見色而生眼識。因為能生，所以又名為根。根的對境是塵，也可稱為境。這樣，由識蘊的一就派生出十二：六根（眼耳鼻舌身意）和六塵（色聲香味觸法）。用現在的話說，這是知識的本原。由作用方面看，六根的前五種是一類，佛家認為屬於色法，意則屬於心法。前五種本領小，只能直覺地感知現在的，而且限於外界的和有形質的；意就不然，而是能夠通於一切。因為意識這樣有大本領，所以不能不加細分析，後來就發展為唯識學（下節談）。這裏只說，像色受想行一樣，識蘊也要破。破的辦法，概括說是：因為它念念生滅，次第相續，也就是由積聚或和合而成，所以沒有實相。

這樣，五蘊皆空了，也就是能知和所知都泯滅了，一切愛欲和執著當然就喪失了根據。佛家的想法常常就是這樣樂觀。自然，說到事實，那就會成為另一回事。破色很難，因為睜眼可見；有不少不在眼前的還要拿錢去買。破我尤其難，因為惟其有了我，才需要般若波羅蜜多（到彼岸），以度一切苦厄（包括“我”的苦厄）。可見徹底空或徹底無，想說得圓通，無懈可擊，也不那麼容易。

3.4.6 萬法唯識

佛教教義的空有，即使不說是一筆糊塗賬，也應該說是一筆永遠算不清的賬。這裏面有宗派的對立，如大眾部偏於空，上座部偏於有；大乘偏於空，小乘偏於有；三論宗主空，法相宗主有。空的程度，各宗派的看法也不盡一致，如小乘成實主張相空而性不空，大乘中觀主張性相皆空。又，關於空的實質，空的證明，不只說法不同，而且都玄之又玄，至少是門外人，總感到莫明其妙。上一節說空，為了"通"而不片面，這裏說說唯識學的"有"。唯識的道理，印度的佛學大師無著、世親兄弟早已闡發得相當深遠，到中土的法相宗，就像幼苗生長成大樹，名相更加複雜，辨析更加精細，不要說門外漢，就是門內漢，如果沒有超人的忍耐力，陷入也會感到心煩。因此，這裏只好淺之又淺，只說說上一節提到的六識（眼耳鼻舌身意）之外，又加上兩種識：第七種末那識，第八種阿賴耶識。末那的意義是思量，阿賴耶的意義是藏。為甚麼在第六識（意）之外又添上兩種？最簡要的解釋是：第六識是了別外來的，所以變滅無常；第七識是思量心內的，所以恆而不斷；第八識是攝持諸法（萬有，包括前七識）種子（能生諸法而自己恆存）的心，是生長一切的根。所謂萬法唯識，就是主張，人人（還擴大到包括一切有情）都有這八種識，萬法是這八種識所變現；尤其第八種識，萬法都是從它蘊藏的種子中生出來的。這樣，雖然佛教教義不能離開空，照唯識學的講法，最後卻要承認這第八識為有。顯然，這個有與執外界萬物為有的有不同，因為與外界萬物比，它終歸是不可見的，不可見，也就不會成為可欲，使心亂。

3.4.7 十二因緣

説空説有，目的都是建立出世間法，得解脱。這還有更直接的理論，是十二因緣。十二因緣，又名十二緣起、十二支等，是對苦的人生的更加深入更富於實用性的一種講法，或對四聖諦中苦集二諦的另一種講法。説它更加深入，更富於實用性，是因為講苦的人生，它不停止於感知，而追到因果關係，求其所以然。目的很明顯，是想找苦因，以便容易滅苦果。理論還是由感到生死事大而深思冥想來的。這感（感到老死等苦惱）是出發點。感到老死之苦，於是問：為甚麼會有"老死"？思索後得到解答，是因為有"生"（生命，生活）。再問再答，是因為有"有"（存在，包括各種行事和各種現象）；有"取"（追求，執著，計較）；有"愛"（因欲而求得、求避免）；有"受"（感覺苦、樂、不苦不樂）；有"觸"（見、聞、嗅、嘗、覺、知）；有"六入"（或六處：眼、耳、鼻、舌、身、意）；有"名色"（心理、物質）；有"識"（認識、了別的功能）；有"行"（意念和行為）；有"無明"（混沌，迷惑，近於叔本華的盲目意志）。以上是"往觀"，由果推因。也可以反過來，"還觀"，由因推果，成為：因為有一"無明"，所以有二"行"，三"識"，四"名色"，五"六入"，六"觸"，七"受"，八"愛"，九"取"，十"有"，十一"生"，十二"老死"。還有順觀和逆觀的講法："順觀"是無明緣（致成之義）行，行緣識，識緣名色，名色緣六入，六入緣觸，觸緣受，受緣愛，愛緣取，取緣有，有緣生，生緣老死。"逆觀"是無明盡則行盡，行盡則識盡，識盡則名色盡，名色盡則六入盡，六入盡則觸盡，觸盡則受盡，受盡則愛盡，愛盡則取盡，取盡則有盡，有盡則生盡，生盡則老死盡。順觀偏於知，逆觀偏於行；也可以說，知是行之因，行是知之果。用這種因果觀講人生，由我們現在看，主觀成分未免太多。但這是就枝節說，至於總括的求因，我們似乎就不能不多聞闕疑，因為時至今日，我們還是不知道。

同其他名相一樣，十二因緣也有各種闡微的講法。最常見的是三世的講法，說一無明、二行是"過去"的兩種"因"，即受生以前就有的因，三識、四名色、五六入、六觸、七受是"現在"的五種"果"，即受生以後才有的果；八愛、九取、十有是"現在"的三種"因"，即造業，十一生、十二老死是"未來"的兩種"果"，即輪迴。這樣，由十二因緣所解釋的人生就由現世延長到無盡的過去和無盡的未來，成為真正的苦海無邊。情況過於嚴重。但辦法卻明確而簡單（假定十二因緣的分析是對的），是砍斷十二因緣的因果環。斷堅實的環要用工具，這工具是修行。

3.4.8 戒定慧

修行，總的精神是對佛法的信受奉行；辦法，也是總的，是戒、定、慧，合稱三學。《翻譯名義集》解釋說："防非止惡曰戒，息慮靜緣曰定，破惡證真曰慧。"三者相輔相成，是通往證涅槃、得解脫的路。以下依次說一說。

（一）戒。這是大藏三分之一的律藏所講，當然很複雜。複雜，是出於不得已。前面說，佛教處理人生的辦法是以逆為順；逆是反“率性之謂道”，談何容易！飲食男女，且不說更難抗的男女，只說飲食，烤鴨與清水煮白菜之間，捨烤鴨而吃清水煮白菜，至少就一般人說，也大不易。手伸向烤鴨，用現在流行的說法，提高到原則上，是愛戀世間法；愛而不捨，佛教教義就落了空。為了防止甚至杜絕這種危險，不只要有理論，論證烤鴨是空，不可取，而且要有規定，判定向烤鴨伸手是不應有的錯誤。這規定就是戒，或戒律。又因為世間可欲之物，力量超過烤鴨的，無限之多，所以戒的條目就不能不陸續增加，一直加到，比丘（和尚）是二百五十，比丘尼（尼姑）是三百四十八（泛稱五百）。戒因重輕不同而分為幾類。比丘戒是八類：一，四波羅夷（不共住，即開除）；二，十三僧殘（許懺悔贖罪，相當於緩刑）；三，二不定（因情況而量刑）；四，三十捨墮（沒收財物兼入地獄）；五，九十單提（入地獄）；六，四提舍尼（向其他比丘懺悔以求免罪）；七，百眾學（應注意做到）；八，六滅諍（禁止爭論）。比丘尼戒是七類：一，八波羅夷；二，十七僧殘；三，三十捨墮；四，百七十八單提；五，八提舍尼；六，百眾學；七，七滅諍。比丘尼條目多，是因為男尊女卑，如比丘尼修行，要先轉為男身始能成佛；又依照比丘尼八敬法，第一是“雖百臘比丘尼見初受戒比丘，應起迎禮拜問訊，請令坐”；第三是“不得舉比丘罪，說其過失，比丘得説尼過"。也許還有更深隱的原因，是女性常常是破戒（因而不能解脱）的最有力的原因。

依照行為性質的不同，或過錯重輕的不同，戒分為兩類。一類對付嚴重的出於本性的世俗也禁止的惡，是"性戒"，包括殺、盜、邪淫（不正當的男女關係）、兩舌（播弄是非）、惡口（罵人）、妄言（説假話）、綺語（説香艷穢褻話）、貪、瞋、痴十種。前三種造成身業，中間四種造成口業，後三種造成意業，合稱十惡；守戒而不犯是十善。另一類是佛所定的"制戒"，比喻説是設在通往解脱的大路兩旁的屏障，因為路很長，惟恐某時某地會步入歧途，所以屏障不能不長不密，就是説，條目非常多，對付的情況非常瑣細。如比丘戒規定："不得塔下嚼楊枝（刷牙）"，"不得向塔嚼楊枝"，"不得繞塔四邊嚼楊枝"，"不得塔下涕唾"，"不得向塔涕唾"，"不得繞塔四邊涕唾"（《四分僧戒本·百眾學法》第七十八至第八十三）；比丘尼戒規定："若比丘尼入村內，與男子在屏處共立共語，波逸提（墮地獄）"，"若比丘尼與男子共入屏障處者，波逸提"，"若比丘尼入村內巷陌中，遣伴遠去，在屏處與男子共立耳語者，波逸提"（《四分比丘尼戒本·單提法》第八十至第八十二）：即使有必要，也總是太費心了。

信奉教義的人有深入和淺嘗的分別，所以戒也要因人的身分不同而有別。由適用範圍方面著眼，戒有六種：三歸，八戒，五戒，十戒，具足戒，菩薩戒。三歸是歸依佛，歸依法，歸依僧，是信奉教義的根本，所以一切佛教徒都要信受。八戒

和五戒是在家佛教徒（居士，梵名男為優婆塞，女為優婆夷）
應當遵守的。八戒是殺、盜、淫、妄、酒加不香華蓋身（不打
扮）、不歌舞伎樂故往觀聽、不高廣大床（不貪圖享受），限制
多，可是一個月只有晦望等六天。五戒的殺、盜、淫、妄、酒
要終身遵守，所以"淫"加了限制，改為"邪淫"，這樣，男
女居士就得到較之比丘和比丘尼遠為寬大的待遇。十戒、具足
戒是出家佛教徒應當遵守的。十戒是上面八戒加不食非時食和
不畜金銀寶，適用於沙彌（小和尚）。具足戒，比丘二百多條
目，比丘尼三百多條目，適用於升級之後的出家人。菩薩戒，
一般指《梵網經》的十重四十八輕戒，是一切佛教徒都應當遵
守的。不管哪一種戒，傳與受都要經過一定的儀式，以示信受
的事非同尋常。

　　戒，條目多，性質卻單純，都是禁止求可欲，以期心不
亂。這自然不容易。佛家也深知這種情況，所以特別提倡忍
（多到十四種）；又，為了防止萬一，還開了個後門，或說採用
了願者上鈎的原則，即出家人還俗，只須對一個精神正常的成
年人說："我還俗了。"就算生效。

　　（二）定。就是禪定，也稱止或止觀，目的在於息雜念，
生信心。在戒、定、慧的修持方法中，它居中，所以說，由戒
生定，因定發慧。戒，作用偏於消極，只是不做不宜於做的；
定則可以轉向積極，生慧，慧是得度的決定性力量。禪定是印
度多種教派共用的修持方法，因為要走與"不識不知，順帝之
則"不同的或說非世俗的路，所以不能不深思冥想，以求最終

能夠確信，自己的設想比世俗的高明得多。不深思冥想就不能獲得這種高明得多的信心，也就不能生慧。沒有慧，不只解脫落了空，還不可避免地要隨世俗的波，逐世間的流，太危險了。也就因此，就佛教說，不管甚麼宗派，都特別重視定功。

定功，用現在的話說是改造思想，只是改的幅度大，是面對世俗的客觀而建立迥異於世俗的主觀。這自然很難。難而仍想求成，就要有理論，有辦法。這都很複雜，只說一點點淺易的，以期門外漢可以略知梗概。

戒、定、慧的定，不是一般的定，是禪定。照佛家的分析，定是止心於一境的心理狀態，常人也有。這很對，如低的，專想哈密瓜，高的，專想方程式，都是。佛家說這類情況是"生得之散定"，散是亂的意思，與戒、定、慧的定不同。戒、定、慧的定指"修得之禪定"，簡單說是不想世間法，只想出世間法。

因級別有淺深的不同，禪定（的境）分為四種：初禪定，二禪定，三禪定，四禪定。每一種有各自的心理狀態，內容太複雜，只得從略。果也不同，初禪定生初禪天，二禪定生二禪天，三禪定生三禪天，四禪定生四禪天，這也太玄遠，只得從略。

還是說通常的辦法，那就比較淺易、實際。程序是先發心，小的是信受佛法，求悟以得解脫，大的是兼普度眾生。然後是具體做，順序是五調。一是"調食"，就是吃得不過多過少，不吃不適於吃的食物。二是"調睡眠"，就是不要貪睡而忽略定功。三是"調身",這包括多種內容,如坐相、手相、正身、正頸、輕閉眼、擇坐地等都是。四是"調息"。息有四種相,風(有聲),喘(不通暢),氣(不細),息(微弱而順適),要避免前三種相,用息相。五是"調心",就是既不亂想教義以外的事,又不墮入浮(心不定)沉(昏沉不思)二相。這樣經過五調,安心修定(據傳入定時間很長,如數日甚至數月,其心理狀態如何,難知難説,從略),結果就會逐漸領悟佛法的大道理,也就是發慧。

(三)慧。定是求知,慧是知(斷惑證理)。不知不能行,就不能得解脱,所以慧在佛法中處於絕頂重要的地位。大藏中連篇累牘,各宗派力竭聲嘶,講"般若"(慧),就因為有了"般若"才能"波羅蜜多(得度)","般若者,秦言智慧,一切諸智慧中最為第一,無上無比無等,更無勝者。"(《大智度論》卷四十三)説一切諸智慧,因為照佛家的看法,智慧不只一種。主要有兩種,分別稱為智和慧:智是認識世間事的明察力,慧是證悟出世間法的明察力。兩者的性質迥然不同,如前者可以包括求取利祿,後者就絕不可以。這樣限定,慧(或般若)就成為見佛法而篤信而篤行的一種心理力量,用前面的説法,是真正能看逆為順,行逆如順,如見外界實物而以為空,見美女而以為可厭,見斷氣而以為證涅槃,等等。這樣的慧,縱使常人會認為只是自造的一種主觀的境,站在佛教的立場卻不能不嘆為"無上無比無等",因為離開這個,佛法就必致成為皆空。

同其他名相一樣，對於慧或般若，也有繁瑣的分析。少的分為兩種，共般若（聲聞、緣覺、菩薩通用），不共般若（只適用於菩薩）；或三種：實相般若（般若之體），觀照般若（般若之用），文字般若（解說般若之經論）。多的分為五種，是三種之外加境界般若（般若所觀照之對境）和眷屬般若（與般若有關的諸名相）。

總之，慧是一種心理狀態，包括"能""所"兩個方面：能是有洞見佛法之力，所是所見的境確如佛法所講。這力，這境，究竟是怎麼回事，留待講"悟"的時候再談。

3.4.9 解脫

以上談的多種看法，多種辦法，目的只有一個，是求解脫。解是解除惑業的繫縛，脫是去掉三界的苦果，或簡單說，是永離苦海。解脫後所得之境為涅槃，義為滅。《大乘義章》解釋說："外國涅槃，此翻為滅。滅煩惱故，滅生死故，名之為滅。離眾相故，大寂靜故，名之為滅。"說淺易些，是因為修行有道，得了不再有苦的果。

依照佛教教義，得這種果，還有等級之別。較低的是聲聞，指聽到佛的言教，明四聖諦之理，斷了惑，而得解脫的。較高的是緣覺（又稱辟支佛），指因某種因緣，或悟十二因緣之理，而得解脫的。再高是菩薩，指勇猛求道，得大覺，並有覺有情的弘願，而得解脫的。最高是佛，指具一切種智，得無上遍正覺，並能覺他，而得解脫的。還有小乘大乘的分法：己解脱而不度人的是羅漢，已解脱而兼度人的是菩薩。

　　以上也許應該算作“文字般若”，甚至畫餅充飢。常人想知道的大概是，所謂解脱，身與心究竟是甚麼狀態？依教義説是涅槃。可是涅槃的性相很難捉摸，如《中論》説：

> 　　無得亦無至，不斷亦不常，不生亦不滅，是説名涅槃。無得者，於行於果無所得。無至者，無處可至。不斷者，五陰先來畢竟空，故得道入無餘涅槃時，亦無所斷。不常者，若有法可得分別者則名為常，涅槃寂滅，無法可分別，故不名為常。生滅亦爾。如是相者名為涅槃。復次，經説涅槃，非有，非無，非有無，非非有，非非無，一切法不受，內寂滅，名涅槃。

　　總之，是用世間的話，怎麼説都錯。可是，想認識，至少是門外的常人，又非用世間的話不可。不得已，只好離開玄理，考察事實。涅槃是滅，是否觸及身心？像是觸及了，遠的如各種涅槃經中所説，釋迦牟尼佛也滅度了，其後，各種高僧傳中所説的高僧，也滅度了。也許是往生淨土？可惜這比涅槃更渺茫。客觀是不可抗的，因而所謂解脱，恐怕不能不指一種因觀空制欲而得到的不執著因而無苦或少苦的主觀的意境。這意境，正是禪悟所追求的，後面還要詳談。

3.4.10　慈悲喜捨

　　慈，悲，喜，捨，合稱四無量心，是樂於利他的四種心理狀態。慈是想與人以樂，悲是想使人離苦，喜是見人離苦得樂而喜，捨是平等對待一切，不偏執。依四無量心而行，可以得生色界梵天的果，所以四無量心又稱四梵行。

利他的心和行是世間的常事，可是想由理論方面找到根據卻不容易。孔子說："夫仁者，己欲立而立人，己欲達而達人。"（《論語·雍也》）只是說事實這樣，沒有說理由。孟子往深處走一步，說："人皆有不忍人之心。"（《孟子·公孫丑上》）這是《中庸》說的"天命之謂性，率性之謂道"。講道德哲學的人幾乎都推重道德規律，這規律何自來？不管說良知還是說義務，都可以算作孟子一路。委諸天，問題離開自己，就可以輕鬆愉快。難點來自人己有大別：己，苦樂都是實感；人，自己不能實感，即使可以類推，"能近取譬"，也總不能推論為必須推己及人。理論方面找不到根據而仍須這樣做，恐怕來源是以社會為基礎的生活習慣；所以能養成，是不這樣，自己的所求也就落了空。這樣說，佛教教義不安於小乘的自了，要發大誓願，普度眾生，實際是接受了常識。因為無論由四聖諦，還是由十二因緣，都只能推論出須度苦，而不能推論出必須普度眾生。

不過佛家接受常識，卻沒有停留於常識。利他，他的範圍大，不是只對人，而是包括諸有情（有情識的，大致相當於動物）。大戒的第一戒不殺就是貫徹這種主張的。不殺還不限於人和牛羊等，如具足戒規定"知水有蟲飲用者，波逸提"，就擴大到連蚊子的幼蟲也放過了。還有，利他，利的做法要求高，不只不利己的事要做，損己以至於殺身的事也要做。投身飼虎，割肉飼鷹，是佛教常說的故事；不只是故事，大乘戒並把這兩項列為十忍的第一、二兩個條目。其實，就是不規定，教史中所記，如釋迦成道後的轉法輪，達磨祖師西來意，等等，所顯示的都是利他的弘願和行為，也等於明說了。

3.4.11 神通和福報

作為宗教，宣揚教義，不只要論證所想和所說都是獨一無二的真理，而且要指明，照此而行一定能獲得非一般人所能獲得的酬報。了生死，得解脫，證涅槃，是信士弟子的所求，也是理所應得，可以不在話下。這裏說的是近於世俗的甚至可以說是近於迷信的兩種獲得：出家修行可以獲得神通，在家佈施可以獲得福報。

神通，一般說有五種：一是神境智證通，即能變化外界，往來自由；二是天眼智證通，即能照見一切；三是天耳智證通，即能聽聞一切；四是他心智證通，即能知他人所想；五是宿命智證通，即能知過去未來。有的還加上無漏智證通，即斷盡一切煩惱，成為六通。還有加到十種的。這自然都出於想像。但力量卻大，翻閱教史，由釋迦牟尼起，無數佛、菩薩、羅漢，幾乎都是神跡纍纍。到中土，集中體現在觀世音菩薩身上，為了救苦救難，是無所不能，其他散見在小說裏的也是隨處有，如濟公就是其中最突出的。

佈施有多種，總括分是兩類，財施和法施；這裏取其狹義，只指財施。或者更狹義，只指敬三寶（佛、法、僧）的以財物供養僧和僧寺。根據有些經典所說，以及日常的信仰，佈施是種福田，可以收穫福。這福報可以用兩多來形容。一是所施雖少而所報卻多，常常是百倍、千倍甚至萬倍。二是所施雖只是財物而所報的種類卻多：可以是超現世的，如來生得福甚至往生淨土之類；可以是現世的，而又是凡有所求都必如願，如富貴壽考、消災除病之類。因為福報這樣多，所以佈施的風氣自佛教傳入而經久不衰。大的是修建佛寺，北朝如《洛陽伽藍記》所記述，南朝如杜牧詩"南朝四百八十寺"所形容，真是多得很；小的是飯僧、結緣，直到目前入靈隱寺的擲香火錢，更是多得很。與四聖諦、十二因緣之類相比，神通和福報是更難於證實的，可是反而有更大的吸引力，這也許是門內門外人都應該深思的吧？

3.4.12 門外管窺

關於佛教教義，以上擇要介紹了一點點。是站在門外介紹的。這有如場外看表演，有時會喊好，有時也許會有些挑剔的意見。好也罷，挑剔也罷，既然有，就無妨（或應該）說一說。

先說挑剔的。

（一）佛法，如果算作一個整體，想圓通是很難的。原因很多，一最根本，佛法是一種設想的人生之道，講教義，目的在於說明怎樣做就好，不在於證明怎樣想就對，因而它雖然也講因明，卻經常不管邏輯。二是神話過多，神話總是難於納入理的範圍的。三是宗派過多，人各有見，想不衝突、不矛盾是辦不到的。四是太繁瑣，這有如堆了滿院子什物，想搬到室內，擺得有條有理，就太難了。

（二）作為一種人生之道，理想缺少實際性（如涅槃究竟是甚麼境界，幾乎誰也說不明白），即使好，但摸不著，總是遺憾，或說致命傷。

（三）以逆為順，至少由常人看，這逆（主要是斷情欲）是太難了。勉強，結果就會不出兩種：一種是不能照做，一般人就是這樣；另一種是名做而實不做，或想做而做不到，有不少出家人就是這樣。

再說好的一面。

（一）人生，同已經有生的自己關係最密切，而且求得心安理得大不易，所以反覆想想是不可避免的，或說應該的。佛家想了，而且想得很深，不管想以後的認識是甚麼，這種不浮光掠影、不得過且過的認真精神總是可欽佩的。

（二）有了認識，堅持努力學，努力行，精進不息，這種實幹的態度也是值得欽佩的。

（三）某種觀點看，人生為盲目的欲所支配，世路坎坷，多苦，也言之成理。怎樣對待？順是一條路。逆，至少在理論上，也是一條路。自然，這條逆的路很難走。但佛家想試一試，用“大雄”精神走下去。這種精神不只可欽佩，而且，我們總要承認，理論上，甚至事實上，不會絕沒有走通的可能。而如果能走通，則必有所得：大的是不為情欲所制，因而少苦；小的，利祿心因而減少，可以安於淡泊，總比苟苟營營好得多吧？

（四）普度眾生的心和行，淺之又淺地說，會使社會減少一些你爭我奪的力量，增添一些互諒互助的力量，也是值得歡迎的。

第四章

中土佛教

4.1

源流説略

　　禪宗是中土佛教的一宗，想了解禪宗，先要略知中土佛教的情況。中土佛教來自印度，雖然有發展，有變化，但枝幹不能離根，尤其早期，是印度佛教的繁衍，因而就是講中土的，也不當數典忘祖。

　　但這祖又是太繁雜了，只好談一點點關係密切的。據説釋迦牟尼佛滅度後不久（佛教教史幾乎都是無確證的傳説），像孔門弟子整理寫定孔子的言行為《論語》一樣，佛門弟子也聚會，想整理寫定佛的訓誡。這樣的聚會名為結集，據説主要有三次：第一次於佛葬後在王舍城，有五百大弟子參加（這就是五百羅漢的來源）；第二次於佛滅度後約百年在毗舍離城，有七百高僧參加；第三次於阿育王（公元前 250 年前後在位）時在波咤厘子城，有一千和尚參加。每次結集都寫定一些經典；至於何種經典，所傳不盡同，這裏從略。

　　結集，是因為對於佛所説惟恐有誤記，或所記和所解已經有分歧。但分歧終於不能免，因為一傳再傳，有訛誤是必然的；又，人心之不同，各如其面，同樣一句話，甲可以從中取得實義，乙可以從中悟得玄機，何況佛法所講，大多是意義不定的抽象概念，尤其容易仁者見仁，智者見智。據説結集時已經有宗派之分，印度稱為部。起初分為上座、大眾兩部。上座指老字號的和尚，相當於貴族；大眾指少壯派的和尚，相當於平民。老字號的保守，嚴格遵守傳統，不敢越雷池一步；少壯派敢想敢說，阿育王時期出了個大天，說五事（一餘所誘，二無知，三猶預，四他令入，五道因聲起），在教理上越走越遠。此風不可遏，於是上座、大眾兩部又分化為十八部：上座分為犢子、經量等十部；大眾分為說出世、多聞等八部。

在教理方面，上座部、大眾部的最重要的分歧是上座說有，大眾說空；上座安於小乘，大眾趨向大乘。有和空都具有遠離常識的意義：有，是指一切法的自體三世長有；空，是指一切法念念生滅，所以過去未來無實體，只有現在瞬間的體用為有。上座部的理論基本上是原始佛教的。大眾部思路比較開放，且追得深，氣度大（強調普度），所以得到較多人的讚許，其後就發展為大乘佛教。佛教傳入中土，小乘不興盛，六朝以後，地盤完全為大乘所佔領，與印度源泉的下流是有密切關係的。

— 4.2 —

前期佛教

中土佛教的歷史，內容複雜，千頭萬緒，為了簡明，想分作三期：前期，由東漢到西晉；中期，由東晉、南北朝到唐；後期，由五代十國到明清。中的意義相當於盛，是重點。

4.2.1 漢

佛教傳入中土，最早在何時，有異說。有的，大概意在誇飾，與道教爭勝，說在東漢明帝（公元 58–75 年在位，年號永平）以前。引經據典，近的推到漢武帝，遠的推到秦始皇，更遠的推到《山海經》。可惜都證據不足，難於取信。

多數人認為可信的是漢明帝永平求法的傳說，見於東漢末牟子《理惑論》第二十章：

> 昔孝明皇帝夢見神人，身有日光，飛在殿前，欣然悅之。明日博問群臣，此為何神。有通人傅毅曰："臣聞天竺（即印度）有得道者，號之曰佛，飛行虛空，身有日光，殆將其神也？" 於是上悟，遣使者張騫、羽林郎中秦景，博士弟子王遵等十二人，於大月支寫佛經四十二章，藏在蘭台石室第十四間。時於洛陽城西雍門外起佛寺（其他書稱為白馬寺），於其壁畫千乘萬騎，繞塔三匝。時國豐民寧，遠夷慕義，學者由此而滋。

此外還有許多書談到，內容大同小異。所記事詳細明確，但也有漏洞，因而近年來有人疑為不實。不過這項記載可信與否是一回事，佛教何時傳入是另一回事。湯用彤先生《漢魏兩晉南北朝佛教史》舉西漢哀帝時大月氏王使伊存授浮屠（佛）經，明帝時楚王英已為桑門（沙門，和尚）、伊蒲塞（優婆塞，男居士）設盛饌，傅毅已知天竺有佛陀之教為理由，證明佛教的傳入必在明帝以前。以常情推測，兩漢和西域的交往相當頻繁，西域諸國是信奉佛教的，傳入的可能比不傳入的可能一定大得多。

佛教初傳入時期，重要的活動是譯經。譯者都是外國人，如安世高來自安息（初來的佛學大師，名前多標明國籍），支婁迦讖來自大月支（也寫大月氏），竺佛朗來自天竺，康孟詳來自康居。其中最有名的是安世高，譯出《安般守意經》（最早傳入講禪法的）等約三十幾部。其次是支婁迦讖，譯出《般若道行經》等十幾部。

教義的傳播還比較粗淺，大多是靈魂不滅、地獄受報、祭祀得福之類。所以在當時人的眼裏，佛法不過是方伎的一種，出家人同樣是方士、道士，可以稱呼為道人。但佛教徒的出世色彩，可能也表現得相當明顯，如《後漢書‧襄楷傳》記襄楷於桓帝延熹九年（公元 166 年）上書說：

> 又聞宮中立黃老浮屠之祠。此道清虛，貴尚無為，好生惡殺，省欲去奢。今陛下嗜欲不去，殺罰過理，既乖其道，豈獲其祚哉！或言老子入夷狄為浮屠。浮屠不三宿桑下，不欲久，生恩愛，精之至也。天神遺以好女，浮屠曰，此但革囊盛血，遂不盼之。其守一如此，乃能成道。

像這樣對付情欲（絕），是道家也遠遠趕不上的（只是寡欲）。

宮中有浮屠祠，推想只是祭佛而不住僧。宮外已經有寺院，如傳說建於明帝時的白馬寺就是。寺院不多，都是供外來的和尚住的。中土人不住，原因有二：一是據《高僧傳·佛圖澄傳》：「往漢明感夢，初傳其道，惟聽西域人得立寺都邑，以奉其神，其漢人皆不得出家。」二是當時還沒有傳戒的規定，也就不能有正式受戒的比丘和比丘尼。

4.2.2 三國兩晉

這兩個時期合起來，將近一百年（公元 220-316 年）。佛教的重要活動還是譯經。重要的譯者有：康僧鎧在魏都洛陽譯出《無量壽經》等四部；帛延在同地譯出《首楞嚴經》等七部；支謙在吳都建業譯出《維摩詰經》等八十餘部；康僧會在同地譯出《六度集經》等數部；竺法護在兩晉初年譯出《普曜經》等一百六七十部；竺叔蘭在陳留等地譯出《放光般若經》等數部；帛法祖在長安等地譯出《菩薩修行經》等十幾部；安法欽在洛陽譯出《道神足無極變化經》等五部。所譯經典，教理方面偏於大乘的般若，這就為後來道安的般若學開了先河。

譯經中的一件大事是，三國魏的晚年，印度和尚曇柯迦羅來洛陽，譯出《僧祇戒心》，其後不久安息和尚曇諦來洛陽，譯出《曇無德羯磨》，並根據戒律的規定舉行傳戒儀式，這就為佛教勢力的擴大開闢了一條廣闊的路。

中土人出家，有人說始於東漢末的嚴佛調（安世高弟子）。但也有人說，嚴只是居士，並未出家。如果後一說近真，那最早出家的名人，應該是三國魏的朱士行。朱不只是最早出家的，還是最早西行求法的。他研究般若，中土經典有限，義多難通，於是在魏末（公元 260 年）往西域。到于闐，得《大品般若》數十萬言，於西晉初年命弟子送回洛陽，他沒有回來。

有了戒律的規定，出家人逐漸增多，據說西晉時有僧尼三四千人；僧寺，僅洛陽、長安就有近二百所。

4·3

中期佛教

這一期包括東晉和南朝（宋、齊、梁、陳），北朝（五胡十六國、北魏、東魏、西魏、北齊、北周），隋，唐。朝代多，地域雜，加上佛教最興盛，更是千頭萬緒。所謂興盛，是內，教理鑽得深，分得細（各宗各派）；外，熱鬧，由寺院、出家到造像、俗講等等，真是五花八門；還有，影響也大，由小民的唸 "阿彌陀佛" 到士大夫的談空說寂，更是無孔不入。內容太多太雜，只得取大捨小，只談一點點顯赫的。

4.3.1 東晉、南北朝（一）

這時期包括東晉、南朝和北朝的匈奴、羯、鮮卑、氐、羌五個民族（史稱五胡）先後建立的二趙、三秦、四燕、五涼、夏、成（或成漢）十六國，時間是一百年多一點（公元

317–420 年）。

　　譯經的盛況遠遠超過前代，不僅譯師多，譯品多，而且出了不少在佛教史上有重要地位的大師。這包括僧伽提婆、僧伽跋澄、僧伽羅叉、佛陀耶舍、佛陀跋陀羅、曇摩難提、竺佛念、帛尸梨蜜多羅（高坐道人）、弗若多羅、鳩摩羅什等。其中尤以鳩摩羅什名聲最高，貢獻最大，與唐初的玄奘，同居譯經大師的首位。這時期所譯經典的方面也廣，包括“阿含”（小乘經）、“阿毗曇”（説一切有論部）、“律藏”、“密教經典”、“大乘經論”等。其中影響最大的是大乘經論，如《大品般若》《金剛經》《維摩詰所説經》《首楞嚴三昧經》《大智度論》《中論》《百論》《十二門論》等，都出於鳩摩羅什之手。

　　教理的研究和傳佈也遠遠超過前代。重要的大師有佛圖澄、道安、鳩摩羅什、慧遠、竺僧朗、竺潛、道生、道融、僧肇、法顯、慧觀、慧嚴、支遁等。研討的內容太多，太專，不能介紹。只説説多數人感興趣的是般若性空的學説。可是同是説空而看法不同，道安時期有六家的分別。所謂六家，指一“本無”（萬有生於無），二“即色”（色法因緣和合而生，無自性），三“識含”（萬有為心識所變），四“幻化”（世間諸法皆幻），五“心無”（對外物不起計執心，故説空無），六“緣會”（諸法因緣會合而有，無實體）。其中道安的本無説勢力最大。其後鳩摩羅什更深入發揮，創畢竟空説（一切有為法無為法皆空無餘），其弟子僧肇作《不真空（不真即空）論》（見《肇論》），即使不是越來越玄奧，也總是越來越細緻了。其實目的仍是簡單的，是想證明現世無可愛戀，因為不實。

不愛戀現世是消極方面，消極總是為積極服務的，就是說，捨是為了取。所取當然是出世，或說涅槃。這時期，佛法在取的方面有了新的趨向，是由道安（在北方）開始，慧遠（在南方）發揚光大，根據《無量壽經》《彌勒下生經》等經典，倡導往生彌勒淨土的修持方法。與般若性空的玄遠理論相比，往生淨土的路像是既容易走，又收穫大，所以對後來佛教的更深入人心起了有力的推動作用。

隨著佛教勢力的增大，西行求法的風氣也興盛起來。先後有法顯、智嚴、寶雲、智猛等多人。其中成就最大的是法顯，於東晉安帝隆安三年（公元 399 年）從長安出發，到天竺、師子國（斯里蘭卡）等三十餘國，獲得很多經典，十幾年後回到建業，與佛陀跋陀羅共同譯出《大般泥洹經》等經典。

出家、在家的信徒，數量增加得很快。在北方，只長安一處的僧尼就過萬。其他地方，尤其南方的佛教中心建業，數目當然也不會少。寺院自然也要相應地增多。與信仰俱來的還有佛像的各種形式，包括塑像、畫像（包括畫佛教故事，名家有顧愷之、曹不興等）和雕像。雕像還發展為大規模的形式，是石窟造像。據說敦煌千佛洞就是苻秦時期開始建造的。

道釋融合從這個時期起表現得越來越明顯。道家推重老莊的無為，理論講無，行事講沖虛淡泊，尚清談，這同佛家的講般若、輕世間名利有相通之處，又因為許多出家大師深知儒道（如慧遠、支遁等），許多士大夫名流信佛，通佛理（如孫綽、宗炳等），所以有不少名僧和名士交了朋友，談吐也是既道且釋，就是後來説的禪味。

4.3.2 南北朝（二）

這時期，南朝包括宋、齊、梁、陳，約一百七十年（公元420-588年）；北朝包括北魏以及分裂後的東魏、西魏、北齊、北周，約一百六十年（公元420-581年）。

先説南朝。

譯經的事業還在繼續。有名的譯師有佛陀什、求那跋摩、求那跋陀羅、求那毗地、達摩摩提、曼陀羅、真諦、寶志等。其中貢獻最大的是真諦，在梁、陳之際譯出《無上依經》《十七地論》《攝大乘論》等約五十部經典。

佛理的研究和詮釋更加深入，並由泛泛地講某一門變為專攻某一部經論。有專研究、弘揚阿毗曇的，稱為毗曇師，如法業、僧淵、慧集、智藏等。有專研究、弘揚《成實論》的，稱為成實師，如僧導、道猛、慧次、法雲、法偃等。有專研究、弘揚三論（《中論》《百論》《十二門論》）的，稱為三論師，如僧朗、僧詮、法朗、智辯、慧勇等。有專研究、弘揚《攝大乘論》的，稱為攝論師，如智愷、法泰、曹毗、僧榮、法侃等。有專研究、弘揚十誦律的，稱為十誦律師，如僧業、曇斌、慧詢、慧猷、智稱、法超、智文等。有專研究、弘揚涅槃學的，稱為涅槃師，如道生、寶林、慧觀、慧靜、僧宗、慧皎等。這類研究，有的更深入，更擴大，徒眾和著作增多，就發展為不同的宗派。

這時期，佛理方面曾引起一次大爭論，就是神滅還是不滅。佛家主張神（有各種異解異名，如心識、自性等）不滅，因為如果滅，生死即使事大，也就沒有辦法，六道輪迴也就成為無稽之談。可是不滅又很難舉出實證，於是有人根據常識的所聞所見，駁斥神不滅說，重要的論文有何承天的《達性論》和范縝的《神滅論》。

經典越來越多，於是有人整理為目錄。三次都在梁代：一是僧紹編的《華林殿眾經目錄》，二是寶唱編的《眾經目錄》，三是僧祐編的《出三藏記集》。現在存世的只有最後一種。

這時期，佛教勢力更加膨脹，簡直可以說到了頂點。最明顯的表現是滲入各階層，滲入生活的各方面。四朝的皇帝幾乎都信佛。其中最突出的是梁武帝蕭衍，他不但修建了很多寺院，而且四次到同泰寺捨身為奴。結果引來侯景之亂。可是後來的皇帝並沒有看作前車之鑒，如陳的武帝、文帝都曾向寺院捨身。上有所好，下必有甚焉，於是官僚、名士等，也都以事佛、與名僧往來為榮。平民文化低，更容易相信福報，信佛的當然更多。據說宋、齊、陳三朝，僧尼都多到三萬多人，寺院一兩千所；梁朝僧尼多到八萬多人，寺院多到三千所。出家人多，寺院多，於是各種法會（齋會、水陸會、盂蘭盆會等）也應運而起，如梁武帝就舉辦過多次四眾（比丘，比丘尼，優婆塞，優婆夷）無遮（平等待遇）大會。造像的風氣也很盛，為了功德，有的用木雕，有的用銅鑄，還有的用金銀鑄；大的高一兩丈，多的到幾萬軀。

道釋融合，名士和名僧的交往更加頻繁。玄談之外，還可以用詩，如謝靈運、顏延之、智愷、智藏都是這方面的名手。

再說北朝。

譯經的事業仍在繼續。主要是北魏（早期在平城，晚期隨東魏由洛陽移到鄴都）。譯經大師有曇曜、吉迦夜、曇摩流支、菩提流支、勒那摩提、佛陀扇多等。其中菩提流支尤其有名，用半生精力，譯出《法華經論》《十地經論》《入楞伽經》《深密解脫經》等共三十部。北齊、北周時期，譯經大師有那連提黎耶舍、達摩闍那、闍那耶舍、耶舍崛多等。

佛理的研究和詮釋也像南朝，因專精而分為不同的部門。有專研究、弘揚阿毗曇的，稱為毗曇師，如智游、慧嵩、志念、道猷、道岳等。有專研究、弘揚《成實論》的，稱為成實師，如僧嵩、僧淵、曇度、道登、道紀等。有專研究、弘揚《攝大乘論》的，稱為攝論師，如靖嵩、曇遷等。有專研究、弘揚涅槃學的，稱為涅槃師，如曇准、曇無最、寶延、曇延等。有專研究、弘揚《十地經論》的，稱為地論師，如道寵、僧休、慧光、法上、僧範等。有專研究、弘揚四論（三論加《大智度論》）的，稱為四論師，如道場、曇鸞、靜藹、道判、慧影等。有專研究、弘揚《四分律》的，稱為四分律師，如法聰、慧光、道雲、道輝、洪道等。有專研究、弘揚淨土的念佛法門的，稱為淨土師，如曇鸞、慧海、靈裕等。有專研究、弘揚楞伽的禪法的，稱為楞伽師，如菩提達磨（禪宗東土初祖）、道育、慧可、慧滿、僧副等。

　　同南朝一樣，佛教勢力在北朝也升到頂峰。幾朝皇帝，絕大部分是信奉佛教、尊重名僧的。一般平民當然更少例外。佛法盛，信徒多，從許多方面可以表現出來。一是僧尼多，北魏由平城遷都洛陽以前，城鄉合計，僧尼有八萬多；到魏末增到二百多萬。二是僧寺多，北魏平城時期是六千多所；到魏末，僅洛陽一地就有一千多所（《洛陽伽藍記》記其大略，可見豪華宏麗的一斑），全國各地是三萬多所。其時建塔的風氣也盛起來，許多僧寺兼有塔。三是造像多，最著名的是，北魏平城時期的武州山石窟（今大同雲岡石窟），洛陽時期的龍門石窟，此處還有麥積山、天龍山、響堂山等地的石窟。四是刻石經，有名的有響堂山石經、泰山經石峪石經等。五是因為信徒多，民間還有了信奉佛教的組織，名為義邑，首領名為邑主、邑長等，成員名為邑子、邑人等。

　　這時期也有西行求法的事。著名的有宋雲和惠生，到西域許多國，取來不少經論，並著書記西行的經過（《洛陽伽藍記》卷五專記此事）。

　　這時期，佛教的一件大事是出了兩個廟號都是"武"的"滅法"的皇帝。一是北魏遷都洛陽前的太武帝（公元424-452年在位）。他信道士寇謙之和司徒崔浩的話，說佛教是"西戎虛誕，妄生妖孽"，先是讓五十歲以下的僧人都還俗，服兵役；其後，因為發現長安一寺院收藏兵器、財物及婦女等，於是下令殺盡僧徒，毀寺院、經像等。幸而其時太子晃監國，故意緩宣詔書，僧徒多聞風逃匿，經像也有不少人秘藏，佛教才不至完全滅絕。另一是北周武帝（公元 560–578 年在位）。他重儒術，輕道、佛，曾多次發起爭論道、佛的高下，又聽信還俗僧人衛元嵩和道士張賓的意見，開始是減寺減僧；其後是廢斥道、佛二教，令僧徒、道士都還俗，財物沒收散給臣下。攻滅北齊以後，用同樣的辦法，強迫僧徒還俗，焚毀經像，財物沒收歸官。據說周境道、佛還俗的有二百多萬人，齊境僧徒還俗的有三百萬人。

4.3.3 隋

隋朝只有短短的三十七八年，可是長期分裂的局面成為統一，佛教情況就有了混合南北、繼往開來的性質。

譯經仍然沒有停頓。重要的譯師有那連提耶舍、毗尼多流支、闍那崛多、達摩笈多等。其中闍那崛多成就最大，在長安大興善寺譯經二十年，譯出《佛本行集經》《大方等大集護經》等三十餘部。

佛理方面出了一些造詣深、影響大的大師。如慧遠（不是東晉的廬山慧遠）通各宗各派，著《大乘義章》，普遍解釋大小乘的名相，開後來華嚴宗的先河。智顗以《法華經》為本，創一念三千等說，成為天台宗的創始者。吉藏承鳩摩羅什、僧肇的思想體系，研究三論，成為三論宗的創始者。此外，繼北朝攝論師的傳統，研究《攝大乘論》的也不少，其中以曇遷為最有名。

這時期，佛教的一件大事是出現了信行和尚創立的三階教。三階教有教理，說其時已經到了末法時期，應該適應這個時期採用近於苦行的修持方法，如一天只吃一次乞討來的飯，見人即禮拜（一切眾生是真佛），死後屍體供鳥獸吃（佈施），等等。所謂三階，是把時、地、人都分為三個階段，如依時分，佛滅度後五百年（有異說）為第一階，第二個五百年為第二階，以後一千年為第三階，是末法時期。這個教在隋至唐朝早期勢力相當大。可是因為有不少人（包括一些皇帝）視為異端，到唐朝後期就逐漸滅絕了。

經典積存更多，於是有繼續編撰目錄的事。重要的有法經等編的《眾經目錄》，費長房編的《歷代三寶記》，彥琮等編的《眾經目錄》。

佛教勢力仍然很旺盛。原因同過往一樣，是在上者提倡，一般人民信受。隋文帝熱心護法，建寺，建塔，度僧尼，造佛像，並提倡公私寫經（開唐朝大批寫經的風氣）；他的兒子隋煬帝楊廣並且受菩薩戒，自稱菩薩戒弟子。石窟造像和刻石經仍然繼續，著名的房山石經就是這時期開始的。

這時期，佛教還由中土東傳到高麗、百濟、新羅和日本。這些國家都有不少僧人來長安學習佛法。文帝時期，高麗、百濟、新羅並分得舍利，帶回國建塔供養。

4.3.4 唐

唐朝由建國到滅亡（公元 618-907 年），經歷了將近三百年，至少在前期和中期，佛教還處於頂峰時期。不只興盛，還可以拿出幾種第一來。初年出了個玄奘，無論是譯經，西行求法，還是通曉教義，都應該高踞出家人的首位。佛理研究方面，各宗各派爭奇鬥勝，真可以説是百花齊放。其中尤其禪宗，開花結果都是在這個時期。弘法的方式也有大發展，因要求通俗化而興起俗講，於是而產生了變文。信徒數量更多，信的程度更深，有種種作功德的花樣，如寫經，近年發現於敦煌千佛洞的，絕大多數是這時期寫的。名僧和名士的關係更加密切，因而產生了不少出於僧俗的帶佛教氣息的詩文。

譯經已經是高潮的末期，但成就很大。譯經大師很多，如玄奘、智通、佛陀波利、菩提流志、實叉難陀、義淨、智嚴、善無畏、金剛智、不空、尸羅達摩等。其中貢獻最大的當然是玄奘，用將近二十年精力，共譯出經論七十五部，一千三百三十五卷，其中《大般若波羅蜜多經》一部有六百卷之多。譯的質量也遠遠超過前代，因為其時已經有嚴格的譯場制度和精密的翻譯律例，而且，如玄奘、義淨、不空等，都精通梵漢兩種文字，不再有語言的隔閡。

教理的研究，承過去的餘緒而更加深入，從而體系更加嚴整，面目更加鮮明，就形成不同的宗派。有天台宗，重要大師為智威、玄朗、湛然等。有三論宗，重要大師為吉藏、慧遠、智拔、慧均等。有慈恩宗（即法相宗），重要大師為玄奘、窺基、慧沼、智周等。有律宗（主要的一派是南山宗），重要大師為道宣、太慈、融濟、文綱等。有賢首宗（也稱華嚴宗），重要大師為杜順、智儼、法藏（字賢首）、澄觀、宗密等。有密宗，重要大師為善無畏、金剛智、一行、不空等。有淨土宗，重要大師為道綽、善導、懷感、慧日等。有禪宗（下章詳述）。

經典編目，這時期也有重要著作，如玄琬編《眾經目錄》，道宣編《大唐內典錄》，智升編《續大唐內典錄》和《開元釋教錄》等。其中《開元釋教錄》，內容和體例都很精審，到現在還是研究佛教典籍的重要參考書。

各宗派弘揚教理，大多是著重辨析名相，難免深奧而繁瑣，一般人難於接受。為了普及，這時期興起一種通俗化的宣傳方式，名為俗講，就是用講唱故事的形式闡說教義。這種講唱的本子名為變文，成為以後通俗小說的始祖（本章末還要談到）。

唐朝皇帝，絕大多數是維護佛教的。士大夫和平民，接受傳統的生活習慣，已經把佛教看作本土文化的組成部分，不只慣於信，而且慣於行。表現於外，或現在還能看到或推知的，是各種信奉活動的遺跡。上者是詩文，其次是大量的寺、塔、經幢、造像（包括石窟造像）、刻石經、寫經（中期以後開始有刻板印刷的經典）等。

西行求法的人也不少，據義淨《大唐求法高僧傳》記載，僅唐朝初年就有六十人。最著名的當然是玄奘，於太宗貞觀三年出發，經西域到印度，往返十七年，取回佛舍利一百五十粒，經論六百五十七部，金檀佛像七軀。此外，義淨、慧超、玄照、道琳等也是西行求法人中很有名的。

　這時期也曾出現反佛教的事。重要的有兩次。一次是所謂會昌法難。武宗是信道教的，對佛教有惡感，從會昌二年（公元842年）起，用種種辦法壓制僧尼，直到下令拆毀寺院，勒令僧尼還俗。據記載，共拆毀大寺四千六百多所，小寺四萬多所，僧尼還俗二十多萬人，連銅鐵鑄的佛像也熔化殆盡。另一次是韓愈排佛，他寫《原道》《論佛骨表》等文，主張對佛教要“人其人（強迫僧徒還俗作普通人），火其書（燒佛教典籍），廬其居（變寺院為民房）”。可是這位韓文公究竟是手無寸鐵的文人，雖然力竭聲嘶，影響卻是難於通到習俗的底層的。

　中土與東方高麗、日本等國之間，僧徒的來往更加頻繁（主要是來唐朝留學）。於是佛教東傳，並也發揚光大，建立了各種宗派。

—————— • 4.4 • ——————

後期佛教

　這一期時間長，由唐末到清末，大約一千年。朝代包括很多。其中有統一的，是元、明、清；有分治的，是北宋和遼，南宋和金；有分裂的，是五代十國。佛教情況是大致保持舊的傳統，雖然某時、某地、某宗派、某舉動略呈興盛之勢，但總的看來，正如紅日偏西，光和熱都比較微弱了。

4.4.1 五代十國

五代是統治北方的後梁、後唐、後晉、後漢、後周；十國是南方的前蜀、吳、吳越、閩、南漢、荊南、楚、後蜀、南唐和北方的北漢。時間由後梁建國（公元907年）算起，到後周滅亡（公元960年）截止（十國中的南唐、北漢等，北宋建國十幾年後才滅亡），不過五十多年。

政治情況複雜，因而佛教的興衰情況也就隨著複雜。大致說，北方的統治者，信佛的程度沒有南方那樣深。如對於僧徒出家，北方限制較多，而且推行一種所謂試經業的考試方法。南方如吳越、閩、南唐等國，君主都熱心佛教事業，所以建寺、建塔、造像、寫經等活動都規模宏大。

教理方面也趨向衰落。只有天台宗和律宗還保持相當的勢力：天台宗的大師有義寂、義通、知禮等；律宗的大師有貞峻、澄楚、元表、守言、贊寧等。禪宗的情況特殊，因為唐朝中期以後漸漸有獨霸之勢，所以這時期仍在發揚光大（詳見下章）。

出家人作詩，這時期人數更多，簡直成為風氣，如齊己著《白蓮集》，貫休著《禪月集》，在文學史上也是很有名的。

這時期還出了個滅法的皇帝，後周世宗（公元954–959年在位）。他從顯德二年（公元955年）起反佛，廢除未經國家賜予寺額的寺院三千多所；嚴格限制出家資格，並不許私度。

又因為缺少貨幣，於是沒收銅鑄佛像，熔化了鑄錢。中國佛教史說的三武一宗的滅法，三武是北魏太武帝、北周武帝和唐武宗，一宗就是這位周世宗。

4.4.2 宋（附說遼金）

宋包括北宋和南宋，地域不很廣，時間卻長，超過三百年（公元 960–1279 年）。佛教的情況，大體說是興盛的。

譯經事業，於唐朝晚期停頓，這時期又恢復了。像唐朝一樣，翻譯有嚴密的組織和規程。譯師大多是外來的僧人，有法天、法賢、法護、日稱、智吉祥、金總持等。共譯出經論二百多部，合七百多卷。成績遠遠落後於唐朝，因為重要的經論大多早已有譯本。

佛理的弘揚方面，勢力最大的是禪宗（下一章談）。此外有律宗，或說道宣的南山宗，重要大師為贊寧、允堪、元照等。有賢首宗，重要大師為子璇、淨源、師會、希迪等。有慈恩宗，重要大師為秘公、通慧、傅章、繼倫、守千等。有天台宗，重要大師為義寂、義通、知禮、晤恩、廣智等。有淨土宗，重要大師為省常、宗賾、志磐等。

宋朝皇帝大體說都是維護佛教的（只有徽宗崇奉道教，曾強制僧道合流，使出家人改服飾，改寺名為宮，稱菩薩為大士，僧為德士，尼為女德士），佛教仍為各階層的人所信奉，單說出家人，全國僧尼總數有三四十萬。信奉的活動，除建寺、建塔、造像、寫經、齋僧、舉行各種法會等之外，還添了刻經（刻木板印刷全藏）一項。最早也最重要的是宋初開寶年間在四川刻的蜀版藏經，歷時十二年，收經論六千六百多卷。此後中土多次刻大藏，以及高麗、日本等地刻大藏，幾乎都是以這個版本為底本。蜀版之外，宋朝刻大藏還有四次：一是福州東禪寺版，二是福州開元寺版，三是湖州思溪版，四是平江磧砂版。

這時期，佛與儒相互影響，接近甚至糅合的程度更加深遠。有明顯表現為調和的，如契嵩著《輔教篇》，張商英著《護法論》《宗禪辯》，都宣揚佛、儒可以互助，不當偏廢。有不明顯表現的，如禪的明心見性，儒的天理人欲，都是把鄰居的什物隔牆拿過來混在自己的什物裏。

西行求法的人在這個時期還有不少，其中如道圓、繼業（一行三百人）、行勤（一行百五十七人）等都是很有名的。

中土與東方高麗、日本諸國，僧徒來往仍不少。外國僧人來中國，絕大部分是學禪法的，如日本的奝然、寂昭、覺阿、榮西等，對日本禪學的發達都起了不小的作用。

附帶說說佔據北方的遼、金兩朝。那是契丹和女真建立的國家，就文化說，低於中原的兩宋，知解少就更需要宗教，所以對佛教就更加尊崇。如遼興宗曾皈依受戒，金世宗的生母貞懿太后出家為尼。最高統治者如此信奉，佛教當然要受到特殊的照顧。建寺、建塔、造像、寫經、齋僧、行香等等活動不算，還增加了大量的佈施。如遼的蘭陵郡夫人蕭氏，施給中京靜安寺土地三千頃，穀一萬石，錢二千貫，民戶五十家，牛五十頭，馬四十匹；金世宗生母貞懿太后出家後住清水禪寺，施給田二百頃，錢百萬。這樣一來，寺院成為特殊的富戶，僧徒成為特殊的階級，站在佛教的立場，有好的一面，是道場興隆；但也有壞的一面，是出家後養尊處優，生活世俗化，不久就會把苦、集、滅、道的教義忘了。

佛理方面，勢力比較大的是禪宗（下一章談）。其他各宗也出了些有名的法師，如華嚴宗，遼有鮮演，金有寶嚴、義柔等；密宗，遼有覺苑、道碩等，金有法沖、知玲等；律宗，遼有守道、等偉等，金有悟銖、智深等；淨土宗，遼有非濁、詮曉等，金有祖朗、廣思等。

這兩朝都重視刻經的事。遼刻的大藏，與宋刻蜀版藏經相比，內容增多，通稱《契丹藏》。金刻的大藏過去不見記載，公元 1934 年在山西趙城廣勝寺發現一部（有殘缺），是比丘尼崔法珍發願所刻，現在通稱為《趙城藏》。

遼、金時代的佛教藝術品，留到現在的還有不少。主要是建築，如天津市薊縣的獨樂寺山門和觀音閣，山西的應縣木塔，北京的天寧寺塔等，都是遼代建築；山西大同普恩寺的大雄寶殿，山西五台延慶寺的大殿，河北正定隆興寺的山門等，都是金代建築。

4.4.3 元

元朝時間不很長，只是一百年多一點（公元 1260-1368 年）。皇帝都是信奉佛教的，尤其是屬於密教的喇嘛教。元世祖忽必烈奉西藏喇嘛教名僧帕思巴為帝師；以後各朝皇帝即位前先要從帝師受戒。帝師是掌管佛教的僧官。元朝還出了不少有學問的喇嘛，如膽巴、沙羅巴、達益巴、迦魯納答思等。

對於一般佛教，帝室也是維護的，如建立寺院，舉行法會，刻印藏經，費用都由國庫負擔。其結果是寺院增多，全國有兩萬幾千所；僧尼增多，全國有二十幾萬。此外，朝廷還慣於以田地施給寺院，少則幾十頃，多則幾百頃。寺院成為富戶，於是兼營工商業。財貨增多，顯然，戒定慧必致相應地減少，出家成為特殊的行業，也追求享樂，就佛教教義說，是愛之反而害之了。

在教理方面，有較大成就的仍然是禪宗（下一章談）。此外，天台宗的名僧有性澄、允若等；華嚴宗的名僧有文才、了性等；法相宗的名僧有英辯、志德等；律宗的名僧有法聞。不過與前一時代相比，總是強弩之末了。

這時期新興起兩個教派：白雲宗和白蓮宗。兩宗都著重唸佛，提倡菜食。因為是新興的，當時被人視為異端，受到阻止和打擊。在教理方面沒有甚麼大建樹。

元代刻經事業不很發達。值得注意的有弘法寺大藏，是利用金代大藏的經版，校訂刻印的；有普寧寺大藏，是杭州餘杭縣南山大普寧寺僧徒募化刻印的。

僧徒作詩的風氣仍然很盛，如明本、行端、梅堂、清珙、圓至、本誠、大圭、善住等，詩文都有集行世。

佛教藝術，成就最高的是造像。有漢人劉元，得佛像工藝大師阿尼哥（尼泊爾人）的真傳，精於塑像，元朝名剎的塑像有不少是他塑的，據說北京東嶽廟的塑像也出於他之手。銅鑄佛像，北京西山臥佛寺的臥佛，現在還是很有名的。

4.4.4 明

明朝時間比較長，由建國到滅亡，經歷了二百七十多年（公元 1368–1644 年）。關於佛教，重要的變動是：一，由尊崇喇嘛教改為以中土的各宗為主體；喇嘛雖然仍有帝師、國師等稱號，但那是出於對外族宗派的籠絡。二，明太祖朱元璋在鳳陽皇覺寺當過和尚，對寺院和僧徒的情況有較多的了解，於是針對他心目中的弊端，由過去的單純扶持改為著重整頓。辦法有多種，如設置各級僧官管理佛教事務，包括任免寺院的住持；分學佛的專業為禪（以禪定求悟）、講（研習各種教義）、教（依各種儀法活動）三類，要求僧徒要各有所專；定期考試，經典不通者淘汰；嚴格度牒制度，男四十以下、女五十以下不得出家；減少寺院數目，出家者必須集中居住，過集體生活；等等。不過對於流傳已久、深入人心的佛教，政治力量終歸是有限的，又因為後來推行度牒收費辦法，出家容易了，從而寺院的數目大量增加，僧尼的數目也大量增加。

在教理方面，仍然以禪宗最為興盛（下一章談）。其次是淨土宗，以唸佛求解脫，幾乎成為各宗派的共同法門，弘法的大師有道衍（姚廣孝）、宗本、袾宏、成時等。其他各宗也還保留一些流風餘韻。弘揚華嚴宗的有普泰、洪恩、慧浸、通潤

等。弘揚天台宗的有慧日、士璋、力金、無盡等。弘揚法相宗
的有巢松、真可、明昱、廣承等。弘揚律宗的有朴原、如馨、
三昧、弘贊等。

明朝後期還出了一些著名的佛學大師,其中最重要的是:
雲棲大師袾宏,紫柏大師真可,憨山大師德清,澫益大師智
旭。他們都學識淵博,著述很多。其中德清著《中庸直指》《老
子解》等書,智旭著《四書解》《周易禪解》等書,溝通儒、
道、釋三教,可以代表一時的風氣。

明代刻經事業很盛,刻全藏計有五次:一是洪武年間在南
京刻的,稱為《南藏》;二是永樂年間在南京刻的,也稱為《南
藏》;三是永樂年間在北京刻的,稱為《北藏》(以上三種是官
刻);四是其後刻於杭州的,稱為《武林藏》;五是明末在山西
五台山開刻,完成於清初浙江徑山的,稱為《嘉興藏》(由嘉
興楞嚴寺發行)或《徑山藏》。

因佛教而有的中外交往也不少。主要是中國和西域,中國
和尼泊爾,中國和日本。

文人學者,不出家而研究佛學的風氣,這時期也很盛。如
宋濂、李贄、袁宏道弟兄、瞿汝稷、焦竑、屠隆等,都是很有
名的佛學家和護法者。

4.4.5 清

這個階段比明朝略短一些,將近二百七十年(公元 1644-
1911 年)。清朝是滿族入主中華,宗教信仰帶有邊地民族的色

彩，就是比較重視喇嘛教。但是在文化方面，由皇室到八旗子弟，都傾向漢化，所以中土各宗也受到維持舊傳統的待遇。所謂舊傳統，是採用明朝的制度，設置僧官，佛教事業如建寺、造像、度僧尼等都有限制。但限制總是越來越鬆懈，原因，除了歷代共同的由勵精圖治必致漸變為得過且過之外，還有建國一開始就出了幾位好佛的皇帝。順治皇帝好參禪，尊通琇為玉林國師。康熙皇帝也視佛門為風雅之地，外出喜歡遊名山，住名剎，並賦詩題字。雍正皇帝更進一步，不只喜歡禪學，並以通禪自負，因而自號為圓明居士，還編了《御選語錄》。上層人物喜愛，一般人民循舊軌走，因而佛教就仍是繁榮昌盛，據統計，早年大小寺院有八萬左右，僧尼有十幾萬；晚年，寺院幾乎遍佈全國各村鎮，僧尼據說有八十萬，不出家而拜佛菩薩的，就難以數計了。

這時期也有譯經事業。但與過去不同：過去是由外面的西土文字譯成內部的中土文字；這時期只是滿、漢、蒙、藏文字互譯，目的限於內部流通。

在教理方面，比較興旺的仍然是禪宗（下一章談）。其次是淨土宗，因為方法簡便而收穫大，所以幾乎成為各宗的共同信仰。專弘揚此宗的大師有行策、省庵、徹悟、瑞安、印光等。此外，弘揚天台宗的大師有受登、靈耀、觀竺、廣昱、妙空等。弘揚華嚴宗的大師有續法、印顆、圓亮、通理、顯珠等。弘揚律宗的大師有海華、戒潤、福聚、弘贊、長松等。弘揚法相宗的大師有大惠、大賢、智旭、果仁、道階等。

　　居士研究佛學，弘揚佛法（包括流通經典），這時期成為風氣。早年有宋文森、畢奇、周夢顏、彭紹升等。中年有錢伊庵、江沅、裕恩、張師誠等。晚年有楊文會、沈善登等。

　　清朝的刻經事業，官刻漢文的只有雍正、乾隆間的《龍藏》一種，是根據明刻《北藏》予以增補的。此外還刻有藏文、蒙文、滿文的藏經。私人刻經，晚年成為風氣，如鄭學川（後出家，名妙空）成立江北、蘇州、杭州等刻經處，楊文會成立金陵刻經處，所刻經典都在三千卷上下。清朝末年，金山和尚宗仰和羅迦陵、黎端甫等，根據日本弘教書院藏經，在上海校印成《頻伽精舍藏經》，成為我國刻印大藏的殿軍。

　　文學藝術方面，這時期出了不少詩僧，如蒼雪、天然、借庵、笠雲、寄禪（皆別號）等；其中寄禪又號八指頭陀，在清末尤其有名。初年還出了幾位有大名的畫僧：朱耷（俗驢字），通稱八大山人；道濟，通稱石濤；髡殘，通稱石溪；弘仁，通稱漸江。

4.5

宗派

　　以上是泛說中土佛教。還可以分說，或應該分說，是介紹不同的宗派。這相當麻煩，原因主要有兩種：一，傳承的統系很繁雜，其中有些只是傳說，甚至有意編造，未必靠得住。

二，宗派之分，主要是由於對教理的認識有分歧，或修持方法有差異。教理的分歧，有不少是很細碎的，或者很玄奧的，講，就要陷入名相的大海，這對於一般讀者，以及這樣一本常識性的書，都是不適宜的。不得已，只得以簡要易解為原則，可以不說的不說，難於淺近易解的也儘量不說。

宗派，主要是宗，有廣狹兩種意義：廣義是兼指學派和教派；狹義是只指教派。南北朝時期，教理的研究趨於深而專，於是有著重研究、弘揚某種經典的大師，如毗曇師、成實師、攝論師等。這樣專精某種經典的學問，有人也稱之為宗，這宗的意義是學派。隋唐以來，有些學派發揚光大，成為有祖師、有傳承、有大量信徒、有教義教規的宗教團體，這樣的佛教組織稱為宗，這宗的意義是教派。

因為宗的意義不定，佛教史籍舉宗的數目，有或多或少的差異。多的是十三宗，名目是：一，毗曇宗（小乘有宗，通於俱舍宗）；二，成實宗（小乘空宗）；三，律宗（通稱南山宗）；四，三論宗（大乘空宗，也稱性宗）；五，涅槃宗；六，地論宗；七，淨土宗（也稱蓮宗）；八，禪宗（也稱心宗）；九，攝論宗；十，天台宗（也稱法華宗）；十一，華嚴宗（也稱賢首宗）；十二，法相宗（大乘有宗，也稱慈恩宗、唯識宗、相宗）；十三，真言宗（也稱密宗）。（日本凝然《三國傳通緣起》）其次是十宗，名目是：一，律宗；二，俱舍宗；三，成實宗；四，三論宗；五，天台宗；六，賢首宗；七，慈恩宗；八，禪宗；九，密宗；十，淨土宗。（楊文會《十宗略說》）湯用彤先生《隋唐佛教史稿》只介紹八宗，名目是：一，三論宗；二，天台宗；三，法相宗；四，華嚴宗；五，律宗（原標題為戒律）；六，禪宗；七，淨土宗；八，真言宗。宗還有等級之別，如同是律宗，其下又有所謂相部宗和東塔宗；同是禪宗，其下又有所謂臨濟宗、曹洞宗等。以下依次介紹一下（禪宗下一章介紹）。

4.5.1 三論宗

佛教教義，佛滅度後在空、有方面就有了分歧：先是小乘成實說空，俱舍說有；後來是大乘三論說空，法相說有。三論是《中論》《百論》和《十二門論》；向上推求還有《大品般若經》。中土自鳩摩羅什起宣揚三論義理，開創了三論宗。繼承羅什的三論宗大師有道生、僧肇、曇影、曇濟、僧朗、僧詮、法朗、吉藏、慧遠（非東晉慧遠）、慧因等。其中以吉藏（隋到唐初人）貢獻最大，可以看作三論宗的代表人物。他著《大乘玄論》《三論玄義》等多種書，因為曾在會稽嘉祥寺弘法，人稱嘉祥大師。

介紹三論宗的義理相當困難，原因，嚴格說不是太深，而是太模棱。比如他們的“八不中道”（否定八種邊見而後得圓通的中道）是：不生亦不滅，不常亦不斷，不一亦不異，不來亦不出。前兩句是就時間說，後兩句是就空間說，意思是只有破了這樣的種種時空的計執，我們才能認識真如實相。可是，即以生滅而論，比如設想個張三，說他還活著，不對，說他已經死了，也不對，真相如何，我們就只能到邏輯的排中律之外去尋求了。三論宗的精神是破一切，一切破了才能體會萬法皆空。但執著空也是邊見，也是有所得；無所得才是中道。

理難於捉摸，但目的是明確的，是以為必須如此認識，才能變張目可見的諸多可欲為不可欲，才能滅因貪戀而生的種種苦。立意是可以諒解的，只是這樣費力思辨，破現實的效力能有多大呢？也許就是因此，只是到唐朝初年，這一宗就逐漸衰微了。

4.5.2 法相宗

法相宗是大乘有宗，唐朝初年玄奘法師創立的。因為玄奘住長安大慈恩寺，所以又稱慈恩宗；又因為教義的重點是萬法唯識，所以又稱唯識宗。玄奘是通一切宗派的佛教學者，可是到印度求法，主要是向那爛陀寺的戒賢大師學唯識，回國譯經弘法也偏重唯識，所以被推為法相宗的祖師。法相宗信奉的經典主要是論，有一本十支之説：一本是《瑜伽師地論》；十支是《百法明門論》《五蘊論》《顯揚聖教論》《攝大乘論》等。後來還有新編譯的《成唯識論》，也是重要典籍。從玄奘受學的人很多，歷代著名的傳唯識學的大師有窺基、圓測（新羅人）、普光、慧沼、智周、如理、道氤等。

介紹法相宗的義理更加困難，因為在名相的辨析方面，它是最繁瑣的。中心思想是萬法唯識。識有多種：眼、耳、鼻、舌、身（觸覺）是前五識；前五識所得是雜亂的感覺，要經過第六識的意（識）整理，才能成為知識；但第六識還是流動不定的，它後面還有個第七識末那識，這是常住的自我，第六識要依此而活動；第七識後面還有個第八識阿賴耶識，是前幾種識所以能活動的根本。第八識中有變現一切的種子，萬法皆由此而生，所以萬法沒有實性，只有能產生一切的才有實性。能變現一切的種子性質不同：污的是有漏（煩惱）種子，是一切世間法之因；淨的是無漏種子，是一切出世間法之因。八識之外，還有三時、五種性等理論，離常識更遠，只得從略。

玄奘法師從印度還帶來因明學，弟子窺基等在這方面也鑽研得很深。因明研討的主要是邏輯方面的知識，學術價值比較高。

與其他宗派相比，法相宗學究氣味特別重，總是盡全力於名相的辨析。不幸的是，窮理與篤行常常難於兼顧；而佛教，總當以行（求解脫）為主，理的研討不過是輔助手段。這樣，全力窮理就容易成為喧賓奪主，又，這理也太繁瑣了，以致很難鍥而不捨，所以唐朝中期以後，隨著不立文字的禪宗的興盛，它就漸漸消沉了。

4·5·3 律宗

持戒是四眾（比丘，比丘尼，優婆塞，優婆夷）都應該重視的，照理說講戒律就不會成為獨立的一宗。可是獨立了，這是因為：一，傳戒的制度早年並不通行；二，戒有多種，有分歧就有理可講；三，同其他名相一樣，戒律方面的事也可以深鑽，鑽就難免人各有見，見不同就容易形成宗派。南北朝時期，譯出的律部經典有四種：《十誦律》《四分律》《摩訶僧祇律》《五分律》。最流行的是《四分律》（小乘），唐以前有法聰、慧光、道雲、道洪、智首等，都是研究、弘揚《四分律》的大師。唐初道宣是智首的弟子。他學問淵博，著作很多，如《大唐內典錄》《續高僧傳》《廣弘明集》等，都是佛教的重要典籍。他還大力鑽研律部，用大乘的教義解釋《四分律》，著作也不少，有的舉三種，稱為三大部，有的舉五種，稱為五大部。他在律學方面貢獻大，弟子多，所以公認為弘揚律學的大師。道宣住終南山白泉、崇文等寺，所以他這一派的律學稱為南山宗。差不多同時，還有個法礪，住相州日光寺，也弘揚《四分律》，講法與道宣不同，人稱為相部宗。稍晚還有個懷素（不是中唐的草書名家懷素），住西太原寺東塔院，也弘揚《四分律》，講法與前兩家都不同，人稱為東塔宗。這律學三宗，一直到中唐都爭論得很厲害。中唐以後，相部、東塔二宗漸漸衰微，通常說律宗就專指南山宗了。南山宗道宣以下，弘揚《四分律》的律師歷代都有，如周秀、道恆、玄暢、元表、允堪、元照、如馨、讀體、福聚等都是。

戒重在行，如殺、盜、淫、妄、酒是戒，要求的只是不殺、不盜、不淫、不妄（語）、不（飲）酒，講道理而想入玄自然不容易。不得已只好往心中追。依佛教教義，戒經過分析成為四種：一是戒法，為佛所制定的條文；二是戒體，為受戒、持戒的心理活動的本源（產生防非止惡之功能的本體）；三是戒行，為依戒律而行的行為；四是戒相，為合於戒律的可以作為規範的外貌。四者之中，第二種戒體上可以大作文章。律學三宗的分歧主要來自這方面的爭執。有了戒體，自然要追求戒體的性質（等於問出身）：南山宗說是阿賴耶識的種子，屬於心法（可領會為非在外）；東塔宗說是屬於色法（可領會為表現於外）；相部宗說是屬於非色非心。說法不同，反正都不能用實況來證明，我們也就不必根究孰是孰非了。

律宗傳授的一件大事是，唐朝開元、天寶年間出了個鑒真，在揚州大明寺弘揚律學，應日本僧人榮睿、普照等的邀請，東渡日本，成為日本律宗的開創者。

與三論、法相等宗派相比，律宗在教理方面鑽得不深，這是因為弘揚戒律不能文字般若，要坐而可言，起而能行。而行，則是真信受假信受的惟一試金石。專從這一點看，律宗在諸宗裏也許是最重要的，或最根本的，因為沒有它，或說它的宗旨不能暢通，佛教，連帶各宗，也就雖有實無了。

4.5.4 淨土宗

淨土宗，和禪宗一樣，特別重視傳承統系。由宋朝起，有六祖說，是（東晉廬山）慧遠和善導、法照、少康、省常、宗賾。有七祖說，是慧遠和善導、承遠、法照、少康、延壽、省常。七祖加袾宏成為八祖；再加智旭成為九祖；等等。其實修淨土法門不始於慧遠。在他之前，有竺法曠已經講習淨土。但大力弘揚則始於慧遠，他聯合一些信佛名士劉遺民、周續之、宗炳等組成白蓮社，約定共同唸佛，期望往生西方淨土（因此淨土宗又稱蓮宗）。慧遠之後，弘揚淨土法門的大師，有北朝末年的曇鸞，唐代的道綽、善導、迦才、慧日、承遠、法照等。唐以後有延壽、靈照、慧詢、明本、惟則、普度等。

淨土宗的教義典據是三經一論。三經是《無量壽經》《觀無量壽佛經》和《阿彌陀經》；一論是《往生論》。修持方法是唸佛，目的是往生淨土。唸佛，就理論說，或就歷史傳統說，本來有三種：一是稱名唸佛（主要靠口說），二是觀想唸佛（如閉目想像佛像之美好莊嚴），三是實相唸佛（如思慮教義的空）。淨土宗的唸佛，後來專指稱名一種，原因大概是，用現在的話說是容易掌握。淨土在西方，推想是因為佛教來自西方。但就理論說，諸有情皆有佛性，淨土也可以不限於西方。確是有東方淨土（名淨琉璃）之說，那是藥師琉璃光如來掌管的。還有天上淨土（兜率天）之說，那是彌勒菩薩掌管的。大概因為釋迦牟尼生在西方，所以東方和天上吸引力不大，唸佛祈求往生的都是西方淨土，名為極樂世界。

淨土的理論似乎不深。其中一種是打算盤式的，所謂難行和易行的二道之說。難行是在五濁（劫濁、煩惱濁等，意為每下愈況）之世，想通過斷惑證理而得聖果，這是聖道門；易行是唸佛往生淨土，是淨土門。這樣易行為甚麼就能如願？據說有兩種力可作保證：一屬於內，是努力唸佛；一屬於外，是阿彌陀佛有此心願。外力大，可是非自己所能左右，所以像是靠

得住的辦法還是多唸佛，據說有大成就的信士弟子都是每天宣
（阿彌陀）佛號幾萬遍。

淨土宗也傳入日本。十二世紀的日本和尚源空，依據唐朝
善導的《觀無量壽佛經疏》，宣揚淨土法門，開創了日本的淨
土宗。

與三論、法相等多辨析名相的宗派相比，淨土宗有大優
點，是：一，費力不多而收效很大。所謂費力不多，是只唸
"南無阿彌陀佛"，不必辨析空、有等。所謂收效很大，是極樂
世界比真如實相之類既具體又可愛。二，往生，一般理解為陽
壽終了之時，這樣，證明其為真實（即已往生極樂世界）雖然
不易，可是證明其為虛妄（即未往生極樂世界）是同樣不易。
道教就不成，他們求的不是往生，是長生（仙是長生的一種形
式），這，舉正面證據必辦不到，而反面證據卻觸目皆是，說
服力就微乎其微了。

4.5.5 密宗

比淨土宗更進一步，不必費力在義理方面冥思苦慮，並可
"即身"成佛，是密宗的教義。傳說是印度龍樹在南天竺鐵塔
中遇見普賢菩薩，聽講授《大日經》，並得《金剛頂經》，這樣
傳授下來的，可見一開始就帶有神秘的氣味。唐玄宗時期，印
度和尚善無畏來中國傳授密教，得到玄宗和許多皇族的信仰，
並被尊為國師。他的弟子有一行、智儼、義林等。其後不久，
印度和尚金剛智也來中國傳授密教，也被尊為國師。他的弟子

不空是師子國（斯里蘭卡）人，從金剛智學習，並一同來中國，後又到師子國學習，回中國後受到玄宗、肅宗、代宗三朝的信奉，生時得到肅國公的高爵，死後得到司空的榮位。他的弟子有含光、惠朗、慧超、慧果等。總之，在內地，由玄宗到唐末是密宗的興盛時期。

密宗的修持方法是舉行各種不習見的儀式，如灌頂（用水從頭部下澆）之類，以及唸咒。咒是無意義或含妙意而不可解說的聲音。因為含有妙意，所以視為佛（大日如來）的真言，也因此而密宗又名真言宗。儀軌加咒語，合為法術，據說小則可以治病、驅鬼，大則可以祈雨、保佑戰爭勝利，而更重要的是使信受者立地成佛。不必斷惑證理而可以輕易如願，所以其性質近於巫術。

就教理說，密宗修持的法門有兩種：一種是善無畏傳授的胎藏界法門，主張眾生本有胎藏之理，本此理可以成佛。另一種是金剛智傳授的金剛界法門，主張大日如來的智德堅如金剛，能破一切煩惱，故依此智德可以成佛。

唐以後，密宗在內地逐漸衰微；在西藏則從宗喀巴以後，勢力越來越強大，直到現在。

唐朝貞元年間，日本僧人空海來中國，從慧果學習，回國後弘揚密教，開創了日本的真言宗。

強調密宗密的性質，其他各宗稱為顯教。佛教傳入中土，雖然帶來不少神異說法，但與之並行且有相當大勢力的是理的辨析。中土的文化傳統重格物、致知，也就是喜歡平實、明顯，不慣於密。大概就是因此，至少是士大夫階層，對於密宗總是看作異端的。

4.5.6 天台宗

以上談的五宗，都是照搬西來的教義，雖然經過發揮，難免小的變化，但數典沒有忘祖。天台宗就不同了，而是利用原有材料另行組織，因而成為地道中土化的宗派。另行組織的原則是調和，並以名相配數目大作文章。傳承統系有九祖之說，是龍樹（西土，以下中土），慧文，慧思，智顗（智者大師），灌頂（章安大師），智威，慧威，玄朗，湛然（荊溪大師）。有的加上道邃或行滿，成為十祖。慧文是北朝晚年人，和他的弟子慧思，弘揚佛法都兼重北方流行的禪法和南方流行的義學。慧思的弟子智顗繼承慧思的思想並往深而大處發展，建立了教理的完整系統。因為他曾住天台山，所以舉他的著作三種重要的，稱為天台三大部，舉五種次要的，稱為天台五小部。他傳授弟子多，影響大，於是就成為天台宗的開創人。他的理論，如後來湛然在《止觀義例》中所說：“以《法華》為宗旨，以《智論》為指南，以《大經》《涅槃》為扶疏，以《大品》《般若》為觀法，引諸經以增信，引諸論以助成。”顯然是想調和各家，吸取眾長。換句話說，是定慧雙修，圓頓同得。智顗之後，在教義方面貢獻最大的是灌頂和湛然。天台宗由湛然下傳，到北宋初年，因為爭論智顗所撰《金光明玄義》廣本的真偽，分裂為知禮一系的山家和晤恩一系的山外兩派。後來山外一派衰微，山家一派成為正統，宋以後歷代都有傳人。

天台宗的教理，說法既繁又玄。特點是圓，即用容納一切的辦法取得調和。常說"圓融三諦"和"一念三千"。三諦是空諦（一切事物由因緣生，不實，故空），假諦（一切事物雖不實而有幻相，故假）和中道諦（空、假皆不待造作而有）。這樣，可見任何事物都既是空，又是假，又是中；也就可見，空、假、中是互相依存的，雖分而實不異，所以是圓融的。一念三千數目大，花樣自然會更多。先說有所謂十法界，是天，人，阿修羅，地獄，餓鬼，畜生（以上為六凡），聲聞，緣覺，菩薩，佛（以上為四聖），都可由一心統攝。十法界可以相互遷轉，如人可以轉為天、阿修羅、地獄等，這樣一可轉十，十法界就成為百法界（有異說）。還有所謂三種世間：五蘊世間，有情世間，器世間。十法界乘三種世間是三十種世間。百法界乘三十種世間是三千種世間。這都是心一念的產物，所以一念可以統攝三千。

圓融三諦、一念三千之外，還有五時八教、三法無差、性具善惡等多種繁瑣的說法，從略。

天台宗接受北地重禪定的傳統，還多講修持，即定功，他們名為止觀（即因定生慧）。修止觀也有許多講究，如觀前的準備工作有具五緣、呵五欲、棄五蓋、調五事、行五法共二十五種；到正式進行還有所謂觀不思議境、真正發菩提心等十種，名十乘觀法。觀還有多種分法，如二觀是對治觀和正觀；三觀是從假入空觀、從空入假觀、中道第一義諦觀；五觀是真觀、清淨觀、廣大智慧觀、悲觀和慈觀；等等。

　　天台宗也傳到日本，那是唐朝貞元年間，日本僧人最澄攜弟子義真到天台山，從道邃、行滿學習，回國後開創的。

　　天台宗的教理和修持方法融合各家，用他們自己的話説是圓而不偏，所以比較適合多數人的口味，也就因而獲得比較興隆的善果。

4·5·7　華嚴宗

　　華嚴宗是弘揚《華嚴經》而形成的宗派。和天台宗一樣，華嚴宗也是教理既繁又玄，地道中土化的宗派。傳承統系，一般説有五祖：杜順，智儼，法藏（賢首法師），澄觀，宗密（圭峰大師）。杜順是隋唐之際的人，法名法順，因為俗姓杜，人稱杜順。他是修禪定兼講《華嚴經》的。智儼幼年從杜順出家，學華嚴於智正。法藏字賢首，是智儼的弟子，年輕時候就受到武后的敬仰，先在各寺講《華嚴經》，後在宮中為武后講六相、十玄等教理，武后不解，法藏指殿上金獅子為喻，這就成為著名的《華嚴金獅子章》。法藏著作很多，共有四十餘部（現存二十餘部），在弘揚華嚴教理方面貢獻最大，被推為華嚴宗的開創人。他弟子很多，以慧苑為最有名。其後，慧苑的弟子法銑傳弟子澄觀，澄觀傳弟子宗密，都著作很多，可以算作華嚴宗的龍象。宗密死後，緊接著來了會昌法難，直到北宋初年才有子璿、淨源等弘揚華嚴，使華嚴宗得以復興。此後直到明清，歷代都有講習華嚴的僧人和居士，如明源、月霞、李贊、楊文會等是其中較著名的。

在教理方面，華嚴宗宣揚法界緣起，理事無礙。意思是：一切事物皆由因緣生，諸因緣相依相入，故圓融無礙；無礙即相通，理事無礙，故真如與萬法不二。為了說明這玄奧的法界緣起論，他們還創了四法界（事法界，理法界，理事無礙法界，事事無礙法界）、六相（總相，別相，同相，異相，成相，壞相）、十玄門（同時具足相應門，因陀羅網境界門，秘密隱顯俱成門，微細相容安立門，十世隔法異成門，諸藏純雜具德門，一多相容不同門，諸法相即自在門，惟心回轉善成門，託事顯法生解門）等說法。這都來自冥想，成為遠離常識的概念的隨心所欲的排隊，想明其確義很難，只好從略。

在修持方面，華嚴宗有三觀（真空觀，理事無礙觀，周遍含容觀）、次第行佈（十信、十住、十行等）、圓融相攝等說法，比天台宗的止觀多有玄理的意味。

在唐代，華嚴宗由新羅僧人義湘（智儼弟子）傳入朝鮮，中國僧人道璿和新羅僧人審詳（法藏弟子）傳入日本。

與淨土宗的直截了當相比，華嚴宗是鑽了義理的牛角尖。但人心之不同各如其面，有些人（包括出家、在家的）讀書多了，卻偏偏喜歡文字般若的牛角尖，所以華嚴宗可以歷多朝而不衰。至於一般不迷於文字的人，那就不管理的圓融不圓融，卻寧可偷閒去唸南無阿彌陀佛了。

• —— 4.6 —— •

影 響

依常識，或依常識的科學，因果關係是常存不滅的：果之前必有因，因之後必有果。佛教也一樣，傳入中土，可以算作因，因不能不產生果。本章介紹佛教以及各宗的發展變化情況，都可以看作傳入之果。這果是教"內"的。它還可以溢出，在教"外"開花結果。這果也許很多，但不像在內那樣明顯，所以比較難說。難的另一個原因是內外不好劃界，比如說，男女居士的帶佛教味的思想和活動，算內合適還是算外合適？似乎是兩可。不得已，這裏談教外的果，只好遵守兩個原則：一，捨小取大，化繁為簡，只提要點；二，在難於劃清界限的地方，暫用功利主義的原則，就是不管內外，只要還值得注意的就說一說。想分作三類：一是生活方面，二是學術方面，三是文學藝術方面。

4.6.1 生活方面

生活取其狹義，限於一般人的日常活動（包括思想活動）。這樣，像有大量的比丘和比丘尼，寺院和造像，以及刻藏經，放焰口，等等，就可以不在話下。一般人的日常活動，有佛教影響，容易說；都有哪些是，不容易說。因為其中顯而易見的，如上者，王維、蘇軾、袁宗道之流的靠近佛，下者，不少老太太的供觀世音菩薩，唸觀世音菩薩，甚至吃齋之類，究竟還是屈指可數。不顯而易見的，那就可能是深入多數人之心，怎樣從不受影響的部分清出來？一種辦法在理論上可行，是假定沒有佛教傳入，看看哪些活動就不會有，這些活動就是影響的產物。但事實是已經傳入，假定的辦法無法證驗。剩下的可行辦法只有分析，自然也難免要推想。我的想法，最值得重視的是三種。一種是慈悲心。儒家講仁，説人皆有不忍人之心，並主張能近取譬，己欲立而立人，己欲達而達人，也是慈悲一路。但沒有佛家講得那樣深，要求那樣嚴。南北朝以來，一千幾百年，中土人民把心地善良、但行善事看作生活理想，與佛教教義的廣泛傳播是有密切關係的。另一種是依託感。現實難得盡如人意，於是而有想望，有遺憾，甚至有痛苦。宗教都是應允在這方面能夠予以補償的。不管事實上能不能補償，尤其在科學知識貧乏的情況下，誠則靈，心理方面或主觀上總可以得到補償，如有不少人，雖然處在水深火熱之中，卻總以為得到佛、菩薩的保佑，心安理得地過了一生。還有一種是淡泊觀。這本來是中土原有的，就是道家老莊的不貴可欲，寧曳尾於塗（途）中，可是佛家給火上加了油，進一步説一切都如夢幻泡影，沒有實性。萬法皆空，總喊，也會生些效果，這就導致了一貫的尊重隱逸，至少是在少數人心裏，要推重視利祿如敝屣。慈悲，依託，淡泊，好不好？評價是另一種性質的問題，這裏不談。

4.6.2 學術方面

這是士大夫階層的事，柴米油鹽有別人管，自己樂得在義理的大海裏遨遊一下。佛教義理成為學問，或被人看作值得重視的知識，至晚從南北朝開始。重視，研究，於是歷代都出了一些在家的佛學家，如南北朝的殷浩，唐的李通玄，宋的張商英，明的李贄，清的彭紹升之流。研究佛學的風氣，到清朝晚年更加興盛，不但出了鄭學川、楊文會、歐陽漸等佛學名家，還建立了佛學研究會、支那內學院、觀宗講舍等研究佛學的組織。以上是在佛門之內研究佛理。佛門之外，受佛理影響而興起的學術研究或學術爭論就複雜多了。三教孰優孰劣之爭，從魏、晉起，幾乎歷代都有。但爭常常是在表面，骨子裏卻又在相互吸收而融合。這都是影響的總的表現。分的，也表現在爭論和融合兩個方面，如南朝的形神關係和神滅不滅的辯論是爭論，宋朝理學和禪學的講心性是融合。六朝以來，佛學成為中土文化的組成部分，讀書人，即使自稱為儒，廢佛書不觀的是極少數，讀，自然會吸收其中的自認為可取的成分，因此，文人著論，如果仔細梳理，常常可以嗅到佛理的氣味。

4.6.3 文學藝術方面

這方面內容比較多，遍舉很難，追到瑣細也很難。不得已，只好舉一些顯著的例。想分作兩類：一類是直接性質的，指一見便知的，如佛畫、佛塔之類；一類是間接性質的，指想後可知的，如彈詞、話本之類。

先說直接性質的。其中最直接的是佛門之內的，可以舉出很多。主要是下面這些。一種，有的人稱之為佛典文學，就是譯經中有些文字，故事性強，用各種方法形容，寫得美，可以算作文學作品。一種，是隋唐時期的變文，大部分是用講唱方式述說佛教故事，鋪張粉飾，完全是寫小說的手法，當然是文學作品。一種，是詩作，如王梵志、寒山等人的，寫的是詩，內容卻不離佛教教義。一種，是繪畫，指以佛教為題材的，如吳道子的地獄變相圖、敦煌壁畫之類。一種，是建築，最突出的典型是佛塔，是中土原來沒有的。一種，是造像，種類很多，由石窟造像到銅鑄小型的都是。佛門之外的也不少。詩歌方面，王維、裴迪之流是突出的代表，其後歷代都有不少文人，寫詩間或宣揚清淨理，即帶有佛教氣味。文也不少，可以舉為典型的是楊衒之《洛陽伽藍記》，全書寫寺院興衰，景物、文字都很美，應該算上好的文學作品。小說，全部以佛教或佛理為題材的也很多，長篇的，如《西遊記》《濟公傳》，短篇的，如《月明和尚度柳翠》《聊齋志異·畫壁》之類，都是。此外，如戲劇的《歸元鏡》，寶卷的絕大多數，也可以歸入此類。

再說間接性質的。瑣細的，如謝靈運詩："慮淡物自輕，意愜理無違。"（《石壁精舍還湖中作》）蘇軾文："逝者如斯，而未嘗往也；盈虛者如彼，而卒莫消長也。"（《赤壁賦》）說也說不盡。只說兩種重大的。一種是近體詩的格律（主要是調

平仄），發端於沈約、謝朓、王融等人倡導的永明體。永明體
注重聲音和諧（主要是平上去入的聲調變化），是受到轉（吟
誦）讀佛經的啟發，也就是由梵文經典那裏學來的。永明體
創四聲八病說，經過後來詩人的摸索改進，到初唐以後就形
成嚴格的作詩格律，影響一直到今日，作舊體詩還要遵守。這
影響，由一方面看來是拘束，但它也確實創造了一種使人愛好
的音律美。另一種是變文的講唱體和鋪敘手法，幾乎可以說，
唐宋以來的各種俗文學形式，如話本（如《京本通俗小說》所
收，後發展為大量的章回體長篇小說），鼓子詞（如《元微之
崔鶯鶯商調蝶戀花詞》），諸宮調（如《西廂記諸宮調》），寶
卷（如《劉香女寶卷》），彈詞（如《天雨花》），鼓詞（如
《平妖傳》），都是它的直系子孫。此外，如戲劇有唸白，有唱
詞，顯然也是沿用變文既講又唱的形式。

4·7

旁觀語

　　以上談了佛教在中土的大致情況，雖然力求簡明，因為
鏡頭零散，難免支離破碎。為了不熟悉佛教的人能夠有個總的
認識，應該談談近於評論，或說近於論贊的意見。論贊是史家
的看法，而說到看法，自然是人各有見。還不只是不能盡同，
門內和門外又必致大異。這裏是立在門外看，所見是形相的一

種，有所偏是難免的，所以只能供參考而已。

由"起家"方面談起。佛教是異國的，對世間的看法，以及設想的處理人生問題的辦法，說嚴重些是與中土格格不入。中土是《呂氏春秋》式的，要貴生，用儒家的話說是"率性之謂道"。甚麼是性？告子說得簡明、乾脆而確實，是"食色，性也"（《孟子·告子上》）。本此，率性就要盡力生產糧食，養雞鴨，就要盡力找伴侶，生兒育女。總之，中土認為這就是人生之道。佛教不然，說這都錯了，應該反其道而行（事實上自然不能大反，下面談）。佛教總的精神是以逆性為順道。這在中土怎麼能夠推行？我想，是因為有以下一些情況作為推力，佛教這輛車（小乘、大乘即小車、大車）才能夠走上陽關大道。

情況之一是，佛教填補了中土沒有宗教的缺欠。這要先說說甚麼是宗教。宗教有些重要特點。一種是對付並自信能夠解決超家常的問題，如死後歸宿，靈魂性質，神力保佑，以至天地本源、人生目的等都是。一種是有種種自信為能夠獲得超家常希求的辦法，如修煉、戒定之類。一種是有組織，有儀節，作為具體的路，通向超家常的境界，如各種祠祀、法會之類。一種，更重要，是內心的依託感，甚至陶醉感，如得福，相信是神靈所賜，受苦，相信是上帝有意使受鍛煉，總之，是相信背後有全能並可靠的支柱之類。在現代有些人的眼裏，這都是迷信。不過說到迷信，問題就更加複雜。迷信有程度之差。譬如英國休姆、羅素等就認為，因果律，歸納法，以及其推論，如明天太陽還從東方出來之類，同樣是迷信，因為不能找到保證。等而下之，想到宇宙，想到人生，不了解，又不安於視而不見，也只好拉來個甚麼理論，以求得到精神的滿足，至少是安慰，這也是迷信。再下，相信天意向善，行善可以得福，甚至升天堂，往生淨土，死生有命，富貴在天，以及燒香可以治病，築壇可以降雨，也都是迷信。迷信可笑，不好；但應該諒解，因為不是自願，是被動，就是說，在科學知識還不能解答數目不少的超家常問題，而要求解答心切的時候，也只好飢不擇食。打個比喻說，掉在深水中，有溺死的危險，當然最好是能夠抓個救生圈，可是碰到的只是一個小木棍，有甚麼辦法？也只好緊緊握在手裏。明乎此，也就可以知道，時至今日，也還不能取消信教自由。人，至少是一部分（常常是大部分）人，在某些時候，需要有宗教信仰，以便精神方面不至孤苦伶仃。可是佛教傳入以前，中土沒有可以解救精神孤苦伶仃的宗教。最能代表中土思想的儒家，是"未知生，焉知死"，"未能事人，焉能事鬼"（《論語·先進》），"子不語怪力亂神"（《論語·述而》）。不語不是否認其為有，而是即使有，也要敬而遠之。一般人不管甚麼微言大義，與鬼神關係近，可是對鬼神的態度是利而用之。京劇有兩齣戲可以代表這種心理，那是《打灶王》和《打城隍》，許願，不靈，就先禮後兵，打。許願，打，都是手段，目的是求得自己之利。這樣的活動（包括心理活動）屬於巫術一類，不是把鬼神看作主宰，無條件地歸依信賴，所以不是宗教。自然，宗教之外也未嘗不可以找到精神依靠，如道家設想的逍遙，宋儒設想的孔顏樂處之類。可是老莊加程朱，究竟是極少數。至於一般人民大眾，卻要個睜眼似可見，閉眼似可得，力大到絕對可靠，兼管三世（過去、現在、未來）的甚麼，以便即使受苦，也可以心平氣和地活下去。這樣的甚麼只能來自宗教。就中土說，佛教雖是外來的，正如進口電視機不妨映本國的畫面，佛、菩薩就真給無數人供應了精神要求，活著自己唸佛，像是真正減了苦，死了請和尚唸佛，像是真正往生淨土了。

情況之二是，生活理想無限，佛教提供了重要的一種，出世以減苦，並且有不少人順著這條路走，如幾種《高僧傳》所記述，確是值得人深思，甚至效法。

情況之三是，佛法無邊，能夠適應不同階層的不同需要。這中間，主要的（不是人數最多的）當然是僧伽制度。出家有各種原因，可以總分為兩大類。一類是心理的，有"朝聞道，夕死可矣"的決心，皓首窮（佛）經，甚至往西天求法，屬於此類；因各種情況而失意，不得不離開紅塵，也屬於此類。另一類是生理的，世路艱難，出家可以填滿肚皮，甚至獲得富厚，這是選擇職業，時代越靠後，人數的比例越大。寺院之外，不同的人也可以到佛門去各取所需。格物致知迷，可以取佛理，往裏深鑽；正心誠意迷可以取止觀，靜坐冥想；隱逸之士已經購置莊周式的內衣，無妨再添置個萬法皆空的外套。以上都是通文墨的。數目更多的是不通文墨的，那就近可以取佛、菩薩的形相，焚香叩拜，遠可以希求看不見的極樂世界，朝思暮想，總之是要甚麼有甚麼。

　　情況之四是，佛門廣大，能夠包容一切，或說為了弘法，不惜從俗。佛教思想，隋以前多與道家融合，如也尚玄談；隋以後兼與儒家融合，如也講忠孝。這是偏於理的。偏於事的更多，上由刻詩集、作僧官之類起，下到買田園、吃素乾燒鯉魚之類止，都屬於此類。

　　從俗，有客觀原因，是，佛法如胳臂，天命（或說自然規律）如大腿，胳臂總扭不過大腿去。以逆為順，逆不能不有個限度，比如把世間看作苦海，說，容易，可是總不能把寺院搬到世間之外去。不能，於是就不能不穿衣吃飯。衣和飯來於俗，因而一遷就就難免再遷就，三遷就，這樣順流而下，就必致越來越與俗接近。縱觀佛教歷史，至少由行的方面看，無妨說是漸漸向俗靠近的歷史，廣泛的，如重視解脫變為重視福報，零碎的，如觀世音菩薩也能保佑戀愛如願，等等，都是這種情況的表現。

　　這樣變，好不好？很難說，因為要看從甚麼角度看。一個角度是為了生存，那就不能不從俗，甚至從到時代化。化，更有程度之差。如果化得太大，比如否定了世間是苦海，因而解脫也就成為不必要，甚至必不要，那就即使還剃髮，著袈裟，擊木魚，唸南無本師釋迦牟尼佛，還能夠算佛教嗎？

　　這裏難抗的力量還不只一個天命，另一個也許力量更大，是科學知識。只舉其大者，地理學和天文學中大概找不到西方淨土，生物學和心理學中大概找不到自性清淨，玄學和知識論中大概找不到真如實相，其他種種神通當然更不用說。怎麼辦？放棄這些？如果教義的核心都割了愛，那還能夠算佛教嗎？

科學知識是一切宗教的對抗力量。宗教說自己萬能，自己永遠正確，科學知識卻說這萬能和正確都靠不住。科學知識之外，佛教還有個對抗力量，是天命之謂性。這樣，佛教就終於要被擠到難於選擇的歧路：向這邊，嚴守教義，會此路不通；向那邊，大幅度地遷就，有名存實亡的危險。怎麼樣才好？這是佛門之內的事，只好不越俎代庖了。

禪宗史略

5.1.1 禪的泛義

禪是梵語 Dhyāna 的音譯化簡,全譯是禪那;意譯,早期是思惟修,後來是靜慮,也可既音又義,稱為禪定。這是一種修持方法,用現在的話説,是用深入思索的辦法改造思想。與現在不同的是強調靜,強調定(不是通過勞動),就是要安安靜靜地坐著思索。思索甚麼?具體説花樣很多,如有色欲,就要修不淨觀,靜坐思索,確認所愛是骷髏,遍身血污。概括説是思索,原有的感知都錯了,只有教義所講(外界的實質,人生的真諦)才是盡真盡善盡美。在這方面,宗教有個特點,是改造前後的思想距離特別大,因而由舊變新就特別難。惟其特別難,而又期望成功,所以必須在修持方法上用大力量。佛教之所以重視禪定,原因就是如此。

其實,凡是要求改變生活態度的,都不能不強調改造思想,因為思想是生活態度的指針。改造思想不能離開心理活動,即所謂慮,不管是動慮還是靜慮。變的前後距離大,少慮不能生效,所以要多投資,即靜慮。明乎此就可以知道,禪定不是禪宗獨佔的法寶;其他宗派同樣要用,只是強調的程度不同(如法相宗更重視名相辨析),或名稱不同(如天台宗名止觀)而已。還不只是教內各宗派如此;如印度的許多教派,也是把坐禪(或名瑜伽)看作重要的修持法門。還可以更放大一些，如中土的儒家和道家，嚴格說不能算宗教，可是儒家講正心、誠意，養浩然之氣，道家講忘仁義，忘禮樂，以至坐忘（《莊子·大宗師》），都是心中去此就彼，用靜慮改造思想的一路。佛家的獨特之處只是路太遠（要出世間），變動太大（以逆為順），從而如願太難，所以由禪定而生出的花樣就特別多。

5.1.2 早期禪法

佛教，最初是作為一種道術傳入中土的。道術是求得某種生活妙境的一種手段，這手段主要是修持方法（包括祠祀），或者說，主要是禪法。這種情況，最明顯地表現在兩個方面：一是禪法典籍的介紹，另一是禪法的流行。

中土最早的譯經大師安世高，於東漢桓帝建和二年（公元148 年）來洛陽，二十多年，譯出經論三十幾部，其中如《佛說大安般守意經》《禪行法想經》《佛說禪行三十七品經》《道地經》，都是講禪法的。比安世高稍晚，有支婁迦讖也來洛陽譯經，所譯《般若道行經》《般舟三昧經》《首楞嚴經》，講大乘般若性空的道理，也是有關禪法的。其後支謙在三國吳地譯經，所譯《禪秘要經》《修行方便經》，也是著重講禪法的。再後還有康僧會，為《安般守意經》作注，於序文中詳細解釋禪法六妙門（數，隨，止，觀，還，淨）的做法和妙用。

大力介紹禪法的結果自然是禪法的流行。康僧會《安般守意經序》說：

> 余生末蹤，……宿祚未沒，會見南陽韓林，潁川皮業，會稽陳慧，此三賢者，信道篤密，執德弘正，烝烝進進，志道不倦。余從之請問，規同矩合，義無乖異。陳慧注義，余助斟酌，非師不傳，不敢自由也。

湯用彤先生《漢魏兩晉南北朝佛教史》第五章並推論：

> 而安侯（安世高）弟子有南陽韓林，潁川皮業。陳慧則南方會稽人。康僧會在吳。而據道安《大十二門經序》，此經係嘉禾七年在建業周司隸舍寫。則漢末魏初，河北、江南及中州一帶固均有禪學也，而《太平經》中"守一"之法，固得之於佛家禪法，則山東禪法之流行，亦可知也。

此外，慧皎《高僧傳》習禪門提到三十多修習禪法的高僧，如竺僧顯、帛僧光、竺曇猷、釋慧嵬等，都是很有名的。

5.1.3 北地禪法

南北朝時期，中土弘揚佛教，南北風氣不同：南方重義學，即佛理的辨析；北地重修持，即禪法的講求。北地重禪法，也可以從譯經和修持兩方面看出來。

可以舉兩位譯經大師為證。一位是鳩摩羅什，所譯雖然以般若學（也可視為禪的理論基礎）為主，但也譯了《坐禪三昧經》《禪法要解》《禪秘要經》等弘揚禪法的典籍。他的弟子僧睿在所作《關中出禪經序》中說:"鳩摩羅什法師以辛丑之年十二月二十日自姑臧至長安,余即於其月二十六日從受禪法。"可見鳩摩羅什這位般若學大師也同樣是兼弘揚禪法的。另一位是佛陀跋陀羅(也稱覺賢),曾譯出《達摩多羅禪經》等弘揚禪法的典籍,並聚徒傳授禪法。

這時期,北地修習禪法的僧徒很多,有成就的名僧也不少。如佛陀斯那,是佛陀跋陀羅的老師。佛陀跋陀羅的弟子,著名的有玄高、寶雲、慧觀等。其中玄高尤其有名。慧皎《高僧傳》說他"妙通禪法",有"徒眾三百"。鳩摩羅什的弟子,道生、僧肇、道融、僧睿,人稱什門四聖,加道恆、僧影、慧觀、慧嚴,人稱什門八俊,想來都是通禪法的。其中尤其僧睿,慧皎《高僧傳》說他慨嘆"經法雖少,足識因果,禪法未傳,厝心無地","日夜修習,遂精煉五門,善入六淨"。此外,外國僧人來中土弘揚禪法的,有曇無毗、勒那摩提、佛陀扇多(也稱佛陀)等;中國僧人修習禪法的,有僧稠(佛陀扇多稱讚他為禪學之最,道宣稱讚他可比菩提達磨)、僧實、慧初、僧周、慧通、道恆、僧達、法常、僧瑋、曇准、恩光、慧命、曇崇等。

這時期,北地禪法還分為不同的家數。一種是念安般,即數、隨、止、觀、還、淨的六妙門,也可分為四等級,稱四禪定。一種是不淨觀,著重破淫欲。一種是唸佛,即靜坐想唸佛及佛土之莊嚴。一種是首楞嚴三昧,意思是用至剛的行事以完成解脫的大業。

———————— 5.2 ————————

立宗因緣

　　以上三節所談禪法的情況，也可算作隋以後演變為禪宗的因緣。其中佛陀跋陀羅並且有傳法譜系（富若蜜羅→富若羅→曇摩多羅→婆陀羅→佛陀斯那→佛陀跋陀羅）的說法，可以看作後來傳說的衣缽授受的先聲。不過這裏說的"宗"是指六祖慧能以後的頓教南宗，立宗因緣應該還有更直接的。這主要是下面幾種。

　　（一）一種是不配稱為原因的原因，是資本大了（徒眾多，法成體系），自然會隨波逐流。因為創立宗派已經成為風氣（可以早到西土時期），如三論、淨土、天台等，這有如看見東家買馬，西家就禁不住要買車，於是就也定祖師，編譜系，內部宣揚，外部承認，宗派就形成了。

　　（二）另一種，事實上最有力量，是禪定為通往解脫的最穩妥最有效的路。佛教教義玄遠，由於深究，人各有見，形成不同的學派，甚至宗派；但以戒定慧為手段，以求達到解脫的目的，則是各學派和各宗派的共同信條。這是說，為了解脫，就必須重視禪法；重視的結果是發揚光大，於是就容易小邦成為大國，也就是成為宗派。

　　（三）六朝時期，佛教義學中最興盛的是般若性空的理論。早期弘揚這種理論的是道安，解釋性空，創本無說。本無的意義是"一切諸法，本性空寂"（《中觀論疏》）。因為這是用抽象概念在概念世界中排列隊形，不同的人最容易排成不同的樣式，於是而有同名和異名的許多異説。到鳩摩羅什，綜合各家，趨向更徹底，創立畢竟空的説法。甚麼是畢竟空？是"一切法畢竟空寂，同泥洹相，非有非無，無生無滅，斷言語道，滅諸心行"（《大乘義章》）。這很難懂，我們無妨取其精神，説那是想破除一切常識的執著，用通俗的話説，是開口有所肯定便錯。這同禪宗的破一切執，甚至破到佛祖和涅槃，正是走的同一條路。

（四）認識方面，甚至實行方面，已經有不少先驅者。只舉一些最顯赫的。

一個是鳩摩羅什的大弟子竺道生。他是中土人，生當晉宋之際，從僧伽提婆、鳩摩羅什等大師學佛法，能融合般若性空和涅槃佛性的理論，宣揚頓悟成佛説。慧皎《高僧傳》卷七説：

> 常以入道之要，慧解為本。……生既潛思日久，徹悟言外，乃喟然嘆言："夫象以盡意，得意則象忘；言以詮理，入理則言息。自經典東流，譯人重阻，多守滯文，鮮見圓義。若忘筌取魚，始可與言道矣。"於是校閱真俗，研思因果，乃言善不受報（至道無為，故果報不及），頓悟成佛。……又六卷《泥洹》先至京都，生剖析經理，洞入幽微，乃説一闡提（不能成佛）人皆得成佛。……後《涅槃大本》至於南京，果稱闡提悉有佛性，

與前所說，合若符契。

竺道生才智過人，人尊稱為生公，是中國佛教史上著名的大法師，以至傳說的生公說法，頑石點頭，到現在還是蘇州虎丘一景。他的頓悟成佛說，後來的禪宗當然會當作法寶接過去。這頓悟，湯用彤先生《漢魏兩晉南北朝佛教史》說有二義：

> （一）宗極妙一，理超象外。符理證體，自不容階級。支道林等謂悟理在七住（修行悟道的七個步驟），自是支離之談。（二）佛性本有，見性成佛，即反本之謂。眾生稟此本以生，故闡提有性。反本者真性之自發自顯，故悟者自悟。因悟者乃自悟，故與聞教而有信修者不同。

入理則言息，頓悟成佛，一闡提有佛性，自性清淨，解脫在於明心見性，與後來禪宗大師的主張簡直是毫無分別。

一個是頗像後代濟顛和尚的保志（或作寶志），是南朝東晉末到梁時期的人，出家住建康道林寺，修習禪法。慧皎《高僧傳》卷十說他：

> 至宋太始初，忽如僻異，居止無定，飲食無時，髮長數寸。常跣行街巷，執一錫杖，杖頭掛剪刀及鏡，或掛一兩匹帛。齊建元中，稍見異跡，數日不食，亦無飢容；與人言語，始若難曉，後皆效驗；時或賦詩，言如讖記。京土士庶，皆敬事之。齊武帝謂其惑眾，收駐建康，明旦人

見其入市，還檢獄中，志猶在焉。

齊滅入梁，梁武帝很敬重他，不只下詔褒獎他的神異事跡，還特許他有"隨意出入"的自由。《五燈會元》卷二還記載：

> 天監二年梁武帝詔問："弟子煩惑未除，何以治之？"答曰："十二。"帝問"其旨如何？"答曰："在書字時節刻漏中。"帝益不曉。……師問一梵僧："承聞尊者喚我作屠兒，曾見我殺生麼？"曰："見。"師曰："有見見，無見見，不有不無見？若有見見，是凡夫見；無見見，是聲聞見；不有不無見，是外道見。未審尊者如何見？"梵僧曰："你有此等見邪？"師垂語曰："終日拈香擇火，不知身是道場。"又曰："大道只在目前，要且目前難睹；欲識大道真體，不離聲色言語。"又曰："京都鄴都浩浩，還是菩提大道。"

答梁武帝的話，同於後來禪宗慣用的機鋒；"身是道場"，"大道只在目前"，也只是"即心是佛"的另一種說法而已。

一個是傅大士，名翕，也有人說名弘，自號善慧大士，南朝後期人。他沒出家，可是怪異事更多。他自己說是"彌勒菩薩分身"，來"濟度群生"，後來又"感七佛相隨，釋迦引前，維摩接後，惟釋尊數顧共語"。到山上修禪，絕粒長齋，地方官不信，把他囚禁起來，果然"迄至兼旬，絕粒不食"。於是

"州縣愧伏，遠邇歸依"。又為了設無遮大會，捨了田宅，賣了妻劉氏妙光，兒子普建、普成。信徒因而很多，虔誠的程度也罕見，有一次，因預知世將大亂，擬自焚為眾生除罪，不少信徒願以身代，有的燒身，有的燒指，有的割耳割鼻，其中並有比丘尼和優婆夷。

大士行事中與禪關係密切的有這樣幾件。一件是在山上躬耕時作一偈，是："空手把鋤頭，步行騎水牛。人從橋上過，橋流水不流。"一件是為梁武帝講《金剛經》，"士才升座，以尺揮按一下，便下座。"一件是答梁武帝問從何處來，説："從無所從，來無所來。"一件是答梁武帝駁難："若息而不滅，此則有色，有色故鈍。若如是者，居士不免流俗。"説："臨財無苟得，臨難無苟免。"還有一件是傳説作了《心王銘》，其中説"了本識心"，"心即是佛"，"自觀自心，知佛在內，不向外尋"。這類思想、言論和行動，與後來禪師的強調自性，言離奇，行怪誕，正是一家人了。

（五）以上説的先驅者可以説是內應。還有外援，是以道家思想為主體的六朝學風，如玄學、清談、放任之類。在中土，佛家和道家的關係，密切到甚麼程度，誰影響誰，誰主誰賓，尤其説到某一個人，如慧遠、謝靈運之流，是對半還是四六開或三七開，問題非常複雜。有人説禪宗實際是披著袈裟的六朝玄學。這話説得太過，因為馬祖、趙州之流是沒有娶妻的，與孫綽、王羲之等有兒女的不同。我們平心靜氣地想想，娶妻和不娶妻，應該有超過外表的分歧，這分歧不能不有思想成分，就是說，究竟有別。當然，我們也要承認，兩者有關係，或進一步，說有相當密切的關係。有關係表示接近或相通。這相通之外，為了方便，可以分作三個方面說。

一是人的交往。魏晉以來，名僧和名士交好，頻繁往來，相互推重，記載幾乎到處都是。這裏只舉兩個人。一個是支遁，字道林，人稱林公。他生在西晉末年，東晉早年在江南活動，《世說新語》常提到他，同他有交往的，如王濛、王修、王洽、劉惔、何充、殷融、殷浩、謝安、謝朗、郗超、王羲之、許詢、孫綽、李充、袁弘等，都是大名士或大名人。另一個是慧遠，比支遁時代稍後。他名聲更大，同名士或名人的交往更多，如范宣、劉遺民、桓豁、陶範、桓伊、謝靈運、宗炳、周續之、雷次宗、畢穎之、張野、張詮、范寧等都是。交往，大多數是氣味相投，思想上相互有取有與不用說；就是氣味不完全相投，古語說近朱者赤，受些感染也是不可免的。

二是思想的相通。先由道家說起。談中國思想，通常總是說：主流是儒家；道家是消極的。消極，有原因，有的來自社會情況，即現實讓人灰心；有的來自思索人生問題，越想越熱不起來。因為有原因，非閉門發奇想，所以道家思想，同儒家思想一樣，也有存在的理由。大致可以這樣說：幾乎是人人，心熱就儒，心冷就道；或者說，有如兩件衣服，一儒一道，通常是把儒穿在外邊，道呢？穿在裏邊，但沒有扔掉。這樣，有時這種情況就會變化，如六朝時期，尚玄談，是道大打出手，人人都看見了。就個人說也是這樣：陶淵明多冷少熱，可是作彭澤令時還是熱了一陣；王安石，不想冷，可是老了，仕途不暢，熱不起來，也就只好騎驢在鐘山路上作詩了。冷的辦法也是本土的財富，至少是遺傳病，想扔也扔不掉。而碰巧，外來的佛教思想，其中有些（甚至是相當重要的）與本土的有相近之點或相通之處，於是好漢識好漢，很快就合了拍。合拍，還常常是合在一個人身上，如支遁曾為《莊子·逍遙遊》作注，殷浩曾為《小品般若波羅蜜經》作箋，就屬於此類。合的內容，主要是以下兩個方面。一是玄理方面，道家講無，佛家講空。空和無，不管在文字上講得如何複雜微妙，甚至相似而非一，但與儒家的熱總是格格不入。兩者的精神同是離柴米油鹽，超柴米油鹽，或者說，身雖穿衣吃飯，心卻常在縹緲之境。這就會很容易地過渡到第二個方面，生活態度方面，以脫略世事為得道。在這方面，名士、名僧的各種論議，簡直多到數不清。這裏只舉兩件淺近可以算作軼事的。性質都是顯示官輕道重。一件是嵇康寫了《與山巨源絕交書》，這雖然近於遊戲文章（實際兩個人交情並不壞），但舉不堪於七項，未免鋒芒太露。一件是慧遠寫了《沙門不敬王者論》，道理是得道者"悟徹"了，王者仍在"惑理"，道高，所以看不起。嵇康是名士，慧遠是名僧，在"道"上合為一家了。

三是行動的合流。這包括身的行和口的行。身，方面太廣，由樂山林到念淨土，等等，都是。這裏著重說口，即大家熟知的清談。坐蒲團，持麈尾，言簡淡而意玄遠，是名士和名僧都推崇嚮往的。這方面的實例，《世說新語》裏到處可見。

也只舉兩件。一件出自名士，見《簡傲》篇：

> 王子猷（名徽之）作桓車騎（名沖）參軍。桓謂王曰："卿在府久，比當相料理（意思是將照顧提升）。"初不答，直高視，以手版拄頰云："西山朝來致有爽氣。"

與西山爽氣相比，官職是太俗了。一件出自名僧，見《言語》篇：

> 高坐道人（帠尸梨蜜多羅）不作漢語。或問此意，簡文（東晉簡文帝司馬昱）曰："以簡應對之煩。"

這位更進一步，乾脆不說。六朝清談，且不說骨髓，單說皮肉，簡而不著邊際，留有參的餘地，說是"庭前柏樹子""德山棒"的前身，總不是牽強附會吧？

（六）辨析繁瑣名相，尤其日子長了，難免怕，於是趨向另一端。我有時想，佛教以逆為順，是由出生便帶來艱苦的命運，因為不管你怎麼呼喊萬法皆空，總不能阻止如戲台上所扮演，有人"下山"了，有人"思凡"了。不得已，只好多說，如各種名數；深說，如追到阿賴耶識。這就引來另一種難，如果必須高明到玄奘法師、窺基大師那樣，才能得解脫，那，就一般人說，只好安於不解脫了。可是放棄解脫（假定同意佛教對人生的看法）也難。兩難之間擠出一條路，是用簡便的辦法求解脫，這就是禪宗的不立文字，直指人心，見性成佛。

（七）簡便辦法還帶來一種了不得的優越性，是易於普及。比如有兩種考試制度，一種，必須徹底通曉《瑜伽師地論》和《成唯識論》等，才能及格，一種，參個話頭，繼而聽到驢叫，覺得像是有所知，也就及了格，投考的人很多，絕大多數會報考後一種吧？唐宋以來，寺院幾乎都成為禪寺，禪寺裏住的當然是禪僧，人數佔了壓倒優勢（這是立宗的最重要的條件），我想原因主要就是這個。

$$\bullet \quad 5.3 \quad \bullet$$

淵源傳説

嚴格説，文字記下來的事都難免有傳説成分。"紂之不善，不如是之甚也。"（《論語·子張》）兩千多年前，這位外交家子貢已經有此懷疑。同理，我們似乎也可以説："西施之美，不如是之甚也。"記事失實，有時是記憶不確，有時是道聽途説，越輾轉越變；但有不少卻是有意弄得走了樣，古之某某帝本紀（多為頌揚），今之大字報（多為辱罵），可作為典型的例。宗教，多多少少要離開常識，甚至指鹿為馬，為了爭取信徒，而且要多多益善，就不得不乞援於神異。就是説，為了自己的地位和前途，常常是樂得有傳説；沒有或有而不夠，只好自己下手，使之無中生有，或變小為大，變缺為全。佛教，其中一部分的禪宗，當然有時也未能免俗。其間如何如何，難於確知，可以不説；結果總是，有了完整、美好但難於證實的譜系。難於證實，是傳説。傳説也是史，是傳説的史。這史的質量，大致説是：西天部分，傳説多而事實少；中土部分，基本是事實，但有因渲染而誇大的成分，尤以早期為多。

5.3.1 靈山一會

禪宗的修持方法，強調以心傳心。這個妙法最好是來自始祖。據傳説，是來自始祖。《五燈會元》卷一：

> 世尊在靈山（案即靈鷲山，又名鷲峰，在王舍城東北四五里）會上，拈花示眾。是時眾皆默然，惟迦葉尊者破顏微笑。世尊曰：「吾有正法眼藏，涅槃妙心，實相無相，微妙法門，不立文字，教外別傳，付囑摩呵（義為大）迦葉。」

《景德傳燈錄》卷一只説：

> 釋迦牟尼佛……説法住世四十九年後，告弟子摩呵迦葉：「吾以清淨法眼，涅槃妙心，實相無相，微妙正法，將付於汝，汝當護持。」並敕阿難，副貳傳化，無令斷絕。而説偈言：「法本法無法，無法法亦法。今付無法時，法法何曾法？」爾時世尊説此偈已，復告迦葉：「吾將金縷僧伽梨衣傳付於汝，轉授補處，至慈氏佛出世，勿令朽壞。」

靈山會上，拈花微笑，不只帶有神秘性，還帶有藝術性。

可是出處卻渺茫，因為不見於佛教經典。只有《宗門雜錄》
記載：

> 王荊公（安石）問佛慧泉禪師云："禪宗所謂世尊拈
> 花，出在何典？"泉云："藏經亦不載。"公云："余頃在
> 翰苑，偶見《大梵天王問佛決疑經》三卷，因閱之，所載
> 甚詳。梵王至靈山，以金色波羅花獻佛，捨身為床座，請
> 佛為眾生說法。世尊登座，拈花示眾，人天百萬，悉皆罔
> 措，獨有金色頭陀破顏微笑。世尊云：'吾有正法眼藏，
> 涅槃妙心，實相無相，分付摩訶大迦葉。'此經多談帝王
> 事佛請問，所以秘藏，世無聞者。"

這個傳說同樣帶有神秘性，王荊公往矣，因而考實就難
了。退一步說，即使能夠考實，也只能證明曾見於文字，不能
證明曾見於事實。這且不管，只說禪宗，獲得這樣一個起源確
是不壞，因為：一，簡便而微妙，確可以表明先後相承；二，
道理上也不是決不可通，因為，《楚辭·少司命》中可以"目
成"，以目傳目，靈山會上，以及會後，為甚麼就不能以心傳
心呢？

5.3.2 西天二十八祖

佛教典籍有不少提到七佛，名字是：毗婆尸佛，尸棄佛，
毗舍浮佛，拘留孫佛，拘那含牟尼佛，迦葉佛，釋迦牟尼佛。
《景德傳燈錄》由七佛敘起，目的當然是表明禪宗的源遠流

長。可是神異傳說總是少顧事實，如毗舍浮佛是莊嚴劫（過去存在的一長階段）的最後一尊（第一千尊），人壽六萬歲，拘留孫佛是賢劫（現在存在的一長階段）第一尊，人壽四萬歲，迦葉佛是賢劫第三尊，人壽還有二萬歲，可是第四尊的釋迦牟尼佛，就人壽不及一百了。這年歲的陡降可以從反面作證，是前六位，比第七位的神異更不可信。

七佛的傳說還帶來一種不合理的後果，是剝奪了釋迦牟尼佛充任西天第一祖的權利。這後果的另一後果，是見花微笑的摩呵迦葉成為西天的第一代祖師。其下還有二十七位，合為二十八祖，名字是：一祖摩呵迦葉尊者，二祖阿難尊者，三祖商那和修尊者，四祖優波毱多尊者，五祖提多迦尊者，六祖彌遮迦尊者，七祖婆須蜜尊者，八祖佛陀難提尊者，九祖伏馱蜜多尊者，十祖脅尊者，十一祖富那夜奢尊者，十二祖馬鳴大士，十三祖迦毗摩羅尊者，十四祖龍樹大士，十五祖迦那提婆尊者，十六祖羅睺羅多尊者，十七祖僧伽難提尊者，十八祖伽耶舍多尊者，十九祖鳩摩羅多尊者，二十祖闍夜多尊者，二十一祖婆修盤頭尊者，二十二祖摩拏羅尊者，二十三祖鶴勒那尊者，二十四祖師子尊者，二十五祖婆舍斯多尊者，二十六祖不如密多尊者，二十七祖般若多羅尊者，二十八祖菩提達磨。

有了傳法譜系，當然要有傳法因緣，這在《景德傳燈錄》一類書裏也有不少傳奇性的記載。但因為時地都遠，總是可靠性不大。還有，神異事太多且不說，如馬鳴和龍樹是大乘教理的弘揚者，也拉來編入不立文字、以心傳心的隊伍，總嫌太勉強。又如十七祖僧伽難提和弟子伽耶舍多聞風吹殿銅鈴聲後的問答，師問：“鈴鳴邪？風鳴邪？”弟子答：“非風非鈴，我心鳴耳。”這同中土六祖慧能的“不是風動，不是幡動，仁者心動”像是一個版印出來的，未免使人生疑。但禪宗西天的譜系，二十八祖究竟與傳說的七佛不同，是人真（有的還有法嗣，見《景德傳燈錄》卷二）而事不必真，這裏正名從嚴，也稱之為傳說。

—— 5·4 ——

中土統系

　　講史，要由遠而近。依通例，總是遠模糊而近清晰。其結果是遠必略而近可詳，遠少可信而近多可信。介紹禪宗，由西天到中土，近了。但中土時間也不短，還有遠近之分。這也可以納入那個通例，就是早期（六祖慧能以前）可靠性差些。總的說是，由菩提達磨起，所傳有關禪宗的大師和大師的行事（包括語錄），主幹（其人以及主要經歷）不假，枝葉難免增減，或用現在流行的話說，經過藝術加工。怎麼甄別？情況很複雜，大致是這樣：一是早期的要多疑少信，後來的可以多信少疑；二是不離開常識的，可以接受；三是希奇但也可能，而利於說明情況的，也可以接受；四是希奇到離開常識的，不信。

5.4.1 初祖菩提達磨

　　中土講禪宗，至少是名義上（實際就未必然，因為六祖慧能家業更大），當然要推菩提達磨（磨，也寫摩）為第一位（楞伽宗是不同的系統，下節談）。因為位居第一，所以有獨佔"祖師"名號的特權（如說"祖師禪"）。他還有個特權，是身兼二祖：西天第二十八祖和中土初祖；別人，連釋迦牟尼佛在內，都沒有得到這樣的優遇。可是他的事跡，如道宣《續高僧傳》以及《景德傳燈錄》中所記，不只神異性的靠不住，就是不神異的，如嵩山面壁九年，像是也出於誤傳，因為他提倡的壁觀禪法是心觀，與面無關。

　　他是南天竺人。《洛陽伽藍記》說他是波斯人，顯然靠不住，因為：一，南天竺說還有具體下文，是"香至王第三子"，"姓剎帝利"云云；二，他傳禪法，崇奉《楞伽經》，說是依"南天竺一乘宗"，波斯人無此方便。他的時代，先說何時死（死因有善終和中毒二說），有公元 528 年和公元 536 年二說（約在北魏末、東魏初）。何時生不知道，因為享年多少不清楚，《洛陽伽藍記》說他"自云一百五十歲"，顯然是來於道聽途說。他由海路經廣州來中土，時間有早晚二說：早的是南朝宋末，晚的是南朝梁武帝普通七年（公元 526 年）。依後一說，次年至金陵，曾與梁武帝論佛法：

　　　　帝問曰："朕即位已來，造寺寫經，度僧不可勝紀，有何功德？"師曰："並無功德。"帝曰："何以無功德？"

師曰："此但人天小果,有漏之因,如影隨形,雖有非實。"帝曰："如何是真功德?"答曰："淨智妙圓,體自空寂,如是功德,不以世求。"帝又問："如何是聖諦第一義?"師曰："廓然無聖。"帝曰："對朕者誰?"師曰:"不識。"帝不領悟。 (《景德傳燈錄》卷三)

梁武帝的所求是世間的福報,達磨的所與是出世間的解脫,所以不契。於是達磨再北行,到洛陽。以後有在嵩山少林寺面壁九年的傳說。這靠不住,因為他在南天竺已經是"化被南天,聲馳五印",用不著再面壁冥思;還有,如果真見過梁武帝,那就在北地的時間不太長,也沒有這麼多餘閒。在北地傳法,有兩件傳說值得說一說。一件是與大弟子慧可(原名神光)的問答:

光曰:"諸佛法印,可得聞乎?"師曰:"諸佛法印,匪從人得。"光曰:"我心未寧,乞師與安。"師曰:"將心來,與汝安。"曰:"覓心了不可得。"師曰:"我與汝安心竟。" (同上)

這是闡明無相之理。又一件是問四位有成就弟子的所得:

時門人道副對曰:"如我所見,不執文字,不離文字,而為道用。"師曰:"汝得吾皮。"尼總持曰:"我今所解,如慶喜見阿閦佛國,一見更不再見。"師曰:"汝得吾肉。"道育曰:"四大本空,五陰非有,而我見處,

無一法可得。"師曰:"汝得吾骨。"最後,慧可禮拜後,
依位而立。師曰:"汝得吾髓。"　　　　　　　　　　　(同上)

這是無到言語道斷,可以表現禪的徹底破的精神。因為
慧可得髓,所以付法和袈裟於慧可,說:"內傳法印,以契證
心;外付袈裟,以定宗旨。"付法後不久他就死去。

達磨禪法,所依經典是《楞伽經》四卷,主旨在闡明無
相,以無相破妄念,以無相顯實相(也稱真如、涅槃、法身
等)。說淺易些,是要證悟一切常識的覺知都不真實,只有破
除這一節之後的空寂才是真實。怎樣才能得這樣的真實?要
"壁觀"。壁觀的意義,是要心如牆壁,推想是心定於一,不容
妄念侵入的意思。壁觀是觀心性,或說觀自性清淨,就是從理
上了悟自心的清淨本性,證涅槃,得解脫。壁觀是由理悟入,
所以又稱"理入",還有"行入",合稱"二入"。行入的行包
括四種,稱為"四行",是:一,報怨行(修道苦而不怨);
二,隨緣行(不計得失);三,無所求行(斷貪欲);四,稱法
行(一切行動與法相應)。總之是要破一切執,求得般若性空
的空。

5.4.2 楞伽宗

上一節是順著禪宗南統的路,人云亦云。這也是無可奈
何的事,因為本書所謂禪,指的就是南宗禪。談南宗,數典不
能忘祖,把族譜當作廢紙扔掉難免捨不得,縱使必要的時候也

不得不加個小注，説這裏面有傳説甚至編造的成分。這一節要岔開一筆，敍述一個來爭家業的（按時間順序説，是南宗爭家業，詳下），説達磨創立的是楞伽宗，也沒有像南宗所説，一二三四五六地傳給慧能。這個爭家業的來頭不小，不只有文契為證（如《楞伽師資記》和道宣《續高僧傳》等所記）；還聘有律師，主要是胡適博士，寫了《楞伽宗考》《菩提達摩考》《荷澤大師神會傳》等文章。

所有材料似乎都承認菩提達磨地位的重要。問題來自他究竟傳了甚麼法，傳與甚麼人。據早期史料，他教人修習的只是《楞伽經》四卷，並且強調這就夠了，所以説他們的宗派是"南天竺一乘宗"（意思是用不著分大乘、小乘），這一乘宗是"楞伽宗"。修持方法的二人，既要苦修，又須漸進，可見還是傳統禪法的一路。這與南宗的直指人心，立地成佛，分別還比較隱蔽（因為頓悟之前也要參）。至於傳承譜系，那就白紙黑字，明顯到難於可此可彼了。根據《續高僧傳》的道副傳、菩提達磨傳和僧可（一名慧可）傳，達磨的傳法弟子有僧副、道育、慧可、向居士、化公、廖公、和禪師、林法師；慧可傳那禪師，再傳慧滿。這裏值得注意的是，慧可的傳法弟子是那禪師，不是僧璨（也作"僧粲"）。到同書的法沖傳，説"達磨禪師後有惠可、惠育……可禪師後，粲禪師、惠禪師……"，才出現"粲禪師"。

民國初年，敦煌發現了寫本《楞伽師資記》；是唐朝開元年間淨覺和尚根據他老師玄賾的《楞伽人法志》所作。兩書都

是談楞伽宗傳法譜系的著作；後者名"師資"，記法統的意思
更加明顯。《楞伽師資記》用列傳式的寫法，傳首加序碼，以
表示代次。共敘述八代，是：

第一，宋朝求那跋陀羅三藏〔因為他是譯《楞伽阿跋
多羅寶經》（簡稱《楞伽經》）的〕。

第二，魏朝三藏法師菩提達摩，承求那跋陀羅三
藏後。

第三，齊朝鄴中沙門惠可，承達摩禪師後。

第四，隋朝舒州思空山粲禪師，承可禪師後。

第五，唐朝蘄州雙峰山道信禪師，承粲禪師後。

第六，唐朝蘄州雙峰山幽居寺大師，諱弘忍，承信禪
師後。

第七，唐朝荊州玉泉寺大師，諱秀；安州壽山寺大
師，諱賾；洛州嵩山會善寺大師，諱安。

第八，唐朝洛州嵩高山普寂禪師，嵩山敬賢禪師，長
安蘭山義福禪師，藍田玉山惠福禪師，並同一師學法侶應
行，俱承大通和上（神秀）後。

這個傳法譜系，與南宗的傳法譜系相比，有三點值得注
意：一是初祖不是菩提達磨；二是弘忍的傳法弟子不是慧能，
而是神秀等人；三是第七、八兩代都不只一個人，可見還沒有
付法傳衣的說法。

這個譜系與張說作的《大通禪師（神秀）碑銘》所說大致

相同，那是：達磨，慧可，僧璨，道信，弘忍，神秀。第六代是神秀，不是慧能。

慧能的名字，第六代弘忍傳（全抄玄賾《楞伽人法志》）裏曾提到：

> （弘忍）又曰："如吾一生，教人無數，好者並亡，後傳吾道者，只可十耳。我與神秀論《楞伽經》，玄理通快，必多利益。資州智詵，白松山劉主簿，兼有文性。莘州惠藏，隨州玄約，憶不見之。嵩山老安，深有道行。潞州法如，韶州惠能，揚州高麗僧智德，此並堪為人師。但一方人物，越州義方，仍便講說。"又語玄賾曰："汝之兼行，善自保愛，吾涅槃後，汝與神秀，當以佛日再輝，心燈重照。"

慧（惠）能在十人之中，可證楞伽宗中有他一席地。可是地位遠遠低於神秀。還有更重要的，是在弘忍（的東山法）門下，學的是"楞伽義"，"此經惟心證了知，非文疏能解"，而不是《金剛經》的"應無所住，而生其心"。至於社會地位，慧能就更要甘拜下風，因為神秀是"兩京（洛陽，長安）法主，三帝（武后，中宗，睿宗）國師"（張說《大通禪師碑銘》），是"九江道俗戀之如父母，三河士女仰之猶山岳"（宋之問《為洛下諸僧請法事迎秀禪師表》）。這時期，慧能在邊遠地區的嶺南韶州傳法，聲勢當然差多了。

可是神秀死（公元 706 年）後不過三十年，慧能的大弟子神會於開元二十二年（公元 734 年）在滑台大雲寺設無遮大會，聲稱南宗的傳法譜系是：菩提達磨傳慧可，慧可傳僧璨，僧璨傳道信，道信傳弘忍，弘忍傳慧能，慧能成為第六祖。不久之後，由神會或其門徒作的《六祖壇經》流行，五祖弘忍以《金剛經》教六祖慧能，以傳法信物袈裟付六祖慧能，就成為定論了。這是禪宗南統取代楞伽宗的過程。其所以能順利完成，胡適博士認為應歸功於神會的才學和膽量。其實，個人的才力終歸是助因，主因應該是，頓悟的設想簡便易行，適合更多人的口味。這有如飛機與火車相比，如果飛機票比火車票還便宜，為了早到目的地，人人都會坐飛機，火車站的售票處自然就冷落了。

5·4·3 二祖慧可

上一節岔開一筆，談楞伽宗，是想說明，禪法在中土，南宗建立霸業之前，曾經有這樣一個相當長的階段。專就這一階段說，以神秀為代表的一系所說多真，以慧能為代表的一系所說多假。假，需要推翻嗎？也不盡然，因為：一，《楞伽師資記》承認慧能是弘忍的弟子；二，《楞伽經》與《金剛經》，作為修持方法的依據，恐怕實際的差別沒有名相的差別那樣大；三，南宗崇頓悟，反對繁瑣名相的辨析，是革新，為了託古改制，編造一些歷史也情有可原。因為情有可原，由這一節起採取寬容的態度：基本上順著舊傳的譜系，依次介紹。

初祖菩提達磨傳與慧可，慧可成為中土二祖。他俗姓姬，虎牢（在今河南）人。出家後法名神光，據説是向達磨求法，斷臂以表示決心，老師為易名慧可，有的書也稱僧可。他出家前讀儒道書不少，是個知識分子，感到"莊、易之書，未盡妙理"。改讀佛書，覺得氣味相投，於是出家，探究大小乘經典。四十歲從達磨學禪法，除了斷臂的傳說（一説是被賊砍掉）之外，還有"天大雨雪，（神）光堅立不動，遲明積雪過膝"的傳說。總之是非常用功。以後經過"安心"的問答，大概真得了達磨禪法的"髓"。於是達磨告訴慧可説：

> 昔如來以正法眼付迦葉大士，展轉囑累，而至於我。我今付汝，汝當護持。並授汝袈裟，以為法信。……內傳法印，以契證心，外付袈裟，以定宗旨。後代澆薄，疑慮競生，云吾西土之人，言汝此方之子，憑何得法？以何證之？汝今受此衣法，卻後難生，但出此衣並吾法偈，用以表明其化無礙。至吾滅後二百年，衣止不傳，法周沙界。

> （《景德傳燈錄》卷三）

這段話裏不但有了付法傳衣的祖傳規定，而且有了二百年後衣不再傳（案為六祖慧能時）的懸記。這顯然都是後來編造的，因為楞伽宗的史料中沒有這些。但慧可有較深的造詣並不假，道宣《續高僧傳》記他答向居士來書（內有"迷悟一途，愚智非別"，"得無所得，失無所失"等語）的偈是：

> 說此真法皆如實，與真幽理竟不殊。

> 本迷摩尼謂瓦礫，豁然自覺是真珠。
>
> 無明智慧等無異，當知萬法即皆如。
>
> 愍此二見之徒輩，申詞措筆作斯書。
>
> 觀身與佛不差別，何須更覓彼無餘。

　　末尾兩句表示即心是佛，不必另求無餘依涅槃，破得乾淨，算作南宗的二祖也不能説是強拉作親戚了。

　　慧可生在南北朝晚期，活動區域在北朝。有的書説他受誣告，被官府殺死。可是《續高僧傳》沒有這樣説，還説他趕上北周武帝滅法，如果是此事之後死的，他的年壽在九十歲以上了。

5.4.4 三祖僧璨

　　僧璨，在禪宗幾祖中是個神秘人物，史料最少，《景德傳燈錄》説是"不知何許人也"。但在慧可傳中説"有一居士，年逾四十，不言名氏，聿來設禮而問師（慧可）"，推測也是個知識分子。與師慧可的問答仍是老一套：

　　　　"弟子（僧璨）身纏風恙，請和尚懺罪。"師曰："將罪來，與汝懺。"居士良久云："覓罪不可得。"師曰："我與汝懺罪竟，宜依佛法僧住。"曰："今見和尚，已知是僧，未審何名佛法？"師曰："是心是佛，是心是法。法佛無二，僧寶亦然。"曰："今日始知罪性不在內，不在外，不在中間，如其心然，佛法無二也。"大師深器之，即為剃髮，云："是吾寶也，宜名僧璨。"

其後當然是依例付法傳衣，僧璨取得三祖的資格。後來，到了北周武帝滅法時期，他在安徽太湖縣司空山一帶活動。可記的事有這樣三項。一是再向下付法傳衣。二是寫了"至道無難，惟嫌揀擇"的《信心銘》。三是死法希奇，《楞伽師資記》記載：

> 大師曰："餘人皆貴坐終，嘆為奇異。余今立化，生死自由。"言訖，遂以手攀樹枝，奄然氣盡。

這類生時死時的花樣，當然都是好事者編造的。

5.4.5 四祖道信

與僧璨相比，道信的地位重要多了，因為不只事跡明確，而且住蘄州黃梅雙峰山，開創了東山法門，為弘忍傳法、慧能立宗準備了條件。他俗姓司馬，原籍河內，後徙於蘄州廣濟縣（在今湖北）。傳說在隋文帝開皇年間，他向僧璨求法：

> 有沙彌道信，年始十四，來禮師曰："願和尚慈悲，乞與解脫法門。"師曰："誰縛汝？"曰："無人縛。"師曰："何更求解脫乎？"信於言下大悟。服勞九載。後於吉州受戒，侍奉尤謹。師屢試以玄微，知其緣熟，乃付衣法。

（《景德傳燈錄》卷三）

其後，隋末唐初，他曾住吉州、蘄春等地，最後住黃梅雙峰山三十多年，遠近道俗（包括名僧）來求法的很多。這表示，在弘忍以前，黃梅雙峰山已經成為有名的道場。

關於道信的禪法，《楞伽師資記》說了很多，反而不得要領，不如道宣《續高僧傳》的玄爽傳所說，玄爽從道信學得的禪法是"惟存攝念，長坐不臥，繫念在前"。看來他的修持方法是靜坐、觀心、攝心，還是因定發慧的一路。

還有個傳說，可以算作軼事，無妨提一提。那是唐太宗，聽到道信的大名，想看看他，下詔讓他進京，他謝絕。再來，三來，他說病了。第四次來，說人不去就要人頭去，他伸長脖子，安然地等砍頭。來人回去說明情況，唐太宗也服了，反而送了禮品。

照南宗的歷史記載，當然還要做付法傳衣的大事。到唐高宗永徽年間，他死了，活了七十多歲。

5.4.6 五祖弘忍

五祖弘忍，俗姓周，祖籍尋陽，後徙黃梅（在今湖北）。因為與四祖道信同在一地，所以有相識的機緣：

> 一日，（道信）往黃梅縣，路逢一小兒，骨相奇秀，異乎常童。師問曰："子何姓？"答曰："姓即有，不是常姓。"師曰："是何姓？"答曰："是佛性。"師曰："汝無性邪？"答曰："性空故。"師默識其法器，即俾侍者

至其家，於父母所乞令出家。父母以宿緣故，殊無難色，
遂捨為弟子，名曰弘忍。以至付法傳衣。

（《景德傳燈錄》卷三）

《楞伽師資記》說他"七歲奉事道信禪師，自出家處幽居
寺"（案後略東移至東山寺或東禪寺），所以標題稱他為"唐朝
蘄州雙峰山幽居寺大師"。七歲小兒知佛性，顯然是後來著禪
史者的故意神化。

《景德傳燈錄》的弘忍傳幾乎都是記傳法與慧能的事，這
是因為有關弘忍的材料不多，只好抄《六祖壇經》。《楞伽師資
記》的作者淨覺記了弘忍與人問答的一段話：

> 又問："學道何故不向城邑聚落，要在山居？"答曰：
> "大廈之材，本出幽谷，不向人間有也。以遠離人故，不
> 被刀斧損斫，一一長成大物後，乃堪為棟樑之用。故知棲
> 神幽谷，遠避囂塵，養性山中，長辭俗事，目前無物，心
> 自安寧，從此道樹花開，禪樹果出也。"其忍大師蕭然淨
> 坐，不出文記，口說玄理，默授與人。

可見他的禪法還是靜坐、觀心、攝心的一路，與後來強調
頓悟是有別的。還有一說，是從他開始弘揚《金剛經》義，想
來也是後來編造的。

弘忍的嗣法弟子，《楞伽師資記》舉十個人，《景德傳燈錄》
舉十三個人，都有嵩嶽慧安和資州智詵（或作侁）。慧安的禪

法，人稱老安禪，是六祖慧能前禪法重要的一支。智詵傳資州處寂，處寂傳益州無相，無相傳（成都）保唐（寺）無住，倡無念禪，成為保唐派的大師，雖然子孫不振，就禪法說卻是很重要的。

弘忍死於唐高宗咸亨末年，也活了七十多歲。

5.4.7 旁出法嗣

這個標題表明，到這裏，我們已經隨著南宗走，承認六祖慧能是正統；他坐了寶座，以前幾祖的高足當然成為旁出。這實際上一定很多，可總稱為楞伽宗的門徒。可是留到文字記載上的必是少數。少，是比較地說，實際是相當多。不只多，而且亂，因為資料不只由一個源頭來。總的情況是，越是靠後，添枝加葉，人數就越多。如道宣《續高僧傳》（主要是其中的《法沖傳》）和《楞伽師資記》時代早，記錄菩提達磨到弘忍，五代的傳人不過幾十個；到北宋的《景德傳燈錄》所記，菩提達磨傳一世四人，慧可傳七世十七人，僧璨無傳人，道信傳九世七十六人，弘忍傳五世一百零七人，總數超過二百。這樣多而雜，怎麼辦？只好用擒賊擒王的辦法。所謂王，是黨羽多的，或說對後來影響大的。依此原則，如得達磨之肉的尼總持，雖然由性別方面看獨樹一幟，因為後繼無人，也就不得不割愛了。這樣簡之又簡，想只說兩個人：一是牛頭禪或牛頭宗的祖師法融，二是北宗的祖師神秀。

(一) 法融

法融，俗姓韋，潤州延陵人（在今江蘇）。十九歲出家，先學三論，後又學華嚴、般若、法華等，在佛理方面造詣很深。他又長期在山中過禪定生活，所以成為理行兼擅的高僧。後來在金陵以南牛頭山幽棲寺定居，仍繼續深入研究佛法。因為道重名高，傳說就隨之而來。重要的有兩種。一種是他在石室坐禪，百鳥銜花，後來成為南宗常說的話頭。一種是四祖道信曾去訪問他：

> 唐貞觀中，四祖遙觀氣象，知彼山有奇異之人，乃躬自尋訪。……祖遂入山，見師端坐自若，曾無所顧。……師未曉，乃稽首請說真要。祖曰："夫百千法門，同歸方寸；河沙妙德，總在心源。一切戒門定門慧門，神通變化，悉自具足，不離汝心。一切煩惱業障，本來空寂。一切因果，皆如夢幻。無三界可出，無菩提可求。人與非人，性相平等。大道虛曠，絕思絕慮。如是之法，汝今已得，更無闕少，與佛何殊？更無別法，汝但任心自在，莫作觀行，亦莫澄心。……"

（《景德傳燈錄》卷四）

話說完就付法（不傳衣，因為傳與弘忍），還預言將有五人"紹汝玄化"。這都未必靠得住；至少是禪法的內容，道信還是舊傳的觀心、攝心，法融則變為無作和忘情，更近於道家了。

講經之外，法融還有不少著作。文集和多種經注都沒有傳下來；傳世的只有《心銘》和殘本《絕觀論》。

影響最大的是他的禪法，因為學的人多，傳得久遠，所以後來有立宗派、建法統的說法。宗派是由道信旁出的一支：牛頭宗；法統有不同的說法，最通行的是法融傳智巖，智巖傳慧方，慧方傳法持，法持傳智威，智威傳慧忠，共六代。《五燈會元》還收有七世惟則、道欽，八世智禪師、道林，也都是有名的禪師。

法融死於唐高宗顯慶二年（公元 657 年），活了六十四歲。

（二）神秀

神秀的傳記很難寫，不是事跡不明朗，而是帽子難選。依早期史料，他是弘忍的傳法弟子（張說《大通禪師碑銘》說弘忍曾說"東山之法盡在秀矣"），楞伽宗的第七代祖師（《楞伽師資記》），或（禪宗）第六代祖師（他的大弟子普寂曾自命為第七代，這是由菩提達磨算起）。依後來的南宗說法，他未得弘忍的真傳，北去傳漸教，成為北宗的開山祖師。哪一頂帽子合適，要看我們視點在遠在近：遠，承襲楞伽不錯；近，目為北宗首座也不錯。兩可，難定，我們只好不管帽子，專說事實。

他俗姓李，陳留尉氏（在今河南）人。早年讀書很多，是個知識分子。在洛陽出家，五十歲才到黃梅雙峰山弘忍那裏去求法。弘忍器重他，在寺裏居上座的地位。弘忍死後，他往荊州玉泉寺傳禪法，從學的人很多。武則天聽說他的大名，請他到洛陽，住內道場，受到優越的禮遇。中宗即位，更加尊重他，所以張説《大通禪師碑銘》説他"屈萬乘而稽首，灑九重而宴居"，"推為兩京法主，三帝國師"。

《楞伽師資記》説神秀"禪燈默照，言語道斷，心行處滅，不出文記"，像是沒有著作；可是傳世有《北宗五方便門》和《觀心論》殘本。所謂五方便門是：一，總彰佛體門；二，開智慧門；三，顯不思議解脫門；四，明諸法正性門；五，見不異門。總的精神還是用心觀照，以求認知心性（即佛性）；也就是張説碑文所説："慧念以息想，極力以攝心。"息想，攝心，是慢功，沒有浪漫性，所以是仍舊貫的一路，與南宗常説的"言下大悟"是有別的。

神秀的傳法弟子，最有名的是普寂。此外還有敬賢、義福和惠福（《楞伽師資記》）。《景德傳燈錄》記得詳細，是：神秀法嗣十九人；再傳，辭朗法嗣三人，普寂法嗣四十六人；三傳，惟政法嗣二人，無相法嗣五人；四傳，志真法嗣一人。推想後來南宗的簡便解脫道，既可避免繁瑣，又具有可喜的浪漫性，由迅速興旺而成霸，神秀一門就不能不先則冷落繼而沉寂了。

神秀死於唐中宗神龍二年（公元 706 年），據説年壽超過一百。謚大通禪師。

5·5

南宗頓教

　　説禪，直到現在，我們由遠而近，才説到家門之內。因為，禪法雖然時代久遠，內容多樣，我們想深入探討的卻是南宗禪，即強調頓悟成佛的一路。這樣做也不無理由。一是在中土，它是超級大戶，就是只用勢利眼看，也不能放過它。二是以禪定求解脱是微妙的事，用頓悟法就更加微妙，值得鑽研。三是留下的財富多，禪師，隨便數數就上千，語錄，其中藏有大量的機鋒、公案，只是看看也會感興趣。因為感興趣的人多，所以一千多年來，凡是説到禪，幾乎都是指這種禪，我們也只好從眾。眾望所歸，有原因。我常想，以逆為順的佛教，在中土，沿著減逆增順的路子走，這是主流。還有輔助的二流：一是由繁難趨於簡易，二是逐漸中土化。三股水向下流，到唐宋時期匯聚為一股強大的，這就是南宗禪。飢來吃飯，困來睡眠，同樣是解脱，順了；見桃花，聽驢叫，也能大悟，簡易了；坐蒲團，舉拂子，無妨吟吟"淨洗濃妝為阿誰，子規聲裏勸人歸"（洞山良价頌）的詩，中土化了。順，簡易，中土化，又因為時間相當長，所以花盛果多，頭緒紛繁，想用較少的篇幅説清楚就大不易。不得已，還得用擒賊擒王的辦法，只敘述一些最顯赫的，也就是在禪宗史上地位特別高的。

5.5.1 六祖慧能

這是照抄南宗的舊說；論實際，他應該算初祖，因為從菩提達磨到弘忍是另一個系統，主漸悟的楞伽宗。但這樣編造譜系也是古已有之，殷周時期的諸侯列國，是常常追到黃帝、顓頊的，那就更遠了。因此，我們在這裏也只好容忍，從俗。可是這樣一隨和，問題就來了，因為慧能的詳細經歷見《六祖壇經》，而這部南宗的重要經典，顯然是慧能的大弟子神會及其後繼者陸續添枝加葉編撰出來的（如後來的通行本比敦煌寫本繁複得多），其中當然有不可信的成分。考證，分辨真偽，相當難。這還是小事；重要的是，如果割捨一部分（幾乎都是後來一再傳述的），與後來的禪師話頭有時就難於接上茬；而且，割捨的部分常常帶有傳奇色彩，去花留蒂，也有些捨不得。不得已，只好接受舊說，先總括加個小注，是舊傳如此，未可盡信。

慧能，也寫惠能，俗姓盧，因為剃度晚，也稱盧行者。他父親盧行瑫是范陽（今河北涿縣）人，做官，被貶到廣東新州（今廣東新興縣），在那裏落了戶。慧能生於唐太宗貞觀十二年（公元 638 年），三歲喪父，隨母親遷到南海（今廣東南海縣），過苦日子。長大些，賣柴為生。有一天，他送柴到客店，出來，聽見人唸經，心裏像是有所悟。他問唸的是甚麼經，答是《金剛經》。問從哪裏得來，告訴他是在蘄州黃梅東禪寺弘忍大師那裏所受的，於是他決心去求法。有個好心人送他十両銀子，安頓了母親，於是北行，路過韶州曹溪（在廣東韶關市曲江縣馬壩鎮），碰到個讀書人劉志略，交為朋友（一說為由黃梅返回時事）。劉的姑母是比丘尼，法名無盡藏，學《涅槃經》，有疑問，來請教。先問字，慧能說："字即不識，義即請問。"無盡藏說："字尚不識，曷能會義？"慧能說："諸佛妙理，非關文字。"無盡藏和鄉里人都欽佩他，想讓他住當地的寶林寺（今南華寺）。他辭謝了，仍北行，過樂昌縣，在西山石室遇見智遠禪師，從學禪法。智遠也勸他到黃梅去，於是又北行，於唐高宗咸亨二年（公元 671 年）到黃梅東禪寺弘忍那裏。

初見五祖弘忍，弘忍問他是哪裏人，來求甚麼。他說是嶺南新州百姓，來求作佛。弘忍說："汝是嶺南人，又是獦獠，若為（如何）堪作佛！"他說："人雖有南北，佛性本無南北。獦獠身與和尚不同，佛性有何差別？"五祖心驚而不便表示，就讓他去勞動（住寺照例要勞動，不是處罰），到碓房舂米。勞動八個多月，趕上五祖考察弟子的成就以便付法傳衣的重要關頭。辦法是作一偈給老師看。大家私下議論，神秀的地位是教授師，造詣高，必得衣法，所以都不敢作。神秀主意不定：作，人會疑為想當六祖；不作，當然就不能得衣法。作了，猶疑四天，不敢送呈。急中生智，寫在堂前廊壁上，如果五祖說好，就承認是自己作的；說不好，那就只得自認枉費了精力。半夜，自己偷偷去寫，偈詞是：

> 身是菩提樹
>
> 心如明鏡台
>
> 時時勤拂拭
>
> 勿使惹塵埃

第二天，五祖見到，雖然也褒獎幾句，讓大家誦持，夜裏卻把神秀叫來，跟他説：

> 汝作此偈未見本性，只到門外，未入門內。如此見解，竟無上菩提了不可得。無上菩提須得言下識自本心，見自本性……

讓他再作偈。幾天沒有作成。這時期，有個童子在碓房前唸神秀的偈，慧能聽到作偈的因緣，求童子帶他到廊壁前看看。到那裏，他説他不識字，請別人為他讀一遍。正好有個江州別駕張日用在那裏，就為他讀一遍。他聽了，説自己也有一偈，求張日用代寫在廊壁上。偈詞是：

> 菩提本無樹
>
> 明鏡亦非台
>
> 本來無一物
>
> 何處惹塵埃

看到的人都很驚訝。五祖看見，怕惹起風波，説“亦未見性”。

　　第二天，五祖偷偷到碓房去看慧能，問他："米熟也未？"慧能說："米熟（暗示已學成）久矣，猶欠篩（諧音師）在。"五祖用錫杖打碓三下，走了。夜裏三更，慧能到五祖居室，五祖為他講《金剛經》。講到"應無所住，而生其心"，慧能大悟，說：

　　　　何期自性本自清淨，何期自性本不生滅，何期自性本自具足，何期自性本無動搖，何期自性能生萬法。

　　五祖知道他已悟本性，於是付法傳衣，定他為六代祖，並且說：

　　　　昔達磨大師初來此土，人未之信，故傳此衣以為信體，代代相承。法則以心傳心，皆令自悟自解。自古佛佛惟傳本體，師師密付本心，衣為爭端，止汝勿傳。若傳此衣，命如懸絲。

　　囑咐完，催他趕緊走。慧能不識山路，五祖送他。送到九江驛，上船渡江。五祖搖櫓。慧能說應該弟子搖，五祖說："合是吾渡（諧音度）汝。"慧能說："迷時師度，悟了自度。"五祖又囑咐他"努力向南，不宜速說"，作別，慧能就帶著衣法南行。

　　回到曹溪，照五祖的囑咐，在四會、懷集一帶過十幾年隱遁生活。後來到廣州法性寺（今光孝寺），趕上印宗法師講《涅槃經》。講經中，風吹幡動，為風動抑幡動引起辯論，慧能走向前説："不是風動,不是幡動,仁者心動。"全場大驚。印宗把他請到上座,同他談論佛法精義,推測他是得五祖衣法的六祖。慧能承認,於是印宗為他剃度,並請智光律師為他授具足戒,他從此才正式成為出家人。受戒之後,曾短期在法性寺講禪法。

不久回曹溪寶林寺長住。其間曾應韶州刺史韋據(一作璩)之請,到城內大梵寺講禪法。唐中宗神龍元年(公元705年),皇帝曾派薛簡請他入京,他辭謝了。中宗很推重他,為他重修寶林寺,改名中興寺,並在他的新州故宅修建國恩寺。死前回新州國恩寺,死在那裏。

慧能的經歷有不少傳奇成分。可注意的是這些成分並不都假,如不識字有前因(窮困賣柴)為證,立宗弘法有後果為證,我們都不能不信。推想他確是天賦與摩訶般若的人;還借了不識字的光,不能走如法相宗辨析繁瑣名相的路,而寧願不立文字,頓悟成佛。這樣的法門當然會受到絕大多數人的歡迎,因為人皆有過,上智不多,既然凡聖不二,智愚不二,那就人人都有成佛的希望甚至保證,費力不多而收穫很大,又何樂而不為呢?

頓悟也不能無法。這在《六祖壇經》裏講了不少。最重要的是要認識本性,即自性。自性清淨,不識是迷,能識即悟。悟了即解脱,就是佛。如何能認識自性?用般若。"去來自由,心體無滯,即是般若。"但也要知道:"一切般若智皆從自性而生,不從外入。"總之,自性清淨的心是根本,它能生萬法，能化迷為悟，是成佛的基本力量。關鍵在能識。

怎麼就能識？《六祖壇經》裏也講定慧，但說定慧一體不是二；也講懺悔，但說要"心無所攀緣，不思善不思惡"。總的精神是要破執著，把知見的繫縛都解開，自然就會認識自己的清淨自性。

可是解知見的繫縛又談何容易！用我們現在的眼光看，有時，甚至常常，就不得不乞援於文字變幻的花樣。如說"煩惱即菩提"，"本自無生，今亦不滅"，"此樂無有受者，亦無不受者"，似乎都只是說得動聽；如果遇見喜刨根的人，一定要用事實來對證，那也許就會陷入困境吧？

慧能的智慧，還表現在教弟子傳法之道，以金針度人一事上。《六祖壇經·付囑》篇記載，他告訴法海、志誠等大弟子，將來到各方說法，要"舉三科法門，動用三十六對"，"共人言語，外於相離相，內於空離空"，"若有人問汝義，問有將無對，問無將有對，問凡以聖對，問聖以凡對，二道相因，生中道義"。這雖然目的在於破執，但由動機方面看，總難免有厚內薄外之嫌。而幸或不幸，這個法寶就真流傳下去，一變而成為說得更玄，再變而成為機鋒，就霧鎖峰巒，使人難見廬山真面了。

我有時想，禪法到慧能，作為一種對付人生的所謂道，是向道家，尤其莊子，更靠近了。我們讀慧能的言論，看那自由自在、一切無所謂的風度，簡直像是與《逍遙遊》《齊物論》一個鼻孔出氣。這種合拍，更生動地表現在《六祖壇經·機緣》篇的一則故事上：

> 有僧舉臥輪禪師偈曰：
>
> "臥輪有伎倆，能斷百思想，對境心不起，菩提日日長。"
>
> 師聞之曰：此偈未明心地，若依而行之，是加繫縛。
>
> 因示一偈曰：
>
> "惠能沒伎倆，不斷百思想，對境心數起，菩提作麼長。"

後一偈確是少繫縛。但問題是，對境數起之心會都是清淨的嗎？不清淨，道家可以，佛家不可以。這類問題，後面還要談到，這裏從略。

慧能徒眾很多。能傳法的高足，《六祖壇經·付囑》篇提到十個，是：法海、志誠、法達、神會、智常、智通、志徹、志道、法珍、法如；《景德傳燈錄》增到四十三人，其中並有外國人，西印度堀多三藏。對後代有大影響的是五個人：青原行思、南嶽懷讓、荷澤神會、南陽慧忠、永嘉玄覺。

慧能死於唐玄宗先天二年（公元713年底改開元）八月，年七十六。唐憲宗追謚為大鑒禪師。

5.5.2 六祖壇經

《六祖壇經》，全名是《六祖大師法寶壇經》，也可簡稱《壇經》。流傳來由，《景德傳燈錄》說是"韶州刺史韋據請（慧能）

於大梵寺轉妙法輪，並受無相心地戒，門人紀錄，目為《壇經》"。可是書中記的有後來的事。《六祖壇經‧付囑》篇説：

> 知大師不久住世，法海上座再拜問曰："和尚入滅之後，衣法當付何人？"師曰："吾於大梵寺説法，以至於今，抄錄流行，目曰《法寶壇經》，汝等守護，遞相傳授，度諸群生，但依此説，是名正法。"

這是説，來於多年的言行記錄，性質同於《論語》。因為是法海發問，有人説是法海記的。門人尊重老師，稱為"經"，依分別三藏舊規，這是僭越的。

1929 年，胡適博士作《荷澤大師神會傳》，提出新的看法，説《壇經》是神會作的。他説：

> 至少《壇經》的重要部分是神會作的。如果不是神會作的，便是神會的弟子採取他的語錄裏的材料作成的。但後一説不如前一説的近情理，……我信《壇經》的主要部分是神會所作，我的根據完全是考據學所謂"內證"。《壇經》中有許多部分和新發見的《神會語錄》完全相同，這是最重要的證據。

胡適博士這裏用的又是大膽假設法，因為"內證"的力量終歸是有限的。例如張三所講與李四所講相似，可能的原因應是三種：一是有相同的想法；二是張三學李四；三是李四學張三，而不是一種。也許就是因此，胡適博士承認，其中有些

"也許真是慧能在時的記載"。這樣一讓步，我們就無妨採用折中的辦法，說《六祖壇經》雖然不免有後代人陸續修改增補的成分，但大體上還可以代表慧能的思想。

說陸續修改增補，是因為今傳的本子不只一種，前者略而後者詳。據胡適博士統計：唐敦煌寫本只有一萬二千字；北宋初年的惠昕本增到一萬四千字；明藏本再增，成為兩萬一千字。

今通行繁本，如《頻伽藏》本，分作十篇：行由第一，般若第二，疑問第三，定慧第四，坐禪第五，懺悔第六，機緣第七，頓漸第八，宣詔第九，付囑第十。多數是通篇講禪法，少數是部分講禪法。禪法，擴大到佛法，因為絕大部分是運轉名相，而名相總是離眼所見的事物太遠，所以常常使人有摸不著頭腦之感。如《機緣》篇，弟子法海問"即心即佛"是甚麼意思，慧能答："前念不生即心，後念不滅即佛；成一切相即心，離一切相即佛。"照我們常人理解，老師的意思是心佛有別；可是，"即心即佛"（也說"即心是佛"）的說法，能理解為心佛有別嗎？

可是，無論如何，《六祖壇經》總是南宗的經，它的思想，雖不免小異而有大同。這大同是自性清淨，不假外求。自性地位高了，從而冥思遐想（甚至胡思亂想）的地位也高了。這順勢下流就成為禪的放，以至放到遠離常態，都留到後面再談。這裏只說明一點，就是：講南宗禪，我們不能不重視《六祖壇經》。

5.5.3 高足舉要

慧能一傳法嗣，《景德傳燈錄》舉四十三人，有事跡的十九人。本節所謂“要”，是指有家業下傳的，共五人：行思、懷讓、神會、慧忠、玄覺。

（一）青原行思

六祖以後，受付法傳衣說的影響，和尚更標榜佔山頭，主寺院，所以法名前常常加山名（多）、地名或寺名（少），如百丈（山）懷海禪師，黃州齊安禪師，歸宗（寺）智常禪師；或乾脆用地望，如南嶽（指懷讓），趙州（指從諗），荷澤（指神會）。行思住吉州青原山靜居寺，所以稱青原行思。他在《壇經》裏地位似不高，《付囑》篇所舉十人裏沒有他。《機緣》篇裏有，他的事跡只是與慧能問答“不落階級”的幾句話。可是他前程遠大，不只法嗣多（《五燈會元》舉了十六世），而且由高明法嗣先後創立了曹洞宗、雲門宗和法眼宗。他俗姓劉，吉州安城人（在今江西）。幼年出家，後到曹溪慧能處求法，受到慧能的器重。《景德傳燈錄》說：

> 一日，（六）祖謂師（行思）曰：“從上衣法雙行，師資遞受，衣以表信，法乃印心。吾今得人，何患不信？吾受衣以來，遭此多難；況乎後代，爭競必多。衣即留鎮山門，汝當分化一方，無令斷絕。”

照這個傳說，如果衣仍下傳，行思就成為南宗第七祖了。

《景德傳燈錄》還記一件事，頗帶傳奇味，是石頭希遷在慧能處求法，問老師死後"當依附何人"，慧能說："尋思去。"用雙關語，有《推背圖》意味，俗陋可笑。但藉此因緣，希遷就成為行思的嗣法弟子。《景德傳燈錄》記行思的言論，有一點值得注意，如僧問"如何是佛法大意"，行思答："廬陵米作麼價？"如果這不是後來人編造的，那就是六祖死後不久，禪宗和尚傳法就由常態（明白講）走向變態（用謎語講）了。行思死於開元二十八年（公元740年），後來唐僖宗諡他為弘濟禪師。

（二）南嶽懷讓

在六祖慧能的高足中，只有懷讓的地位可與行思比。他也是法嗣多（《五燈會元》舉了十七世），而且由高明的法嗣創立了宗派：溈仰宗和臨濟宗；臨濟宗下傳又分為黃龍派和楊岐派。《六祖壇經》裏也只有《機緣》篇提到他，慧能對他沒有大誇獎，卻預言他將有個好弟子，說："西天般若多羅（第二十七祖，傳法與菩提達磨）讖，汝足下出一馬駒，踏殺天下人。"這是指馬祖道一。懷讓俗姓杜，金州安康（在今陝西）人。生於唐高宗儀鳳二年（公元677年）。十五歲出家，先學律宗，不久到曹溪慧能處求法，住了十幾年。學成後往南嶽般若寺傳禪法。弟子很多，受到印可的有六人。懷讓說："汝等六人同證吾身，各契其一。一人得吾眉，善威儀（指常浩）。一人得吾眼，善顧盼（指智達）。一人得吾耳，善聽理（指坦然）。一人得吾鼻，善知氣（指神照）。一人得吾舌，善譚說

（指嚴峻）。一人得吾心，善古今（指道一）。"馬祖道一得心傳，也經過一些曲折，《景德傳燈錄》記載：

> 　　開元中有沙門道一，在衡嶽山常習坐禪。師知是法器，往問曰："大德坐禪圖甚麼？"一曰："圖作佛。"師乃取一磚，於彼庵前石上磨。一曰："磨作甚麼？"師曰："磨作鏡。"一曰："磨磚豈得成鏡邪？"師曰："磨磚既不成鏡，坐禪豈得作佛？"

這是有名的公案，可表明南宗重頓悟的精神。懷讓死於唐玄宗天寶三載（公元 744 年），年六十八，謚大慧禪師。

（三）荷澤神會

講南宗的歷史，說到神會，使我們不禁想到王勃《滕王閣序》中"馮唐易老，李廣難封"的慨嘆。李廣勞苦功高，竟一生未得封侯。神會也是這樣，他是南宗得以創立並發展的關鍵人物，可是子孫卻不能繁衍。幸而有司馬遷，寫了《李將軍列傳》，有胡適博士，寫了《荷澤大師神會傳》，我們藉此才可以知道，一兩千年前曾有這樣的"善不受報"的人物。神會，俗姓高，襄陽（在今湖北）人。年輕時候讀儒書、道書，是個不小的知識分子。據說是讀《後漢書》（也許是《襄楷傳》吧），才知道有所謂佛，於是到本府國昌寺出了家。出家後曾在荊州玉泉寺從北宗的創始人神秀學習禪法三年，然後到曹溪從慧能學。

神會到曹溪依慧能，舊說多認為年才十四。還有提前一

年的,《六祖壇經‧頓漸》篇説:"有一童子名神會,襄陽高
氏子,年十三,自玉泉來參禮。"又《付囑》篇記載,慧能死
前跟弟子們説:"吾至八月欲離世間,汝等有疑早須相問,為
汝破疑,令汝迷盡。吾若去後,無人教汝。"弟子們"悉皆涕
泣,惟有神會神情不動,亦無涕泣"。慧能説:"神會小師,卻
得善不善等(等同),毀譽不動,哀樂不生;餘者不得。"好
像在諸弟子中,神會確是最年輕的。可是胡適考證,慧能死
時,神會四十六歲,王維作慧能碑文,説"神會遇師於晚景,
聞道於中年",到曹溪時間應該在慧能死前不很久。幸而這關
係不大,可以不深究。

慧能死後,神會曾在中原各地雲遊,較長時期住在南陽龍
興寺。這個時期禪宗的情況是:

> 能大師滅後二十年中,曹溪頓旨沉廢於荊吳,嵩嶽漸
> 門熾盛於秦洛。普寂禪師,秀弟子也,謬稱七祖,二京法
> 主,三帝門師,朝臣歸崇,敕使監衛,雄雄若是,誰敢當
> 衝?嶺南宗旨,甘從毀滅。　　　　　　(宗密《慧能神會略傳》)

這説得雖然過分一些,不過當時神秀一系聲勢烜赫卻是
事實。神會堅決站在慧能一邊,於唐玄宗開元二十二年(公
元734年)正月在河南滑台大雲寺設無遮大會,大舉為南宗
爭地位。他在大會上宣稱:一,他設無遮大會,目的是為天下
學道者定宗旨,辨是非。二,菩提達磨付法傳衣,到第六代是
慧能,不是神秀,因為傳法袈裟在慧能那裏。三,因此,神秀

的弟子普寂稱自己為第七代是錯誤的。四，他還舉個旁證，說當年神秀說過，東山忍大師曾付囑，佛法在韶州；神秀也並未說自己是第六代。五，也許最重要，是說神秀一系的法門，是漸而非頓，所以不是正宗。打了這第一炮之後，到唐玄宗天寶初，他到洛陽，住荷澤寺，繼續弘揚南宗頓教，也因為時代的風氣厭漸而喜頓，於是漸漸，神秀一系的禪法冷落了，慧能一系的頓教取得獨佔法統的勝利。

天寶晚期，因為北宗人的誣陷，神會曾離開洛陽，到長江一帶寺院流轉。安祿山叛亂時又回到洛陽，因為開壇場度僧收費補充了唐朝的軍費，所以受到朝廷的尊敬。他地位更高了，所弘禪法的地位也高了，有人甚至稱為荷澤宗。

神會或荷澤宗的禪法，可以總括為知、行兩個方面。知的方面，他認為法性本來空寂，以靈知認知此本來空寂的法性，就是解脫。所以說"知之一字，眾妙之門"（宗密語）。能知即頓悟，所以不同於北宗的由定發慧，而是以慧攝定。此後南宗禪強調頓悟，走的都是這一條路。行的方面，是強調"無念"，無念就是不作意，這大概是指心離一切相，以保持空寂的法性的意思。神會著作傳世的，有《顯宗記》《荷澤神會語錄》和敦煌發現的《大乘開心顯性頓悟真宗論》等。

神會的傳法弟子，各書所載共有三十多人。據宗密所記，主要是：神會傳法如，法如傳惟忠，惟忠傳道圓，道圓傳宗密。宗密住終南山圭峰草堂寺，著作很多，有《華嚴心要法門注》《圓覺經大疏》《禪源諸詮集》《中華傳心地禪門師資承襲圖》等，人稱圭峰大師。不過宗密通曉多種經論，尤其華嚴，造詣更深（華嚴宗推為五祖），所以依九流分應該算雜家，他不只主張教、禪合一，而且認為儒、佛也可以相通。

神會死於唐肅宗上元元年（公元 760 年）五月，年九十三（一說年七十五），謚真宗大師。

（四）南陽慧忠

《六祖壇經》説慧能的嗣法弟子有四十三人，提到名字的有十幾個，其中沒有慧忠。但他事跡多，而且有法嗣，所以在後人眼裏，地位反而比在《六祖壇經》中位居第一的法海高了。他俗姓冉，越州諸暨（在今浙江）人。在慧能處學成後，住南陽白崖山黨子谷，據説在那裏傳法，四十多年沒下山。名聲大了，唐肅宗派人請他到京城，在那裏傳法十幾年，受到皇帝的禮遇，尊為國師。

《景德傳燈錄》記慧忠事跡，都是答人問。問者包括中外、僧俗和貴賤，計有西天大耳三藏、南泉、麻谷、張濆行者、唐肅宗、魚軍容、紫璘供奉等。主旨仍是破一切執著，辦法是用巧辯證明有所肯定便錯。如：

> 一日，師問紫璘供奉："佛是甚麼義？"曰："是覺義。"師曰："佛曾迷否？"曰："不曾迷。"師曰："用覺作麼？"奉無對。奉問："如何是實相？"師曰："把將虛底來。"曰："虛底不可得。"師曰："虛底尚不可得，問實相作麼？"

這是正面説。有時不正面説，如：

> 帝（肅宗）又問：「如何是十身調禦？」師乃起立曰：
> 「會麼？」帝曰：「不會。」師曰：「與老僧過淨瓶來。」
> 帝又曰：「如何是無諍三昧？」師曰：「檀越蹋毗盧頂上
> 行。」帝曰：「此意如何？」師曰：「莫認自己清淨法身。」

正面説自性空寂之類是玄，跑野馬，隨口亂説，恐怕目的就在於加碼，使之成為玄之又玄。據現存材料，慧能的言行還沒有越出玄的範圍，由他的高足起，大膽往外邁了一步，越境了，言行就成為更難懂。不幸而此風越颳越大，不久之後，出言不奇，舉止不怪，似乎就不成其為禪僧了。

慧忠的嗣法弟子，《五燈會元》收吉州耽源山應真禪師一人，可見不久就門庭式微了。

慧忠死於唐代宗大曆十年（公元 775 年），謚大證禪師。

（五）永嘉玄覺

玄覺，《六祖壇經・機緣》篇提到他，説他俗姓戴，溫州（在今浙江）人。兒童時期出家，讀經論不少，深通天台止觀法門。經慧能的弟子玄策介紹，到曹溪見慧能。與慧能的一段談話希有，像是弟子佔了上風：

> 覺遂同策來參，繞師三匝，振錫而立。師（慧能）
> 曰：「夫沙門者具三千威儀，八萬細行，大德自何方而
> 來，生大我慢？」覺曰：「生死事大，無常迅速。」師曰：

"何不體取無生了無速乎？"曰："體即無生，了本無速。"
師曰："如是如是。"玄覺方具威儀禮拜。須臾告辭，師
曰："返太速乎？"曰："本自非動，豈有速耶？"師曰：
"誰知非動？"曰："仁者自生分別。"師曰："汝甚得無
生之意。"曰："無生豈有意耶？"師曰："無意誰當分
別？"曰："分別亦非意。"師曰："善哉！"少留一宿，
時謂"一宿覺"。

玄覺有大名，還因為他有講禪法的著作，是《永嘉集》和
《證道歌》。他死於唐玄宗先天二年（即開元元年，公元 713
年）十月，比慧能晚死兩個多月。諡無相大師。禪宗典籍沒有
提他的嗣法弟子；只是傳說他有個女弟子，溫州淨居寺比丘尼
玄機，就是與雪峰義存對話，說"寸絲不掛"的那一位（《五
燈會元》說她是慧能的弟子，《景德傳燈錄》未收）。

5.5.4 下傳弟子舉要

這裏所謂下傳，是由再傳起，到建立宗派為止。時間長，
世代多，人數更多，介紹，以人為綱，不能不掛一漏萬。想只
舉十八位，分作兩組。前一組十二位，是宗派的直系祖先。其
中少數事跡並不顯赫，如龍潭崇信，但既然有了騰達的子孫，
也就可以父因子貴了。後一組六位，是子孫沒有建立宗派的，
但造詣深，事跡顯赫，講禪宗歷史就不能不提一提。這後一
組，選拔比較難，因為夠格的人太多，為篇幅所限，只能舉一

點點，算作舉例。又為了表明傳承關係，以慧能為一世，標明每個人的世次。

第一組

（一）馬祖道一（三世）

他是慧能弟子南嶽懷讓的嗣法弟子，俗姓馬，漢州什邡縣（在今四川）人。在南宗的禪師裏，也許他天分最高，成就最大，所以《六祖壇經·機緣》篇有個懸記，説："西天般若多羅讖，汝（指懷讓）足下出一馬駒，踏殺天下人。"後來他在江西洪州弘法，果然門徒很多，《景德傳燈錄》説"入室弟子一百三十九人，各為一方宗主，轉化無窮"。因為門徒多，聲勢大，為了表示特別尊崇，稱他為"祖"（慧能以後，沒有另外的人得這個尊號），前加姓，稱為馬祖（習慣也加姓的還有鄧隱峰和陳蒲鞋）。他的禪法仍然是慧能一路，能認識本來清淨的自性就是佛。可是常識的雜念會污染，妨礙頓悟，所以要用各種方法破。他説"即心是佛"，又説"非心非佛"，並用打、喝、豎拂、畫地等辦法啟示，目的都是去污染而顯自性。他的教法由平實而趨向奇峭，有特點，對後來有大影響，人稱為洪州宗。著名的嗣法弟子有百丈懷海、南泉普願、西堂智藏等。他死於唐德宗貞元四年（公元788年），年八十，後追諡為大寂禪師。

（二）百丈懷海（四世）

懷海，俗姓王，福州長樂（在今福建）人。從小出家，看了不少經論。後到洪州馬祖處參學，得到馬祖的印可。馬祖死後，他在洪州百丈山（亦名大雄山）弘法，門徒很多。他的禪法，自己説是"心性無染，本自圓成，但離妄緣，即如如佛"，所以要"一切諸法並皆放卻，莫記，莫憶，莫緣，莫念"。他的事跡，有兩件最出名。一件是卷席（坐具）的公案："馬祖升堂（為徒眾講禪法），眾才集，師（懷海）出，卷卻席。祖便下座。"這是表示，妙法應該離開語言文字。另一件是他創立了共勞共食、清靜修持的禪林制度，就是後來流傳的《百丈清規》（非原本）。著名的嗣法弟子有溈山靈祐（溈仰宗的創立者）、黃檗希運和長慶大安等。他死於唐憲宗元和九年（公元 814 年），年九十五，謚大智禪師。

（三）黃檗希運（五世）

希運，不知道俗姓甚麼，福州（在今福建）人。幼年在本州黃檗山出家。雲遊，曾到長安。後到江西，時馬祖已死，參百丈懷海。懷海很器重他，《景德傳燈錄》記載：

> （百）丈一日問師（希運）："甚麼處去來？"曰："大雄山下採菌子來。"丈曰："還見大蟲麼？"師便作虎聲。丈拈斧作斫勢，師即打丈一摑。丈吟吟而笑，便歸。（丈）上堂曰："大雄山下有一大蟲，汝等諸人也須好看。百丈老漢今日親遭一口。"

這是稱許他為"大雄"。以後他到洪州、鍾陵、宛陵等地弘法，受到大官（官至同中書門下平章事）裴休的尊重，裴休並集他的言論為《傳心法要》。他的禪法仍是"即心是佛"一路，只是教法更趨奇峭，如一日上堂，對大眾只說了一句"汝等諸人欲何所求"，就"以拄杖趁（驅逐）之"，又如有人問"如何是西來意"，他便打，都開了後來的多用棒喝之風。他的傳世著作還有《宛陵錄》，其中甚至說"達摩西來無風起浪，世尊拈花一場敗缺"，發揮"心"外皆不要的意思更加突出。著名的嗣法弟子有臨濟義玄（臨濟宗的創立者）、睦州道明（多稱為陳蒲鞋或陳尊宿）、千頃楚南等。他死於唐宣宗大中年間（公元 847 年 – 公元 859 年），謚斷際禪師。

（四）石頭希遷（三世）

希遷是青原行思的弟子，俗姓陳，端州高要（在今廣東）人。曾在六祖慧能處求法，慧能死後參行思。後住衡山南寺，在寺東一平闊石頭上結庵，所以人稱石頭和尚。禪法的主旨仍然是清淨的本心至上。如何能識此湛然圓滿的本心？他的教法是破知見，如僧問："如何是解脫？"他答："誰縛汝？"問："如何是淨土？"他答："誰垢汝？"問："如何是涅槃？"他答："誰將生死與汝？"門徒不少，著名的嗣法弟子有藥山惟儼（下傳為曹洞宗）、天皇道悟（下傳為雲門宗、法眼宗）、丹霞天然（即燒木佛的那一位）、大顛寶通（傳說韓愈曾向他請教）等。希遷死於唐德宗貞元六年（公元 790 年），年九十一，謚無際大師。

（五）藥山惟儼（四世）

惟儼俗姓韓，絳州（在今山西）人。十七歲出家，讀經論不少。據說他先參石頭希遷，不契，到馬祖處才悟道。又回到希遷處。有一次，他在石上坐，希遷問他在做甚麼，他說：
"一物不為。"希遷說："恁麼即閒坐也。"他說："若閒坐即
為也。"又一次，希遷說"言語動用沒交涉"，他說："非言
語動用亦沒交涉。"可謂後來居上，所以希遷印可他。其後他
到澧州藥山傳法，門徒很多。教旨還是自性具足，不假外求。
教法也是用各種奇峭法破，如給大眾講禪法，說："我有一句
子，待特牛（雄牛）生兒，即向你說。"還有一次他看經，有
僧問："和尚尋常不許人看經，為甚麼卻自看？"他說："我只
圖遮眼。"傳說李翱曾問他如何是道，他以手指上下，李翱不
懂，他說："雲在青天水在瓶。"又問他如何是戒定慧，他答：
"貧道這裏無此閒家具。"著名的嗣法弟子有雲岩曇晟（下傳
為曹洞宗）、道吾宗智、船子德誠（終年住船上）等。他死於
唐文宗太和八年（公元 834 年），年八十四，諡弘道大師。

（六）雲岩曇晟（五世）

曇晟俗姓王，鍾陵建昌（在今江西）人。年少出家，在百
丈懷海處二十年，不能悟道，改到藥山惟儼處參學。惟儼問他
懷海說甚麼法，他說："有時上堂，大眾立定，以拄杖一時趁
散。復召大眾，眾回首，丈曰：'是甚麼？'"惟儼說："何不
早恁麼道？今日因子得見海兄。"於是曇晟頓悟。這是南宗禪
中常見的離奇，想當是故神其說。其後在潭州雲岩弘法，事跡
不很多，門下卻出了個大名人，洞山良价（讀 jiè），良价傳曹
山本寂，共同創立了曹洞宗。曇晟死於唐武宗會昌元年（公元
841 年），年六十，諡無住大師。

（七）天皇道悟（四世）

道悟是石頭希遷的弟子，俗姓張，婺州東陽（在今浙江）人。十四歲堅決出家，在杭州竹林寺受戒。曾參馬祖，後參希遷。學成後到紫陵山，其後住荊州城東天皇寺弘法。嗣法弟子為龍潭崇信（下傳為雲門宗、法眼宗）。他死於唐憲宗元和二年（公元 807 年），年六十。

據考證，這個傳法譜系是錯的。下傳龍潭崇信的是荊州城西天王寺的道悟。他俗姓崔，渚宮（在今湖北）人，是馬祖的弟子。他死於元和三年，年八十二，比天皇寺的道悟約大二十歲。如果是這樣，那禪宗的五宗二派，除了曹洞宗出於青原行思以外，就都出於南嶽懷讓（或說出於馬祖）了。可是積非成是，雲門宗、法眼宗由天皇道悟下傳的說法流傳太久了，連他們的兒孫也這樣說，改變相當難，所以這裏仍是從舊說。

（八）龍潭崇信（五世）

崇信，不知俗姓甚麼，渚宮（在今湖北）人。生在貧家，賣餅。依天皇（王）道悟出家。曾求老師指示心要，老師告訴他：「見則直下便見，擬思即差。」又問如何保任，老師告訴他：「任性逍遙，隨緣放曠，但盡凡心，別無聖解。」似乎都說得過於輕易。後在澧州龍潭弘法，嗣法弟子出個著名禪師，德山宣鑒（下傳為雲門宗、法眼宗）。

（九）德山宣鑒（六世）

宣鑒俗姓周，簡州（在今四川）人。幼年出家，熟悉經論。能講《金剛經》，人稱周金剛。先是重知見，聽說南宗禪主張直指人心，見性成佛，很氣憤，想駁倒他們。由四川到澧州，遇見個賣餅婆子。他想買餅點（動詞）心，婆子引《金剛經》中"過去心不可得，現在心不可得，未來心不可得"的話，問他點哪個心。他吃了當頭一棒，於是到龍潭崇信那裏求法。有一次，天黑了，他從崇信那裏出去又回來，説外面黑，崇信點個燭給他，他剛去接，崇信把燭吹滅，他悟了，便禮拜。推想是領悟明不在外、即心是佛的道理。崇信印可他，並且稱讚説："可中有個漢，牙如劍樹，口似血盆，一棒打不回頭，他時向孤峰頂上，立吾道去在。"他住澧陽三十年，唐武宗滅法時期逃到獨浮山，後來武陵太守請他主持德山精舍。他的教法很特別，是"道得也三十棒，道不得也三十棒"，就是"打"，所以有"臨濟喝，德山棒"的説法。打，目的是用更直截了當的方法破執。這種精神也表現在他的言論上，最有名的是："達磨是老臊胡，釋迦老子是乾屎橛，文殊普賢是擔屎漢，等覺妙覺是破執凡夫，菩提涅槃是繫驢橛，十二分教是鬼神簿、拭瘡疣紙，四果三賢、初心十地是守古塚鬼，自救不了。"否定心外的一切，自然就成為自性清淨的心至上。他門徒很多，著名的嗣法弟子有雪峰義存（下傳為曹洞宗、法眼宗）、巖頭全奯等。他死於唐懿宗咸通六年（公元 865 年），年八十六，謚見性禪師。

（十）雪峰義存（七世）

義存俗姓曾，泉州南安（在今福建）人。從幼喜歡佛，十七歲出家。在德山宣鑒處學成後，到閩中象骨山雪峰弘法。

教法除打之外，還用輥木球等離奇的言行。如有人問："古人道，覿面相呈時如何？"他答："是。"又問："如何是覿面相呈？"他說："蒼天！蒼天！"又如他南遊時遇見黃涅槃，黃向他說"曾郎萬福"，他下轎作丈夫拜，黃作女人拜。他問："莫是女人麼？"黃又作兩拜，然後用竹策畫地，向右繞轎三周，他說："某甲三界內人，你三界外人，你前去，某甲後來。"這樣離奇也有所謂，他自己說："我若東道西道，汝則尋言逐句；我若羚羊掛角，汝向甚麼處捫摸？"這就是以不明白求明白。他門徒很多，著名的嗣法弟子有雲門文偃（雲門宗的創立者）、玄沙師備（下傳為法眼宗）、長慶慧棱、保福從展、鼓山神晏等。他死於後梁太祖開平二年（公元 908 年），年八十七。

（十一）玄沙師備（八世）

師備俗姓謝，福州閩縣（在今福建）人。大概是個闊公子，年輕時候划船釣魚。三十歲忽然發奇想，出了家。在雪峰義存處參學。後來住梅溪場普應院，遷玄沙山，受到當地大官的尊重。門徒很多，據說超過八百。教法雖然也是以離奇言行破執一路，但有時近於常情，出語在可解不可解之間。如人問："如何是親切底事？"他答："我是謝三郎。"又如他同韋監軍一起吃果子，韋問："如何是日用而不知？"他拿起果子說"吃"。都吃完了，韋又問，他說："只這是日用而不知。"這都比較容易參。著名的嗣法弟子有羅漢桂琛（下傳為法眼宗）、安國慧球、天龍重機等。他也死於後梁開平二年，年七十四。

（十二）羅漢桂琛（九世）

桂琛俗姓李，常山（在今河北）人。成年後出家，先持戒律，不滿足，説"持戒但律身而已，非真解脱"。於是南遊，先謁雪峰義存，後到玄沙，受到師備的印可，甚至慨嘆"盡大地覓一個會佛法底人不可得"。後來住羅漢院弘法。教法的特點是以駁斥破常見。如有僧問："如何是羅漢一句？"他答："我若向汝道，便成兩句也。"又如有僧從保福來，他問那裏佛法如何，那僧説："塞卻你眼，教你覷不見；塞卻你耳，教你聽不聞；坐卻你意，教你分別不得。"他説："吾問你，不塞你眼，見個甚麼？不塞你耳，聞個甚麼？不坐你意，作麼生分別？"這是用"不斷百思想"駁斥斷思想。著名的嗣法弟子有清涼文益（法眼宗的創立者）、清溪洪進等。他死於後唐明宗天成三年（公元 928 年），年六十二，諡真應禪師。

第二組

（一）南泉普願（四世）

普願是馬祖的弟子，俗姓王，鄭州新鄭（在今河南）人。出家後研習各種經論，後從馬祖學禪法。可能住了很長時期，然後到池州南泉山弘法，受到大官陸亘的供養。教法比他老師更趨奇峭。如有一次，他和歸宗智常、麻谷寶徹（皆馬祖弟子）一同去參謁南陽慧忠國師，路上，他在地上畫一圓相（圓形），説："道得（能解釋明白）即去。"智常走到圓相裏坐下，寶徹作女人拜。他説："恁麼則不去也。"現在看，都像是瘋瘋癲癲。他的事跡，一是與水牯牛有關，他一次說：「王老師（自稱）自小養一頭水牯牛，擬向溪東牧，不免食他國王水草；擬向溪西牧，亦不免食他國王水草。」又死前人問：「和尚百年後向甚麼處去？」他答：「山下作一頭水牯牛去。」更顯赫的事跡是斬貓：「師（普願）因東西兩堂爭貓兒，師遇之，白眾曰：『道得即救取貓兒，道不得即斬卻也。』眾無對，師便斬之。」這比呵佛罵祖厲害多了，因為犯了第一大戒的殺戒。禪僧自馬祖以後，經常是這樣奇奇怪怪。普願弟子不少，其中著名的有趙州從諗、長沙景岑、鄂州茱萸（山）和尚等。他死於唐文宗太和八年（公元 834 年），年八十七。

（二）趙州從諗（五世）

從諗的子孫沒有立宗，可是他名氣大，提起趙州和尚，幾乎是無人不知，無人不曉。他俗姓郝，曹州郝鄉（在今山東）人。幼年在本州出家，不久就南去，參謁南泉普願。學到南宗禪的奇峭，憑藉自己的聰明，更往前發展。如在普願處，普願教他：「今時人，須向異類中行（指作一頭水牯牛去）始得。」他說：「異即不問，如何是類？」普願以兩手拓地，他把普願踏倒。以後大部分時間住趙州觀音院，弘揚禪法。言行幾乎都是超常的，如說：「佛是煩惱，煩惱是佛。」有一次，他與人遊園，一個兔子起來逃了，人問：「和尚是大善知識，兔見為甚麼走？」他說：「老僧好殺。」又一次，有人問他：「承聞和尚親見南泉，是否？」他說：「鎮州出大蘿蔔頭。」還有人問他：「萬法歸一，一歸何所？」他說：「老僧在青州作得一領布衫,重七斤。"還有一次,人問他姓甚麼,他答"常州";問多大歲數,他答"蘇州"。這些是言的花樣。還有行的,最突出的一次是有尼問:"如何是密密意(佛法最深意)?"他用手掐尼一下。尼説:"和尚猶有這個在。"他説:"卻是你有這個在。""這個"指甚麼?似指俗意,那就太那個了。他的機鋒,最著名的是答人問:"如何是祖師西來意?"他説:"庭前柏樹子。"也許就因為他有這句話,所以有人問他:"柏樹子還有佛性也無?"他説:"有。"可是另一次,有人問:"狗子還有佛性也無?"他説:"無。"總之,禪自馬祖以後,言行越來越遠離常識,趙州和尚可為北地的突出的代表。嗣法弟子有嚴陽善信、光孝慧覺等。從諗死於唐昭宗乾寧四年(公元897年),傳説活了一百二十歲,後諡真際大師。

(三)丹霞天然(四世)

天然是石頭希遷的弟子,姓名生地都不明。原是個讀書人,到長安去投考,聽一個學佛的人説,求官不如求佛,於是到江西去謁馬祖,馬祖指點他去找希遷。學了三年,又見馬祖,因為騎在聖僧(禪堂中的尊者像)脖子上,受到馬祖的印可。後到洛陽,住慧林寺。冬天冷,燒木佛取暖,院主斥責他,他説:"吾燒取舍利。"院主説:"木佛何有舍利?"他説:"既無舍利,更取兩尊燒。"這就是著名的丹霞燒木佛的公案,其意義是除己心之外皆摒棄。以後在南陽丹霞山弘法,據説門徒有三百多。嗣法弟子有翠微無學、孝義性空等。他死於唐穆宗長慶四年(公元824年),年八十六,諡智通禪師。

（四）石霜慶諸（六世）

慶諸是道吾宗智的弟子，藥山惟儼的徒孫。他俗姓陳，廬陵新淦（在今江西）人。出家後曾到洛陽學律，不滿足，回南方，先參溈山靈祐，後參道吾宗智。宗智死前說："我心中有一物，久而為患，誰能為我除之？"他說："心物俱非，除之益患。"得到宗智的印可。還有一次，聽人轉述洞山良价的話："秋初夏末，兄弟或東去西去，直須向萬里無寸草處去。"並問這樣的地方怎麼去，沒有人答話，他說："何不道出門便是草？"良价聽說，稱讚"此是一千五百人善知識語"。他的機鋒有時用詩句，如人問"如何是佛法大意"，他說："落花隨水去。"又問這是甚麼意思，他說："脩竹引風來。"他住潭州石霜山，受到大官裴休的崇敬。他的禪法大概還重視靜坐，據說他的弟子有長坐不臥、形如枯木的。嗣法弟子有大光居誨、九峰道虔、覆船洪薦等。他死於唐僖宗光啟四年（公元888年），年八十二，謚普會大師。

（五）夾山善會（六世）

善會是船子德誠的弟子，也是藥山惟儼的徒孫。他俗姓廖，廣州峴亭（在今廣東）人。幼年出家，熟悉經論。在潤州講經，用常語，受到道吾宗智的恥笑。由宗智指點，到秀州華亭去參船子和尚。被船子和尚打下水兩次，悟了"竿頭絲線從君弄，不犯清波意自殊"的道理。後住澧州夾山弘法。教法是正面敘說和機鋒兼用。總的精神仍是南宗禪的破，如說："有祖以來，時人錯會，相承至今，以佛祖言句為人師範。若或如此，卻成狂人。""大藏教是老僧坐具，祖師玄旨是破草鞋，寧可赤腳不著最好。"都是此類。嗣法弟子有洛浦元安、逍遙懷忠、黃山月輪等。他死於唐僖宗中和元年（公元 881 年），年七十七，諡傳明大師。

（六）投子大同（六世）

大同是翠微無學的弟子，丹霞天然的徒孫。他俗姓劉，舒州懷寧（在今安徽）人。幼年出家，先學其他經論。後參無學，問："二祖初見達磨有何所得？"無學說："汝今見吾，復何所得？"他"頓悟玄旨"，這玄旨大概就是，無得（空）才是真得。其後在本州投子山弘法，《景德傳燈錄》說他"居投子山三十餘載，往來激發，請益者常盈於室。師縱之以無畏辯，隨問遽答，啐啄同時，微言頗多。"可注意的是，他的答語有時在直說與機鋒之間，如人問："牛頭未見四祖時如何？"他答："與人為師。"又問："見後如何？"他答："不與人為師。"人問："和尚出世當為何事？"他說："尹司空請老僧開堂。"人問："師子是獸中之王，為甚麼被六塵吞？"他答："不作大，無人我。"像這樣離常識不很遠的話，趙州和尚就很少說。據說門徒有三百多，嗣法弟子有投子感溫、觀音岩俊等。他死於後梁太祖乾化四年（公元 914 年），年九十六，諡慈濟大師。

5.6
立宗分派

　　六祖慧能生於唐太宗貞觀十二年（公元 638 年），死於
唐玄宗先天二年，即開元元年（公元 713 年），是唐朝早期的
人物。神會生於唐高宗總章元年（公元 668 年），死於唐肅宗
上元元年（公元 760 年），是唐朝前期的人物。這二位創立南
宗，很像李淵和李世民的建立唐朝：起兵是前一位，打平天下
卻靠後一位。滑台無遮大會，神會一舉擊敗北宗漸教，從此南
宗頓教成為正統，並迅速佔領了全國的名山大寺。出家人多，
披剃之後幾乎都成為禪僧。人多勢眾，於是同政場的情況一
樣，佔地大，子民多，兵強糧足，就不能不想到開國，稱王稱
帝。就禪宗說，這種形勢是唐朝晚期形成的，而且很奇怪，是
在會昌法難之後，可見時代風氣的積重難返。總之，為了標榜
師徒的傳承關係，為了宣揚禪法正，信徒多，聲勢大，獨樹一
幟，或自封，或道聽途說，宗和派就陸續出現了。

　　不同的宗派，其間沒有教義的分歧，因為都是求頓悟，
求解脫。區別，可以說有名有實。名是教法，如臨濟宗有三玄
三要、四料簡之類，雲門宗有函蓋乾坤、截斷眾流、隨波逐浪
三句和一字關之類，黃龍派有黃龍三關之類。稱為“名”，因
為特點的重要性並不像說的那樣大。實是禪林傳傳承關係：如
石霜楚圓出於汾陽善昭，善昭出於首山省念，省念出於風穴延
沼，延沼出於南院慧顒，慧顒出於興化存獎，存獎出於臨濟義

玄（臨濟宗的創立者），都是有案可查的。這名和實的分別，各宗派中人都很重視，甚至都很自炫，稱為"家風"。

　　講禪宗內宗派的情況，我們只好從舊說，承認各有各的家風。這舊說，範圍可以廣，連神會（荷澤宗）、馬祖（洪州宗）也算。不過一般是不計早期的荷澤和洪州，而從潙仰宗算起。一共是五宗加兩派（潙仰宗，臨濟宗，曹洞宗，雲門宗，法眼宗，楊岐派，黃龍派），時間由唐朝晚期到北宋中朝（指創立，不包括流傳）。傳授和創立的情況，見下面的圖表：

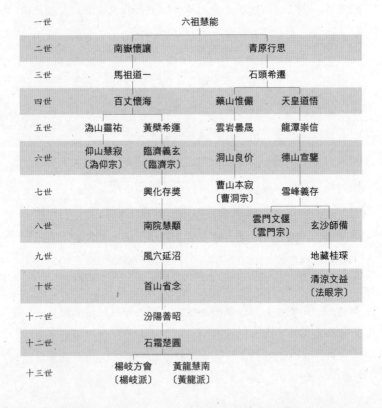

一世			六祖慧能		
二世		南嶽懷讓		青原行思	
三世		馬祖道一		石頭希遷	
四世		百丈懷海	藥山惟儼		天皇道悟
五世	潙山靈祐	黃檗希運	雲岩曇晟		龍潭崇信
六世	仰山慧寂〔潙仰宗〕	臨濟義玄〔臨濟宗〕	洞山良价		德山宣鑒
七世		興化存獎	曹山本寂〔曹洞宗〕	雪峰義存	
八世		南院慧顒	雲門文偃〔雲門宗〕		玄沙師備
九世		風穴延沼			地藏桂琛
十世		首山省念			清涼文益〔法眼宗〕
十一世		汾陽善昭			
十二世		石霜楚圓			
十三世	楊岐方會〔楊岐派〕	黃龍慧南〔黃龍派〕			

5.6.1 為仰宗

由靈祐和慧寂師徒二人創立，因為靈祐住潭州為山，慧寂住袁州仰山，所以稱為仰宗。

靈祐俗姓趙，福州長溪（在今福建）人。十五歲出家，讀各種經論。後到江西參百丈懷海。有一次，懷海讓他撥爐灰，看有火沒有，他撥後説沒有，懷海往深處撥，找到火星，責備他説沒有，於是大悟。後到為山，在艱苦的條件下修持弘法，中間還經過會昌法難，始終不變宿願，受到大官裴休等的崇敬。所住同慶寺，僧眾多到一千五百人。教法直説少，大多是用機鋒破，因為他主張"無心是道"，"但情不附物即得"。機鋒，少數是不很離奇的，如弟子慧寂問"如何是祖師西來意"，他指著燈籠説："大好燈籠。"取意大概是照明。但多數是迷離恍惚，如他在室內坐，慧寂進來，他交叉兩手給慧寂看，慧寂作女人拜，他説："如是，如是。"這就費解了。嗣法弟子，除仰山慧寂以外，還有香岩智閒（就是説"今年貧，錐也無"那一位）、徑山洪諲、靈雲志勤（見桃花悟道的那一位）等。他死於唐宣宗大中七年（公元 853 年），年八十三，諡大圓禪師。

慧寂俗姓葉，韶州懷化（在今廣東）人。篤信佛法，剛成年時想出家，父母不許，斷兩個手指表示決心，才出了家。先謁耽源應真（南陽慧忠的弟子），應真給他九十七圓相的圖本，説是六代祖師所傳，他看一遍就燒了。應真責問他，他説："但用得，不可執本也。"後參潙山靈祐，靈祐問他是有主沙彌還是無主沙彌，他説："有主。"問主在哪裏，他從西邊走到東邊（想是表示自己是主），得到靈祐的印可。他很長時候在靈祐處，師徒間以機鋒明體用，今天看來好像有意鬥法。其後離開潙山，先後住王莽山、仰山、觀音山弘法，門徒很多。他接引後學的方法仍是明自性，所以説："汝等諸人，各自迴光返照，莫記吾言。""所以假設方便，奪汝粗識，如將黃葉止啼，有甚麼是處？這是連自己的開示語也破了。因為不信語言，所以要借助於機鋒（無言內意），奇怪舉止（打、喝、作女人拜等）以及畫圓相（有時圓相內還寫佛、卐等）之類。看來他是聰明過人的人，所以傳世的言行顯得奇峭流利。嗣法弟子有西塔光穆、南塔光涌等。他死於唐僖宗中和三年（公元 883 年），年七十七，謚智通禪師。

潙仰宗的家風，宋智昭《人天眼目》説是"父慈子孝，上令下從"，大概是細密親切之意。這比較抽象，想是時代靠前，還缺少制禮作樂的經驗。但也因此而造作氣較少。

潙仰宗立宗早，衰亡也早，只傳了三四代，一百多年，就無聲無臭了。

5.6.2 臨濟宗

由鎮州臨濟院義玄創立。義玄俗姓邢，曹州南華（在今山東）人。出家後先學律及各種經論。後到黃檗希運處參學，問佛法大意三次，捱三次打。得希運指點，去問高安大愚（馬祖的徒孫），大愚告訴他這是“老婆心切”（極愛撫），他言下大悟。大概是在希運處學來直截痛快的作風，打喝之類的辦法，到鎮州臨濟院以後，總是以這種作風和辦法接引後學。如見僧來，他舉起拂子，僧禮拜，他便打；又有僧來，他舉起拂子，僧不看，他也打；又有僧來參，他舉起拂子，僧說“謝和尚指示”，他還是打。又如他應機多用喝，門徒也學著用喝，他說：“汝等總學我喝，我今問汝，有一人從東堂出，一人從西堂出，兩個齊喝一聲，這裏分得賓主麼？汝且作麼生分？若分不得，已後不得學老僧喝。”打喝之外，出言也常常過於離奇古怪，如說：“諸方火葬，我這裏活埋。”“有一人論劫在途中，不離家舍；有一人離家舍，不在途中。”這是想用反常的話破常識的知見。嗣法弟子有興化存獎（下傳為楊岐派和黃龍派）、寶壽沼禪師、三聖慧然、魏府大覺等。他死於唐懿宗咸通八年（公元 867 年），謚慧照禪師。

　　臨濟宗的家風比較容易説，因為教法有具體措施。這是三玄三要、四料簡、四賓主和四照用等。三玄（妙意）是玄中玄、體中玄和句中玄，他自己説：“大凡演唱宗乘，一句中須具三玄門，一玄門須具三要（要點），有權有實，有照有用。”四料簡是：有時奪（不存）人不奪境，有時奪境不奪人，有時人境兩俱奪，有時人境俱不奪。四賓主是：主中主，賓中主，主中賓，賓中賓。四照用是：先照（屬於知見）後用（屬於行），先用後照，照用同時，照用不同時。此外，喝也有講究，他説：“有時一喝如金剛王寶劍，有時一喝如踞地師子，有時一喝如探竿影草，有時一喝不作一喝用。"除喝以外，似乎都是按性質和作用的不同給機鋒分的類。由具體言行方面看，臨濟宗的風格是當機立斷，雷屬風行，所以禪門有"臨濟將軍，曹洞土民"的說法。

這將軍的家風在流行繁衍方面真就佔了上風。禪門五宗，宋以後只剩下它和曹洞，可是形勢是"臨天下，曹一角"，寺院幾乎都成為禪林，禪林幾乎都成為臨濟。因為子孫多，佔地廣，時間長，傳承的情況很複雜。大致說，到北宋中年，石霜楚圓之後分為楊岐派和黃龍派；以後楊岐派興盛，恢復臨濟舊名，下傳，歷代都出了不少著名的禪僧，如五祖（山）法演、佛果克勤、大慧宗杲（倡看話禪，反對默照禪）、高峰原妙、天目明本、天童圓悟、磬山圓修、玉林通琇（順治皇帝的老師）、法忍本心等。

5.6.3 曹洞宗

由良价和本寂師徒二人創立，因為良价住瑞州洞山，本寂住撫州曹山，所以稱曹洞宗。不稱洞曹而稱曹洞，大概是圖說著順口，聽著順耳。（一說曹是曹溪之意。）

良价俗姓俞，會稽諸暨（在今浙江）人。據說小時候從師念《心經》，念到"無眼耳鼻舌身意"，他問老師，他有眼耳鼻舌等，為甚麼經說沒有，老師覺得沒本事教他，讓他去參謁別人。曾參南泉普願、溈山靈祐，靈祐指點他去見雲岩曇晟。聽曇晟引經語說，"水鳥樹林，悉皆念佛念法"，有所得，後因見水中己影，才頓悟"只這是"的妙理。其後到洞山弘法，創五位君臣等說法，接引徒眾。他著重啟發，但也強調自力，如人問他為甚麼為先師設齋，他說："我不重先師道德佛法，只重他不為我說破。"人問他對先師的話是否都信，他說："半肯半不肯。"問："為甚麼不全肯？"他說："若全肯，即孤負先師也。"這可以代表南宗禪的重內證輕外緣的精神。看來他是知識分子出身，所以喜歡用世俗的詩體作偈頌，如："淨洗濃妝為阿誰，子規聲裏勸人歸。百花落盡啼無盡，更向亂峰深處啼。""枯木花開劫外春，倒騎玉象趁麒麟。而今高隱千峰外，月皎風清好日辰。"如果不看作表禪境的隱語，說是李商隱式的抒情詩也會有人信。著有《玄中銘》《五位君臣頌》等。嗣法弟子，除本寂外，還有雲居道膺、疏山匡仁、青林師虔等。他死於唐懿宗咸通十年（公元 869 年），年六十三。死前還有個離奇故事：他預知死期，作剃髮、澡身等準備後，"聲鐘辭眾，儼然坐化"。大眾慟哭不止，他睜開眼說："出家人心不附物，是真修行。勞生惜死，哀悲何益？"於是讓主事僧辦愚痴齋，又教化七天，才"端坐長往"。如果他"心不附物"的說教是真，那他就可說是真破了生死關，不愧為宗派的創立者了。謚悟本禪師。

　　本寂俗姓黃，泉州莆田（在今福建）人。先讀儒書，後出家，參良价。幾年後辭去，良价問他到哪裏去，他說："不變異處去。"良价說："不變異處豈有去邪？"他說："去亦不變異。"可見已經學會了禪門慣用的思辨方術。離開洞山以後，他先到曹溪拜六祖塔。然後到吉水弘法，改所住山名為曹山。教法，除了用離奇的機鋒破知見，守師説，講五位君臣等之外，還發展了畫圓相的花樣。計有五種，是：◐，◑，◉，○，●。每一種用五言絕句的偈頌來解釋，如最後一種是："渾然藏理事，朕兆卒難明。威音王未曉，彌勒豈惺惺。"這就不只離奇，而是有些神秘了。本寂聰慧，有學問，所以能弘揚良价立宗的大業（其後下傳，主要靠雲居道膺一系）。他還注過寒山的詩。嗣法弟子有洞山道延、金峰從志、鹿門處真等。他死於後唐莊宗天復元年（公元 901 年），年六十二，謚元證禪師。

曹洞宗的家風，重要的是五位説。五位有四種：正偏五位，功勳五位，君臣五位，王子五位。以正偏五位為例，它包括：正中偏，偏中正，正中來，兼中至，兼中到，共五種。本寂解釋正偏的意義是：正是體，是空，是理；偏是用，是色，是事。正中偏是背理就事，從體起用；偏中正是捨事入理，攝用歸體；兼是正偏兼帶，理事混融。總之是又乞援於繁瑣名相的辨析了。但教法總的精神是因事顯理，由相見真，辦法是耳提面命，還是走細密親切這條路的。

曹洞宗下傳，雖然聲勢不大，時間卻很長。這主要是良价弟子道膺的功勞。道膺俗姓王，幽州玉田（在今河北）人。參良价，得道後在洪州雲居山弘法，門徒很多。他這一系下傳，一直綿延到清末，其間著名的禪師有太陽警玄、天童正覺（提倡默照禪）、長蘆清了、天童如淨、萬松行秀、廩山常忠、少室常潤等。

5.6.4 雲門宗

由文偃創立，因為文偃住韶州雲門山，所以稱雲門宗。文偃俗姓張，蘇州嘉興（在今浙江）人。幼年出家，曾參謁睦州陳蒲鞋，陳讓他去參雪峰義存，得到義存的印可。後遊疏山、曹山、天童等處，受到靈樹如敏（百丈懷海的徒孫）的敬重。最後到雲門山光泰禪院弘法，門徒很多。教法重在以簡捷明快的語句破知見。如人問：“如何是佛？”他說：“佛是乾屎橛。”他還說：“（世尊初生下，一手指天，一手指地云云）我當時若見，一棒打殺與狗子吃，卻貴圖天下太平。”對於參禪修持，他說：“除卻著衣吃飯，屙屎送尿，更有甚麼事？無端起得如許多般妄想作甚麼！”答人問，更常用的辦法是簡而不著邊際，如人問：“如何是雲門劍？”他說：“祖。”問：“如何是正法眼？”他說：“普。”問：“殺佛殺祖向甚麼處懺悔？”他說：“露。”有時還答得更離奇，如人問：“如何是佛法大意？”他說：“面南看北斗。”這都可以表現，禪宗到立宗分派以後，接引方法幾乎都是用力破，這也難怪，因為立的方面是“不可說”。嗣法弟子有白雲子祥、德山緣密、香林澄遠等。文偃死於五代南漢中宗（劉晟）乾和七年（公元 949 年），年八十六，諡弘明禪師。

雲門宗的家風，總的精神是簡捷明快，以快刀斬葛藤，明本心。辦法有所謂三句和一字關。一字關，上面已經提到。三句是：函蓋乾坤句，意思是以一句包括一切妙理；截斷眾流句,意思是以一句破盡知見;隨波逐浪句,推想是以一句相機接引。

雲門宗下傳,一直到北宋都聲勢很大,南宋時趨於衰微,後來就湮沒無聞,大約綿延了二百年。其間出了不少有名的禪師,如智門光祚、雪竇重顯(有《雪竇頌古》一百首,很有名)、延慶子榮、育王懷璉、天衣義懷、慧林宗本(宋神宗曾向他問道)、法雲法秀、靈隱契嵩(著《傳法正宗記》《鐔津文集》等,都是禪宗的重要著作)。

5.6.5 法眼宗

由文益創立,因為死後南唐中主李璟謚他為大法眼禪師,所以稱法眼宗。他俗姓魯,餘杭(在今浙江)人。七歲出家,學律,兼讀儒書。後參謁雪峰義存的弟子長慶慧棱。以後雲遊,到漳州,見到地藏桂琛。與桂琛論道,自知有欠缺,決心留下學禪法。聽桂琛說"若論佛法,一切現成",領悟了即心是佛的道理。以後到臨川崇壽院弘法,進一步發揮心是一切,不假外求的理論。既然不假外求,當然更要破心外的執著。破,常用看似無理的辦法,如有僧問:"如何是指?"他說:"月。"僧說:"學人問指,和尚為甚麼對月?"他說:"為汝問指。"又如他問人怎麼理解"毫釐有差,天地懸隔",那個人用禪門的路子答:"毫釐有差,天地懸隔。"他表示理解得不對,人家問他怎麼理解,他說:"毫釐有差,天地懸隔。"只有一次,是對南唐君主,受君命詠牡丹,他作了一首五律:

"擁毳對芳叢，由來趣不同。髮從今日白，花是去年紅。艷冶隨朝露，馨香逐晚風。何須待零落，然後始知空？"算是用常語否定了心外物。因為受到南唐國主的尊重，他先住金陵報恩院，後住清涼院，相機弘化，門徒很多。嗣法弟子有天台德韶、清涼泰欽、靈隱清聳、歸宗義柔等。他死於後周世宗顯德五年（公元 958 年），年七十四。

法眼宗的家風，特點不很明顯。它有時簡捷，近於雲門宗；有時細密，近曹洞宗。這或者是因為，明心見性是南宗禪的祖傳法門，說來說去，總難出那些常用的路數甚至話頭之外吧？

法眼宗下傳。德韶在天台山弘法，受到吳越錢氏的供養，尊為國師。德韶的弟子永明延壽是佛教史上的大名人，著《宗鏡錄》《心賦注》等書，繼續弘揚法眼宗的一切由心造的旨趣，門徒多到一千幾百人。可是此後就逐漸衰微，終於消亡了。

5.6.6 楊岐派

臨濟義玄下傳六代，到石霜楚圓。楚圓，字慈明，同北宋初的大文人楊億交好，人譽為西河師子。他弟子不少，最著名的是楊岐方會和黃龍慧南。方會住袁州楊岐山，創立楊岐派；慧南住隆興府黃龍山，創立黃龍派。

方會俗姓冷，袁州宜春（在今江西）人。先作小官，不稱職，出家，從楚圓學禪法。後在楊岐山和雲蓋山弘法，言行常常更加離奇。如上堂說："舉古人一轉公案，佈施大眾。"過一會說：“口只堪吃飯。”又如：“慈明忌辰設齋，眾才集，師於真（畫像）前以兩手捏拳安頭上，以坐具畫一畫，打一圓相，便燒香，退身三步，作女人拜。”可見教法還是臨濟宗和雲門宗的奇警一路。嗣法弟子有白雲守端、保寧仁勇等。他死於宋仁宗皇祐元年（公元 1049 年），年五十八。

楊岐派下傳，出了不少有名的禪師，如五祖（山）法演、佛果克勤（與無盡居士張商英有交往，著有《碧岩集》等）、大慧宗杲（也稱徑山宗杲，創徑山派）、虎丘紹隆（創虎丘派）等。黃龍派斷絕之後，楊岐派恢復臨濟宗的舊稱，此後臨濟宗的歷史和楊岐派的歷史就合而為一了。

5.6.7 黃龍派

慧南俗姓章，信州玉山（在今江西）人。出家，先從泐潭懷澄學雲門禪，聽臨濟宗雪峰文悅“不甘死語下”的勸告，輾轉投石霜楚圓門下。因楚圓“詬罵不已”而大悟。先後在同安崇勝禪院、廬山歸宗寺、黃龍山等地弘法。接引的辦法有時更加離奇，如說：“拂子踔跳上三十三天，扭脫帝釋鼻孔，驢唇先生拊掌大笑道：‘盡十方世界覓個識好惡的人，萬中無一。’”“半夜捉烏雞，驚起梵王睡。毗嵐風忽起，吹倒須彌山。官路無人行，私酒多人吃。當此之時，臨濟、德山開得口，張得眼，有棒有喝用不得。汝等諸人各自尋取祖業契書，莫認驢鞍橋作阿爺下頷。”都有胡扯的意味。更常用的話頭是所謂“黃龍三關”，就是先問參學的人，“人人盡有生緣，上座

（尊稱對方）生緣在何處？"其後伸手說："我手何似佛手？"
最後垂腳說："我腳何似驢腳？"他自己解釋這三關的玄義是：
"我手佛手兼舉，禪人直下薦取，不動干戈道出，當處超佛越
祖。我腳驢腳並行，步步踏著無生，會得雲收日捲，方知此道
縱橫。"這是難猜的謎語，據說三十多年"莫有契其旨"。嗣
法弟子很多，最著名的是黃龍祖心（黃庭堅尊為老師）、東林
常總（與蘇軾有交往）和寶峰克文。慧南死於宋神宗熙寧二年
（公元 1069 年），年六十八，謚普覺禪師。

　　黃龍派下傳，主要靠同年齡的三位大弟子祖心、常總和
克文。三個人法席都很盛，成為黃龍派的三支。但都不久就衰
微，臨濟宗的法脈只得由楊岐派延續了。

· ———— 5·7 ———— ·

後期情況

　　後期指元明清三朝。禪宗到宋朝，臨濟宗有楊岐派和黃
龍派支撐，楊岐派下傳，到徑山宗杲提倡看話禪，曹洞宗下傳
到天童正覺，提倡默照禪，都有不小的影響。雲門宗下傳到北
宋晚期，出了個大作家靈隱契嵩（作《傳法正宗記》《輔教篇》
等），以後就衰微了。宋以後，禪宗更成為強弩之末。這並不
是因為徒眾少，而是因為生活越來越世俗化。佛教的本旨是出
世法，生活離世俗近，當然就離教義遠了。一種宗教，因信受

奉行難而降低要求，甚至改變旨趣，不管怎樣用巧妙的言辭迴護，衰微以至消亡的危險總是難免的。

（一）元代

開國以前，曹洞宗出了個著名的禪師萬松行秀，嗣法弟子有雪庭福裕、耶律楚材等。耶律楚材，號湛然居士，曾輔助成吉思汗出征，是個著名的政治家。臨濟宗的勢力最大，尤其在江南。著名的禪僧有：海雲印簡，曾為忽必烈講佛法，著名的政治家劉秉忠是他的弟子。雲峰妙高，曾參與禪教之爭，與仙林論辯得到勝利。雪巖祖欽，力主儒釋的思想相通。高峰原妙，人稱為高峰古佛。中峰明本，大書法家趙孟頫曾向他問道。元叟行端，弘揚大慧宗杲的看話禪。一山一寧，曾出使日本。

（二）明代

仍然是臨濟宗勢力最大，著名禪僧有：季潭宗泐，明太祖器重他，讓他主持全國僧政。恕中無慍，曾到日本傳法。見心來復，兼擅長詩文書法。斯道道衍，即姚廣孝，曾輔佐明成祖奪得皇位。楚山紹琦，提倡念佛禪。空谷景隆，曾著書駁朱熹。笑巖德寶，著名佛學大師袾宏、真可、德清都曾向他問道。密雲圓悟，在寧波天童寺傳法，門弟子有漢月法藏、破山海明、木陳道忞等。天隱圓修，聞驢鳴頓悟，傳法，開磬山一派。曹洞宗也還有些勢力。無明慧經在江西提倡農禪，嗣法弟子有博山元來、鼓山元賢、湛然圓澄等。元來傳宗寶道獨、棲壑道丘等；元賢傳為霖道霈、惟靜道安等；圓澄傳麥浪明懷、石雨明方等。

（三）清代

清代禪宗興盛，與早年皇帝喜歡談禪有些關係。世祖順治好佛，曾召憨璞性聰、玉林通琇、木陳道忞等講禪法，並尊通琇為國師。世宗雍正好參禪，以禪門宗匠自居，自號圓明居士，編有《御選語錄》，還插手禪法的爭執，用政治力量摧毀漢月法藏的三峰一系。仍是臨濟宗勢力最大，有天童、磐山兩系。天童一系由密雲圓悟下傳，著名禪僧有漢月法藏、費隱通容、木陳道忞、破山海明等。再下傳，法藏一支有靈岩弘禮、靈岩弘儲、晦山戒顯、碩揆原志、金賦原直、楚奕原豫等；通容一支有憨璞性聰、隱元隆琦、亘信行彌、如幻超洪等；道忞一支有旅庵本月、山曉本晢等；海明一支有丈雪通醉等。磐山一系由天隱圓修下傳，著名禪僧有箬庵通問、玉林通琇、茆溪行森等。清朝晚期，禪宗有金山、高旻、天童、天寧四大叢林。著名禪僧有月溪顯諦、觀心顯慧、大定密源、常靜密傳、道源真仁、楚泉全振、青光清宗、冶開清鎔等。曹洞宗有壽昌、雲門二系。著名禪僧，壽昌一系有剩人函可、天然函昰、在摻弘贊、跡刪成鷲、覺浪道盛等；雲門一系有石雨明方、三宜明盂、瑞白明雪、遠門淨柱、位中淨符、偐亭淨挺、百愚淨斯等。

清末民初，社會經歷一次翻天覆地的變化。政體改變，西學輸入越來越多，都使出世思想和僧伽制度受到衝擊，禪的思想和生活，就是想保持強弩之末，似乎也不容易了。

第六章

禪悟的所求

6.1

難言也

這是借用孟子的一句話。孟子説自己善養浩然之氣，弟子
公孫丑問："何謂浩然之氣？"孟子説："難言也。其為氣也，
至大至剛，以直養而無害，則塞於天地之間。"這裏難言的是
氣，因為它是"體之充也"（《孟子·公孫丑上》），不是體；
非體，無形可見，無質可觸，只存於主觀，所以可意會而難於
言傳。但這種難，與禪悟相比，究竟是次一等的，因為浩然之
氣是世間的，禪悟之所得，至少主觀願望是出世間的。

我們讀佛教典籍，知道教義的中心，或説修持的所求，是
滅苦。"滅"是由"道"取得的一種情況，其性質，用佛家的
名相容易説，是"實相"，或"真如""法身""自性"，以及"涅
槃""無位真人"等等。但名者，實之賓也，喜歡刨根的人會
追問，即如"實相"吧，究竟是一種甚麼事物？是兼存於主客
觀呢，還是只存於主觀？如果只存於主觀，這種心理狀態，能
不能用常語描述一下？如果不能描述，則使用名相，輕就難免
使人疑為偷懶，重就難免使人疑為逃避。我的想法，至少是有
時，是偷懶和逃避兼而有之，因為確是太恍惚而難於指實。到
南宗禪，這難的程度又加了一些，因為更帶有神秘性。如青原
惟信禪師有一則語錄：

> 老僧三十年前未參禪時，見山是山，見水是水。及

至後來親見知識（善知識，有道行的人），有個入處，見山不是山，見水不是水。而今得個休歇處，依前見山只是山，見水只是水。大眾，這三般見解是同是別？

（《五燈會元》卷十七）

三般見解，前一種是常見，我們可以用自己的經驗來印證，縱使兩個人的經驗只是類似而非同一。中間一種，用佛家的理論體會，是掃除空幻，見到真實。那麼，後一種呢？顯然不是回到三十年前，而是證得一種更高的真實，即禪悟所得之境。這境是一種甚麼（心理）狀態？難言也。

南宗禪說的頓悟所得之境，都是這樣難於體會，因而也就難於說明。隨便舉一些例。

❶ 五台智通禪師——初在歸宗（智常）會下，忽一夜連叫曰："我大悟也。" 眾駭之。明日上堂，眾集，宗曰："昨夜大悟底僧出來。" 師出曰："某甲。" 宗曰："汝見甚麼道理便言大悟？試說看。" 師曰："師姑元是女人作。" 宗異之。 （《五燈會元》卷四）

❷ 溈山靈祐禪師——師在法堂坐，庫頭擊木魚，火頭擲卻火抄，拊掌大笑。師曰："眾中也有恁麼人（意為有悟道的人）。" 遂喚來問："你作麼生？" 火頭曰："某甲不吃粥肚飢，所以歡喜。" 師乃點頭。 （同上書卷九）

❸ 開先善暹禪師——臨江軍人也，操行清苦，遍遊

師席，以明悟為志。參德山（慧遠），見山上堂顧視大眾
曰："師子顰呻，象王回顧。" 師忽有省。入室陳所解，
山曰："子作麼生會？" 師回顧曰："後園驢吃草。" 山
然之。

（同上書卷十五）

"師姑元是女人作"，"不吃粥肚飢"，"後園驢吃草"，顯
然都是表示所悟之境的隱語；老師也是透過隱語體察到學人所
悟之境，所以予以印可。可是這境（學人的和老師的不可能相
同）究竟是甚麼（心理）狀態呢？因為難於捉摸，所以也是難
言也。

更麻煩的是，我們幾乎不能到佛家名相的辨析裏去求得
甚麼幫助。許多名相難於核實是一個原因。還有另外的原因，
是到那裏求援，會陷入名相的大海，難得逃出來。舉例說，禪
悟的所求，或廣泛一些說，禪定的所求，還有等級之別。這有
多種說法。如《俱舍論》有四禪八定。四禪是有色界的四種禪
定：初禪，二禪，三禪，四禪，每一種都有複雜的內容，包
括所得之境。八定是有色界的四禪定加無色界的四空定：空
無邊處定，識無邊處定，無所有處定，非想非非想處定，也是
每一種都有複雜的內容，包括所得之境。又如隋智顗《妙法蓮
華經玄義》等書先分禪為三種：世間禪、出世間禪、出世間上
上禪。每一種都包括複雜的內容。以世間禪為例，先分為根本
味禪、根本淨禪兩種；然後根本味禪再分為四禪、四無量、
四空，共三品十二門，根本淨禪再分為六妙門、十六特勝、通

明，共三品二十三門。出世間禪和出世間上上禪當然也不會簡單些。

等級之外，禪定還有種類之別。這也有多種說法。只舉宗密《禪源諸詮集都序》為例：

> 禪則有淺有深，階級殊等。謂帶異計，欣上厭下而修者是外道禪。正信因果，亦以欣厭而修者是凡夫禪。悟我空偏真之理而修者是小乘禪。悟我法二空所顯真理而修者是大乘禪。若頓悟自心本來清淨，元無煩惱，無漏智性本自具足，此心即佛，畢竟無異，依此而修者是最上乘禪，亦名如來清淨禪，亦名一行三昧，亦名真如三昧。

後來最上乘禪又讓位給祖師禪，《五燈會元》卷九記載：

> （香嚴智閑禪）師又成頌曰：“去年貧，未是貧；今年貧，始是貧。去年貧，猶有卓錐之地；今年貧，錐也無。”仰（山慧寂）曰：“如來禪許師弟會，祖師禪未夢見在。”師復有頌曰：“我有一機，瞬目視伊。若人不會，別喚沙彌。”仰乃報溈山曰：“且喜閑師弟會祖師禪也。”

前一境是經年得，後一境是瞬目得，有漸頓之別。但推想都是悟之所得，應該沒有本質的差異。可是這不異之境是一種甚麼（心理）狀態？我們仍只能說是難言也。

其實，這種難於言傳的情況，遠在六祖慧能時候，有禪悟經驗的大師們早已感到。《景德傳燈錄》卷四記載：

袁州蒙山道明（《六祖壇經》作惠明）禪師……聞五祖密付衣法與盧行者，即率同意數十人躡跡追逐。至大庾嶺，師最先見，餘輩未及。盧行者見師奔至，即擲衣缽於磐石，曰：「此衣表信，可力爭邪？任君將去。」師遂舉之，如山不動。踟躕悚慄，乃曰：「我來求法，非為衣也，願行者開示於我。」（六）祖曰：「不思善，不思惡，正恁麼時，阿那個是明上座本來面目？」師當下大悟……曰：「某甲雖在黃梅隨眾，實未省自己面目。今蒙指授入處，如人飲水，冷暖自知。」

禪悟所得之境，實事求是地說，只能是「冷暖自知」；或者借用雲門文偃的一句名言來述說：「佛法也太煞有，只是舌頭短。」

這裏要附帶說明一下，禪悟之境難言，是在科學常識的範圍之內說的。有人也許認為這根本錯了，因為禪是反科學的，用科學方法既不能把捉，又不能解釋。唐宋以來的禪師們大概都是這樣看的，可以不在話下。現代也有人這樣看，代表人物是日本的鈴木大拙。他參過禪，也許有不同於一般人的心理感受。但他是常人群裏的一員，也娶妻，也考博士，也著書，推斷適用於常人的科學規律應該同樣適用於他。可是他講到禪，有不少話就超常了。他明白表示，他甘願接受奇蹟，所以相信有所謂他心通（用第六識）；禪師一笑能聲聞十里，並能震撼乾坤。據他的體會，禪是趨近法，直接進入物體本身。這是

"天地與我並生，萬物與我為一"（《莊子・齊物論》）的更進一步的説法，聽聽好玩，甚至值得深思；問題在於，由文字走入實際，我們能夠與物體合一嗎？他在《禪與心理分析》一書裏説了不少比這更離奇的話，如："每個人佛性存於永恆的實體。""當他是自己而又不是自己時，他才是自由的。""方是圓，圓是方。""自我從零移向無限，從無限移向零。""參公案時，吃或喝，不是自己吃喝，是公案在吃喝。"像這些，由我們常人看，如果有來由，是神秘主義；如果竟至沒有來由，那就是概念遊戲。即使不嚴重到只是概念遊戲，反正常人無法了解，也就只好棄而不取了。

6.2

6.2.1 門外尋源

禪悟之境難言，但終於不得不言（包括無聲的形相），除非不想與己身之外的人通。這，南宗的禪師們有慣用的辦法，多用機鋒、棒喝之類。可是我們不能用，因為我們的要求是"常人"能夠了解。禪悟，在禪林的門內看，是超常的；在門外談禪悟，是以常對付超常。這有困難，有人也許認為不可能。對待這樣的困難，顯然只有兩條路可走：一條是道不同不相為謀，不知為不知；另一條是勉為其難，雖然站在門外，還是要張目細看。當然，我們只能走後一條路，因為談就是想了解。這裏的問題是，在門外能否看見門內。說能，近於大話，不好；那就無妨説，可以試試看。這樣做也不無理由。其一，可以請《莊子》來幫忙，《秋水》篇末尾説：

> 莊子與惠子遊於濠梁之上。莊子曰："鰷魚出游從容，是魚之樂也。"惠子曰："子非魚，安知魚之樂？"莊子曰："子非我，安知我不知魚之樂？"惠子曰："我非子，固不知子矣；子固非魚也，子之不知魚之樂，全矣。"莊子曰："請循其本，子曰'汝安知魚樂'云者，既已知吾知之而問我，我知之濠上也。"

郭象注、成玄英疏都認為，這場辯論，莊子得勝，是因為惠子反駁莊子時候，早已承認此可以知彼，據自己的此可以知彼而駁他人的此可以知彼，當然站不住腳。這再放大或加深一些説，就是知識論所顯示的：不管你怎樣富於懷疑精神，總要承認"能知"。其二，縮小到本題，禪悟帶有神秘性，被繁瑣名相（包括現代式的）包裹的時候更帶有神秘性。科學常識的精神是破譯神秘性，如果這種努力是常常有成效的，則站在門外看禪悟也許不無好處，那是旁觀者清。其三，彼亦一是非，此亦一是非，這在禪林裏也未能免俗，因為見桃花而悟的所得與聽驢叫而悟的所得，雖然都是冷暖自知的事，我們總可以推斷，那是二，決不能是一。禪林內不得不容許不同，我們當然也可以利用這種容忍精神，説説我們的所見，對，即使不容易，算作聊備一說也好。這說來話長，先說為甚麼要這樣求。

這來源，前面已經說過，是佛家覺得人生有問題，而且想解決。專就這一點說，聖哲與凡夫沒有甚麼區別；至多只是量的，聖哲鑽得深，凡夫只是星星點點。區別來於把甚麼看成問題，用甚麼方法解決。在佛家的眼裏，人生是苦，而且靈魂不滅，死後要輪迴，所以是無盡的苦。這種看法，常人不會同意；或者虛其心，實其腹，根本不在這方面費心思。常人感到人生有樂，並且盡力去營求。但只是這一點還不能駁倒佛家，因為對於人生，人人有提出並堅持某種看法的權利，何況人生過程中也確是有苦。這苦，來於想甚麼不能有甚麼，如富厚、戀情之類；更難忍的是不想有甚麼而偏偏有甚麼，如飢寒、刑罰、病死之類。這是就常人說；佛家就更嚴重，因為還相信有六道輪迴。對付苦，不同的人，更明顯的是不同的學派，有不同的態度和辦法。積極的是改，消極的是忍。見諸實際，絕大多數人是改和忍兼用：能改就改，改不了就忍（包括被動的）。這樣處理，不管效果如何，總不能與苦一刀兩斷。佛家懷有最高的奢望，並決心以“大雄”之力，與苦一刀兩斷。怎麼辦？苦，來於物、我不能協調。山珍海味好吃，要去買，買要有錢；紅顏翠袖可愛，想得，要徵得人家同意；更難辦的是，花花世界複雜，不管你怎樣修身謹慎，也不能絕對避免天外飛來的橫禍；最後，即使如秦皇漢武那樣，力大如天，長生不老還是可望而不可即。不能不死。協調，中道，難；理論上，免苦還有兩端的路。一端是屈物伸我，就是把“想甚麼不能有甚麼"和"不想甚麼而偏偏有甚麼"變為"想甚麼有甚麼"和"不想甚麼就沒有甚麼"。這要強制外界如何如何，可是外界不會這樣聽話，何況所謂外界還包括千千萬萬與自己類同的人，會衝突。屈物伸我是外功，路難通；只好試試另一端，內功，屈我伸物。這是不管外界怎樣可欲而不聽話，我只是不求；不求，自然就不會患得患失。可是不求，說似乎容易，做就太難，因為"人生而有欲"，"率性"是順流而下，不率性是逆水行舟。佛家，就算戴著有色眼鏡吧，睜眼看見的是苦，閉眼想到的是滅苦；為了徹底滅苦，是一切在所不計。或者說，他們打過算盤，計的結果是，滅苦，外功必不通，內功可通，甚至必通。這內功是滅欲（解脫並度人的大欲除外）。而說起欲，質實，活躍，很難對付。可是因為它與苦有不解之緣，為了滅苦，一切在所不計，也就不能不樹立對欲，連帶的對外界，對人生，對一切的一反常情的看法。這看法的樹立顯然不容易，一方面要能知，確認一切常識的所謂可欲並不可欲，所謂真實並不真實；一方面要能行，真就成為無欲。這內心的變革，佛家最重視，所以稱未能變革者為迷，已變革者為悟，或禪悟。

6.2.2 出世間

怕苦，求滅，意味偏於消極；至少為了好聽，佛家喜歡多從積極方面著想，說悟的所得是有無上價值的甚麼。禪悟是了大事，所得可以從不同的方面形容。為了簡而明，以下談出世間、證實相等四種。借用佛家的思想方法說，四種既是四，又是一。一而分為四，為的多照幾次，顯像或者可以清楚些。

佛家喜歡說父母未生時本來面目，可是痛心的是，說的時候已經有生，住在世間，具有世間人的所有值得歡迎和不值得歡迎的性質。用佛家的眼光看，是已經墮入苦海。怎樣跳出來？顯然，用儒家的君子之道，即"率性"加"修道"（承認欲的地位而予以合理的節制），不成，因為容許欲存在，就總會有欲而不得的情況，也就是不能滅苦；何況最後還有輪迴？用道家的辦法也不成，因為，即使能夠像列子那樣，御風而行，甚至更進一步，無所待，終歸還是住在世間，就不能掃淨住世時會遇見的諸多問題。一句話，世間與苦海骨肉相連，想脫離苦海（解脫），就必須到世間之外去想辦法。有世間之外嗎？佛家說有。如何能到？辦法是出世間（四聖諦的"道"）；所得也是出世間（四聖諦的"滅"）。這出世間的境，用常語講，大概只能從消極方面下手，是一切世間苦（包括生死流轉）都不再有。

積極的方面難說，但我們總想知道，所謂出世間究竟是一種甚麼狀態。依常情，應該到佛教的經典裏去尋求解答。但這也太難，因為佛家只跟你講理想，不跟你講邏輯。理想，這個人可以這樣想，那個人可以那樣想；同一個人，此時可以這樣想，彼時可以那樣想；尤其難辦的是，所想是用抽象的名相表達，名相何所指，我們常常難於確定，甚至說的人也未必能確定。即如"彼岸"吧，為般若所得之果，其特質為不再有生死煩惱，它只是比喻呢，還是一種（客觀的）實境？如果說不可能是客觀的，那麼，淨土、佛土等等呢，也只是比喻嗎？兩方面的解釋都可以從經典裏找到根據（如《阿彌陀經》說有西方淨土，南宗禪多說心清淨即淨土），何去何從，那就只有隨尊便了。

名相的路難通，我們只好卑之無甚高論，看眼所能見的，聽耳所能聞的。這是和尚或禪師們的實生活，或理想生活，表現為出世間，重要的有兩個方面。一個方面偏於身，是在可能的範圍內，與世間保持儘量大的距離，趨山林，住茅棚，吃粗茶淡飯，穿壞色衣，不娶妻，不蓄財寶，等等都是。一個方面偏於心，是全神貫注於佛理，求解脫，不生雜念妄念。這是降了級的出世間：儘量離，但保留與維持生命有關的那些世間的成分（事實上常常比這些多得多），如簡陋的衣食住之類。

但就是這樣降了級，能做到也大不易，因為，如不能真正成為無欲，求心體湛然，不生雜念妄念，過常人認為難忍的清苦生活而處之泰然，也總不是世間人所能做到的。惟其這樣，所以佛家才強調出世間法。只有出才能滅苦，得解脫。出靠悟，或說禪悟；換句話說，禪悟的所求是出世間。

6.2.3 證實相

出世間，動力像是多由情來，因為苦，所以捨。這不好，或不夠，因為理的方面如果不能形成有對抗力量甚至壓倒力量的系統，說服力就不強，吸引力就不大，到關鍵時候（如凡心與道心戰），或許有牆倒堤潰的危險。為了牆不倒，堤不潰，必須由理論上證明，常識以為可欲之物"確實"並不可欲。樹立這樣的理論，佛家大致是從兩個方面下手。一是玄學方面，說我們感知的現象世界空而不實，所以不值得眷戀。另一是價值方面，說我們感知的現象世界染污而不清淨，所以不值得眷戀。值得眷戀的是空幻背後（？）那個實在的本體，沒有染污的那個清淨的本體。這本體是一個，既真實又清淨，即所謂實相。

這實相，在佛理上處於絕頂重要的地位，原因顯而易見。譬如生活有世間和出世間兩條路，由分量輕重定去取，天平的一端放"飲食男女"之類，一端放"實相"，必須實相的重量佔絕對優勢，才能證明出世間的路是上好的，可取的。這裏有智者樂水、仁者樂山的問題，可以不管；單說佛家，是確信實相重於泰山、飲食男女輕於鴻毛的。因為確信重於泰山，並深知是修持成敗的關鍵，所以三藏的無數典籍，都反反覆覆講實相的性質，求得的方法，證得後的安樂，等等。多方面講，從各種角度看，所以實相有多種異名，如實性、真如、法性、法界、法身、佛性、涅槃、真空、真諦、一如、如如、無相、無為、如來藏等。

實相是一種境，是隱於現象之後（？）的那個不變不滅的本體。因為不變不滅，沒有染污，所以有無上的價值，值得希求。求得，當然就不再有苦；不只無苦，而且有大樂，這用佛家的話說，是常樂我淨。

　　實相也有客觀存在抑主觀想像之類的問題。佛家名之為"實",當然要承認有客觀的真實。可是不幸,這個客觀真實不像現象世界的那些事物,看可見,聽可聞,而是只存於佛教典籍的理論中和信士弟子的理想中。在這種地方,佛家確是可以稱為大雄,他們堅持這看不見、摸不著的甚麼才是真實,並且進一步說,看不見,是因為沒有用般若的慧目。用般若的慧目,能夠洞見實相,這是悟;或一瞬間洞見實相,這是頓悟。

　　這悟後的所見,是見山不是山、見水不是水呢,還是見山仍是山、見水仍是水呢?很難說。勉強說,如果真是所謂禪悟,悟後的覺知應該與一般人不同,或不盡同。不同,就可以稱為實相嗎?這我們無法知道。但可以稱為"異相",因為應該含有評價或取捨感情的變異,即不求可欲,甚至見可欲而心不亂,或說得更微妙一些,是不再有常人那樣的自我執著。但這就是認知實相或進一步與實相融合了嗎?這都是可玄想而難得證實的事,站在我們禪外的立場,從人而全信,從己而大疑,都會有失真的危險。

6.2.4 明自性

　　實相在外,玄遠,難知,也許還有難證,到南宗禪,尤其早期以後,講禪悟,所求就由遠而近,由外而內(不是放棄了遠和外),用現成的話說,是即心是佛,見性成佛。《六祖壇經》有一段記載最足以說明這種精神:

次日，（五）祖（弘忍）潛至碓坊，見（惠）能腰石舂米，語曰：「求道之人為法忘軀，當如是乎！」乃問曰：「米熟也未？」惠能曰：「米熟久矣，猶欠篩在。」祖以杖擊碓三下而去。惠能即會祖意，三鼓入室。祖以袈裟遮圍，不令人見，為說《金剛經》。至「應無所住，而生其心」，惠能言下大悟一切萬法不離自性，遂啟祖言：「何期自性本自清淨，何期自性本不生滅，何期自性本自具足，何期自性本無動搖，何期自性能生萬法。」祖知悟本性，謂惠能曰：「不識本心，學法無益；若識自本心，見自本性，即名丈夫、天人師、佛。」

到此，禪悟的所求變為非常簡單，只是認識本心，認識自性。

這本心，或自性，在佛家的心目中，是清淨的，即本無染污；是常在的，即超離生滅；是萬能的，即能生萬法。其中以清淨為最重要，因為煩惱、生死流轉等苦都來自染污，能夠認識清淨的自性，驅除染污，自然就脫離了苦海，或說了卻生死大事。看來關鍵只在能識與不能識的一念之差。

情況顯然並不這樣簡單，因為，由我們常人看，有兩個問題都不那麼容易解決：一是有沒有清淨的自性；二是即使有，有沒有辦法能認識。先說前一個。本心，或自性，都是「我」所有。「我」是甚麼？由心理學家解釋，大概要相當費事。我們還是由常識下手，我，有肉體，有心理活動，這個渾然的一體，能感知，有苦樂，與外界分立，親切而不可離，連續而不可斷，似是與生俱來，受命於天，一個千真萬確的實在。這也不夠簡明；或者直截了當，說"我"就是有生命的自己。這個有生命的自己，用生物學家的眼光看，雖然名為"人"，也同樣是生物中的一個。生物，或說級別高的動物，能感知，這力量，通常說是發自內"心"；從事多種活動（包括心理活動），活動都有一定的趨向，通常說是源於天"性"。性，與生俱來，表現為固執的求取的願望和行動。求甚麼？細說，問題多；不如粗說，是求"生"。"飲食"是求"己"生；不幸有老、死，為了補救，才加上"男女"，用傳種的辦法實現永生。這就使我們碰到一個對於佛家非常嚴重的問題：有除掉飲食男女的清淨的性嗎？中國本土的學派，不管是告子還是孟子，都說沒有。飲食男女會闖亂子，儒家主張以禮節之。合禮因而合理，是善；但這善是由生物之性的修改來，不是離開生物之性，還有清淨之性。佛家就不同，認為表現於外的諸多可厭棄的活動是受染污的結果，本性並不如此。如果事實確是這樣，依照邏輯規律推論，上上的生活之道（禪悟）當然就成為：認識本心，認識自性；然後是知難行易，除染污而顯自性，一切問題迎刃而解。馬祖道一就是這樣教他弟子的：

（大珠慧海）初參馬祖，祖問："從何處來？"曰："越州大雲寺來。"祖曰："來此擬須何事？"曰："來求佛法。"祖曰："我這裏一物也無，求甚麼佛法？自家寶藏不顧，

拋家散走作麼？"曰："阿那個是慧海寶藏？"祖曰："即
今問我者是汝寶藏，一切具足，更無欠少，使用自在，何
假外求？"

（《五燈會元》卷三）

可是照我們上面對於心性的分析，這清淨的自性是設想
的，本來並不如此單純，自然就談不到能認識與不能認識。那
麼，禪門的設想就都是空幻嗎？也不好這樣説，因為問題牽涉
到心理，心理常常是頗為微妙的。佛家常説境由心造，這似乎
太唯心了；其實就是常人也不是絕對不承認，如常説的"情人
眼裏出西施"就是一證。説到境，情況非常複雜。比較質實的
是感知的境，如甲乙二人都看桃花，都覺得這是桃花，不是柳
樹，這是大同；但所得的形象是二，不是一，還可能夾雜一些
感情的取捨成分，更不可能是一，這是小異。異，來於主觀成
分。主觀成分的力量可以加大，如通常説的信鬼有鬼，已經可
以説是境由心造。認識清淨的心也是一種境，想像有，進而確
信其為有，於是連帶的，如上一節所推測，心裏就顯現為一種
反常情的湛然狀態，特點是不求可欲，甚至見可欲而心不亂，
或者説，不再有常人那樣的自我執著。用佛家的話説，獲得這
種境界是悟，是透過幻象證得真如。

再説後一個問題，有沒有辦法認識（這設想的）本心或
自性。這，不管站在禪門內還是禪門外，都得承認有，但不容
易。不容易的程度，禪門內比較淺，禪門外比較深。原因是，
對於清淨的本心或自性，禪家信為實有，認識只是撥雲霧而見

青天的事；常人覺得這是境由心造的事，摧毀感知的境而組織一個一反常情的境，沒有長期而堅忍的力量，沒有特殊的稟賦和機緣，想成功是太難了。因為太難，所以如禪宗的諸多典籍所記，參是多如牛毛，悟則稀如麟角。但就算是稀如麟角吧，我們總當承認，有相當數量的禪師，他們說悟確是有所指，這所指總當是一種心理狀態的異相，他們稱為本心或自性。這樣說，我們是承認境可由心造，縱使所造之境的具體情況我們無法知道。但概括的情況是大致可以推知的，留到後面說。

6.2.5 自由無礙

前面說，佛家的人生之道是以逆為順。逆，性質同於用手走路，大難。難而仍要走，於是需要"理論"，說服已上路、想上路以及不想上路的人都能堅定不移地勉為其難。三藏的各種典籍，各種道理，包括最繁瑣的唯識學，都是應這種需要而編撰的。可是理論有副作用，是越細越深就越難，越可怕。形勢要求由繁難而趨於簡易。華嚴、法相等讓位給禪宗，是這種形勢的一種表現。禪由漸而頓，也是這種形勢的一種表現。悟，只需識本心，明自性，仍是這種形勢的一種表現。"自性本自具足"，說穿了是自我萬能主義，因為本心或自性為自己所有，能認即悟，立地成佛，自然就不再需要念經論，頌佛祖。這裏還剩有一些或者不算大的麻煩，是清淨的自性與染污不兩立，染污由現象世界來，或說由世俗來，想避免染污，就不能不遠離世俗。這在理論上或者並非難事，可是實際卻大難，因為出家並沒有真離開世間，從而有些事，屬於世俗，或者不能不做，或者理應不做而心甘情願。怎麼辦？為了追隨避難趨易的大水流，最好是容許某種範圍內的不離世俗，心境卻仍舊保持出淤泥而不染的狀態。這是心性的進一步解放，由自我具足的內向轉為自由無礙的外向。這樣一轉，禪悟之後的生活就多樣化了，或說少拘束了。如下面一些例就是這樣：

❶ 大珠慧海禪師——源律師問："和尚修道還用功否？"師曰："用功"。曰："如何用功？"師曰："飢來吃飯，困來即眠。"曰："一切人總如是，同師用功否？"師曰："不同。"曰："何故不同？"師曰："他吃飯時不肯吃飯，百種須索，睡時不肯睡，千般計較，所以不同也。"……"是以解道者，行住坐臥，無非是道；悟法者，縱橫自在，無非是法。"

（《五燈會元》卷三）

❷ 酒仙遇賢禪師——惟事飲酒，醉則成歌頌，警道俗，因號酒仙。偈曰："……金罍又聞泛，玉山還報頹，莫教更漏促，趁取月明回。貴買朱砂畫月，算來枉用功夫。醉臥綠楊陰下，起來強說真如。泥人（偶像）再三叮囑，莫教失卻衣珠（喻佛性）。一六二六，其事已足；一九二九，我要吃酒。……生在閻浮世界（現在），人情幾多愛惡。只要吃些酒子，所以倒街臥路。死後卻產婆婆（苦世界），不願超生淨土。何以故？西方淨土，且無酒酤。"

（同上書卷八）

❸ 淨土惟正禪師 —— 師識慮洗然，不牽世累。雅愛跨黃犢出入，軍持巾缽悉掛角上。市人爭觀之，師自若也。杭守蔣侍郎堂與師為方外友，每往謁，至郡庭下犢，譚笑終日而去。蔣有詩曰："禪客尋常入舊都，黃牛角上掛瓶盂。有時帶雪穿雲去，便好和雲作畫圖。"師常作山中偈曰："橋上山萬層，橋下水千里。惟有白鷺鷥，見我常來此。"平生製作三十卷，號《錦溪集》。又工書，筆法勝絕，秦少遊珍藏之。冬不擁爐，以荻花作球，納足其中，客至共之。夏秋好玩月，盤膝大盆中浮池上，自旋其盆，吟笑達旦，率以為常。九峰韶禪師嘗客於院，一夕將臥，師邀之曰："月色如此，勞生擾擾，對之者能幾人？"……有問曰："師以禪師名，乃不談禪，何也？"師曰："徒費言語。吾懶，寧假曲折？但日夜煩萬象為敷演耳。言語有間而此法無盡，所謂造物無盡藏也。"

（同上書卷十）

儒家的生活理想境界是"從心所欲，不逾矩"，南宗禪的末流也有生活的理想境界，如上面的例證所示，是隨緣而不離禪。外表是隨心所欲，一切無所謂，想吃就吃，想睡就睡，想喝酒就喝酒，想玩月作詩就玩月作詩。這是行動的有限度的世俗化，至少是名士化，還能夠不離禪嗎？顯然，關鍵在於心能不能不為物所移。禪悟的要求是出淤泥而不染，見可欲而心不亂，即不為物所移。如果真就能夠這樣，這種自由無礙的心和行，比修不淨觀的誠惶誠恐，應該説是高明多了。這高明，來之不易，因為一定要在禪悟之後。未悟，或假悟，任何人都可以想到，隨世俗之緣，情為事牽，那就有不甘心出世而寧願入世的危險了。悟的真假就是如此重要。怎麼才能真悟？真悟之後是甚麼情況？又是難言也。

6.2.6 概觀

以上從不同的方面，或用不同的名相——出世間，實相，自性，無礙，為禪悟之所求，或所得，大致描畫了一個輪廓。零碎，浮泛；想看得清楚些，還需要總括地較深入地觀照一下。當然還是站在門外。但這也不無好處，是除了上面説過的旁觀者清之外，還可以説些街談巷議之類的話。

街談巷議，來於好（喜愛）事，來於人各有見。有見，結果常常是，對於所聞未能盡信。信不信要有個標準。我們的標準，仍是前面一再提到的科學常識。依照科學常識，禪師們同樣是世間的人，禪悟要出世，要透過世間事物看到實相，要撥開飲食男女去挖掘清淨的自性，要如柳下惠之坐懷而不亂，自然是難上加難。難，應該是很少數有成，絕大多數無成。由漢末、三國時期起，佛門的信士弟子（包括比丘、比丘尼、優婆塞、優婆夷四眾）是如此之多，用悟的標準衡量，必是極少數有成。縮小範圍，南宗盛行以來，出家入禪林修行的人千千萬萬，用悟的標準衡量，有成的也必是極少數。再縮小範圍，《高僧傳》《五燈會元》一類書裏稱為禪師、為之立傳的，用悟的標準衡量，就都是有成了嗎？恐怕也未必。理由可以舉出很多。其一是有不少的悟説得太輕易，難免使人生疑。如：

❶ 投子感溫禪師 —— 師遊山，見蟬蛻，侍者問曰："殼在這裏，蟬向甚麼處去也？" 師拈殼就耳畔搖三五下，作蟬聲。侍者於是開悟。　　　　　　　（《五燈會元》卷六）

❷ 寶壽和尚 —— 一日，街頭見兩人交爭，揮一拳曰："你得恁麼無面目！" 師當下大悟。　　　　（同上書卷十一）

❸ 冶父道川禪師 —— 初為縣之弓級，聞東齋謙首座為道俗演法，往從之，習坐不倦。一日，因不職遭笞，忽於杖下大悟。　　　　　　　　　　　　　（同上書卷十二）

❹ 雲居曉舜禪師 —— 曾謁劉公居士家。士高行，為時所敬，意所與奪，莫不從之。師時年少，不知其飽參，頗易之。士曰："老漢有一問，若相契即開疏，如不契即請還山。" 遂問："古鏡未磨時如何？" 師曰："黑似漆。" 士曰："磨後如何？" 師曰："照天照地。" 士長揖曰："且請上人還山。" 拂袖入宅。師懷慚，即還洞山。（洞）山（曉聰禪師）問其故，師具言其事。山曰："你問我，我與你道。" 師理前問（古鏡未磨時如何），山曰："此去漢陽不遠。" 師進後語（磨後如何），山曰："黃鶴樓前鸚鵡洲。" 師於言下大悟。　　　　　　　（同上書卷十五）

聽老師學蟬叫，聽路人罵人，被打，聽了莫明其妙的答話，就大悟，悟了甚麼？至少我們常人是難於想像的。其二，《六祖壇經》記六祖慧能死前：

> 集徒眾曰："吾至八月，欲離世間，汝等有疑，早須相問，為汝破疑，令汝迷盡。若吾去後，無人教汝。"法海等聞，悉皆涕泣；惟有神會，神情不動，亦無涕泣。師云："神會小師，卻得善不善等，毀譽不動，哀樂不生；餘者不得。數年山中，竟修何道？"

可見這些親炙六祖之教、必入僧傳的人物，多數還是未能了生死大事，也就是並未悟。其三，僧傳、燈錄一類書所記，意在揚善，多描畫機鋒，突出大悟。可是人的一生是複雜的，知，尤其言，好辦，問題是"行"能不能與所知所言若合符契。如果有一點點不合，那道，或說悟，就破滅了。大量事實隨著時間消逝，難得追查，可以存疑；歷代筆記一類書所記，令人齒冷的也不在少數。單說有名的，傳說馬祖的高足鄧隱峰就曾破淫戒。還有不僅是傳說的，如理學大師朱熹就曾說：

> 僧家所謂禪者，於其所行全不相應，向來見幾個好僧說得禪又行得好？自是其資質為人好耳，非禪之力也。所謂禪，是僧家自舉一般見解，如秀才家舉業相似，與行己全不相干。學得底人有許多機鋒將出來弄，一上了便收拾了；到其為人，與俗人無異，只緣禪自是禪，與行不

相應耳。　　　　　　　　　　　　　（《朱子語類輯略》卷七）

這不會是無中生有，可見所謂悟，説説容易，入實就太難了。

根據以上所見，我們有理由推論，僧傳、燈錄一類書所記的悟，有不少並不貨真價實。證據最好由"行"裏去找，但書中所記總是正面的言而很少是行。所以只好退一步，單由言裏去找。像下面這樣的就頗為可疑：

❶ 香山蘊良禪師──上堂，良久，呵呵大笑曰："笑個甚麼？笑他鴻鵠沖天飛，烏龜水底逐魚兒，三個老婆六隻奶，金剛背上爛如泥。呵呵呵，知不知，東村陳大者。參！"　　　　　　　　　（《五燈會元》卷十二）

❷ 法昌倚遇禪師──上堂："夜半烏雞誰捉去？石女無端遭指注。空王令下急搜求，惟心便作軍中主。雲門長驅，溈山隊伍，列五位槍旗，布三玄戈弩。藥山持刀，青原荷斧，石鞏彎弓，禾山打鼓，陣排雪嶺長蛇，兵屯黃檗飛虎。木馬帶毛烹，泥牛和角煮，賞三軍，犒軍旅。打葛藤，分露布，截海颺塵，橫山簸土。擊玄關，除徼路，多少平人受辛苦。無邊剎海競紛紛，三界聖凡無覓處。無覓處，還知否？昨夜雲收天宇寬，依然帶月啼高樹。"

（同上書卷十六）

❸ 丹霞普月禪師──上堂："威音已前，誰當辨的？

然燈已後，孰是知音？直饒那畔承當，未免打作兩橛；縱向這邊行履，也應未得十全。良由杜口毗耶，已是天機漏洩；任使掩室摩竭，終須縫罅離披。休云體露真常，直是純情絕點；說甚皮膚脫落，自然獨運孤明。"

（同上書卷十四）

❹ 淨慈慧暉禪師——上堂："朔風凜凜掃寒林，葉落歸根露赤心。萬派朝宗船到岸，六窗虛映芥投針。本成現，莫他尋，性地閒閒耀古今。戶外凍消春色動，四山渾作木龍吟。"

（同上）

前兩則是信口說，有大言欺人之嫌。後兩則是作文章，有同於世俗之嫌。單憑直觀，我們也會感到離禪境太遠，或說不是真悟。此外，燈錄中所記禪僧，有不少只存一兩句答語，如答"如何是祖師西來意"，有的說"杉樹子"，有的說"鬧市里弄猢猻"，有的說"白日無閒人"，有的說"有力者負之而趨"，單憑這一句隨手拈來的話，就能證明已經認識自己的清淨本性了嗎？

但我們也要承認，所謂古德，所謂禪師，總有些走漸或頓的路，確是有所得；或者說，有所變，就是，知方面的認識，情方面的取捨，與常人有別。這所得，是禪悟的所求，究竟是甚麼？或者說，禪悟的悟，究竟是怎麼回事？

首先碰到的一個問題是悟的程度，要怎麼樣才能算。顯然，這難於得到滿意的解決，因為悟的程度存於悟者的心，不像氣溫，存於心外，可以用氣象儀器測出來，此處是攝氏32，彼處是攝氏零下28。舉例說，在家二眾，也信佛法，也修行，茹素，喜捨，人尊稱為居士，可是動情婚配，積財富，育子女，甚至任官職，得誥命，能不能算悟了呢？問禪林中人，一定說算；不然就是這樣還不能了生死，往生淨土，在家二眾就不再來了。可是這種悟，能算出世間嗎？僧傳、燈錄一類書說的悟，或頓悟，顯然要比這程度深，就是要"大變"，看山不是山、看水不是水那樣的變。這裏，我們只好躲開傷腦筋的程度問題，安於取法乎上，說所謂悟，是指由於認識的變，甘心出世間的。

　　但就是這樣，我們還是不能完全躲開程度問題。悟是一種狀況，且不說是屬於純主觀還是主客兼有。客，如實相，是（設想的）空幻現象之後（？）的那個不變不滅的本體，可是，如果必須悟而後能證得，那它就不能不夾雜著主觀成分。而主觀，不能離人（或心）而獨立。就是說，馬祖有馬祖的主觀，石頭有石頭的主觀，兩者只能是二而決不能是一。這情況的結果是，馬祖的悟與石頭的悟不能盡同，或說有程度之差。程度，明的表現為量的差別；也許還有隱的，質的差別。更不幸的是，這差別的具體情況，局外人無法知道，因為知靠交換，靠傳遞，工具只能用符號（語言、形相等）；而符號是只能負載概念，不能負載實況的。由此簡單的分析可以知道，悟的實況是冷暖自知的事，馬祖不能知道石頭的，石頭不能知道馬祖的。甚至師徒之間，如南嶽懷讓許馬祖為"得吾心"，馬祖説上堂是"自從胡亂後,三十年不曾少鹽醬",究竟馬祖心的實況是甚麼,懷讓也只能猜猜而已。懷讓,馬祖,都是參過禪的;我們站在禪門外,自然更是只能猜猜而已。

　　猜,容易錯。但既然非猜不可,也只好大膽一些。先説主觀客觀問題。總的説,禪悟的境是主觀的;客觀是設想的,所以仍是主觀的。我們是處在天文、物理等學科都已經有相當成就的現代,譬如淨土、彼岸之類(出世間的境),説是兼存於主觀之外,想證實就太難了。至於實相,問題更加複雜。如果指現象的根柢或由來,我們會碰到兩個難題:一,我們的世界,除了像是依照規律的各種形式的動以外,我們不能知道有沒有根柢或由來;二,正如英國柏克萊主教所説,我們的所知總不能離開我們的知見,因而我們不能設想還能證得甚麼超知見的實相。還有清淨的自性,上面已經説過,性不能離開飲食男女,因而清淨就不能是客觀的。

　　禪悟的境是主觀的,就總的精神説,南宗禪是承認的,所謂即心是佛。那麼,依照即心是佛的主張,坐禪,得悟,悟後是一種甚麼心理狀態呢?這就又遇到上面提及的難題,一方面是人各不同,一方面是冷暖自知,其結果就成為不可説,甚至不可知。打破難關的惟一辦法仍然是大膽,猜。

　　無妨先由漸入手,看看戒定慧的定,做法和功效是甚麼樣子。佛家承認定還有散定,是心專注於一境,這境當然未必合於佛理。禪定是靜坐,摒除雜念,專注佛理。這樣長期用功,心理狀態會變。變得程度最深的大概是入定,即短時期的對外界的無覺知，或另有覺知，精神分析學家稱為自我催眠。這具體是甚麼狀態，我們不能知道；但可以肯定，是完成了某種境由心造。

說起境由心造，這雖然是"心"方面的事，我們卻不能不承認它有諸多的可能性。舉我親聞的兩個例。一個偏於玄，是一位武術大師，靜坐練功，五六年之後，他感到自己的靈魂脫離身體，站在自己面前。一個偏於常，是一位教師，深信五行決定人的性格之說，他說他見到一個生人，一眼就能斷定他是金命還是木命等，當然也就知道他是甚麼性格，會有甚麼行動。在這偏於玄和偏於常的中間，自然可以容納無盡的質有異、量不同的境由心造。禪悟的境由心造應該是程度深的，但會不會深到像佛經中常說的，有魔女來誘惑，以及鈴木大拙所說，與外物合一，是自己又不是自己，我總覺得應該"多聞闕疑"。

還是卑之無甚高論，說說近常情、可信的。禪悟，依照傳統的說法，應該是破空幻而證實相，目所見變了，耳所聞變了，或總的說，是日常知見的破滅。這可能嗎？我的想法是不可能，因為境可由心造而不能由耳目等感官造。人可以愛無鹽，憎西施，但不能看無鹽為不是無鹽，西施為不是西施。同理，就是定功深了，也不能視衣為缽，用它盛食物，視缽為衣，用它遮身體。再下推，說看山不是山，看水不是水，恐怕也只是說說好聽罷了，他總不能用山泡茶，在水上建塔。境有感知外界的境，有閉目冥想的境，心的本領，充其量，不過在冥想方面做些功夫（也有限度，如不能設想既方又圓，除非玩概念遊戲），至於感知，只要你睜眼，天總是在地上面。

自然，冥想的境也很可能遠離常情。這都屬於冷暖自知的範圍，我們不能離開己身感知，也就無法說明。但禪悟所得之境的概括性質還是可以推想的，那應該是評價標準、愛惡感情和取捨行動的大變。分別說，是確信世間的諸多可欲之物是染污，並不值得眷戀；而且進一步，移了情，就真不再眷戀可欲之物；之後是行為的變，甘心離開朝市，或身在朝市而心在山林。總的說，是由日常知見變為契於佛理，最突出的表現為破了我執，達到老子的"及吾無身，吾又何患"（《老子》第十三章）的境界。（這是順情說理想一方面的話；至於實際，如俗語所說，人總是肉長的，境由心造的力量是有限的，如兩種境，一種是美酒佳餚，一種是苦刑，用禪悟的力量抗前者，即心不為境移，或者輕而易舉，抗後者，至少由常人看，是不能如意的。）這種禪悟的概括的境（不是存於個人之心的那個具體的），我們可以稱之為禪悟的"意境類"。不同的人，如馬祖和趙州，悟後所得的具體的境，各有各的質和量，但必須屬於同一個意境類。不這樣，一種可能是"沒有"這個意境類，那是假悟；一種可能是，有所得而"不是"這個意境類，那是外道。

在不能改變感知的境的情況下，想取得禪悟的境，並長期保持，自然是太難了。難，是因為不切實際。門外人大多這樣看。但就是門外人，也應該由知其難而更重視一種難得。這所謂難得是一種自信，用佛家的話說是心能生萬法，用我們常人的話說是自我有大力，能解決諸多來攪擾自己的麻煩問題。這種自信最突出地表現在相信自性清淨方面。花花世界，煩惱無限；但確信"我"有大本錢（清淨的自性），只要拿出來，一切問題就可以化為空無。這，就說是主觀理想吧，總是使不少人走上與常情有大別的一條路，而且，據說，他們就不再有煩惱，或至少是減少了煩惱，這不是很值得我們長與煩惱為伴的常人深思的嗎？

6.3

向自然挑戰

仁者見仁，智者見智，即對於同一事物而評價、愛惡、取捨不同。這不同，常常表現在小事情上，如夫愛吃甜的，妻愛吃辣的；爺爺愛看京劇，孫子愛看芭蕾舞。有時也表現在大事情上，如人生問題，常人避苦而尋樂，佛家卻認為，世間只有苦而沒有樂，所以正確的人生之道應該是確認"苦""集"之理，堅決走"滅""道"之路。這不容易，因為是以逆為順。逆甚麼？也可以說是逆自然的定命。儒家說"天命之謂性"，命膠著於人身，成為性。告子說："食色，性也。"可是食色會引來煩惱。至此就產生了看法的分歧：儒家是以禮節之，道家是安之若素，佛家寧願徹底，滅。由常人看，這不合天命，因為"天地之大德曰生",要生就應該順天,既食又色。順,不能避煩惱,追到根柢,心理狀態是"畏天命"(《論語·季氏》),不得不忍受。忍甚麼?忍諸多煩惱,忍到頭來終於不免一場空。這忍有沒有究極意義?像是沒有,至少是我們不能知道。佛家的態度是不順,不忍,像是說,你強制我"率性",尋樂,生,生生,我偏不照辦。專就這一點說,佛家是想與天命戰。勝利,顯然很難,但也並非絕不可能。就算是非常非常難能吧,在還不能確定人生究極意義是甚麼的時候,生活之道應該是多歧的,或者說,應該容許設想,容許試驗。禪,或說禪悟,是有關人生之道的一種設想,一種試驗,其中有智,尤其有勇。憑這樣的智勇,如果有的人真就勝利了,這就證明,以"我"為本位,也可以不率性而行。這是不是也可以稱為一種偉大?當然又是仁者見仁,智者見智。我的想法,見,要平心靜氣,選擇可以不同,或加重說,道不同可以不相為謀,但對於他人的想法的智,行動的勇,總當予以與自己的想法和行動的同樣的地位。就是基於這樣的平等觀,對於禪悟,上面說了不少門外人會認為過於寬厚的話,門內人會認為過於苛刻的話。

第七章

漸與頓

● ———— **7.1** ———— ●

通往禪悟的路

禪悟，如上一章所説，大難。難，是因為必須反生活的常情始能獲得。常情是飲食男女，或者説，看見錦衣玉食，看見西施和潘安，覺得好，並進而企求。求得，覺得樂；不得，覺得苦。對於苦樂，是盡全力避免前者，取得後者。此外，再加上立德、立功、立言，生則高官厚祿，死則有人慎終追遠之類，自我安慰，説是無憾，而已而已。佛家就大不同，認為這都是在苦海中流轉；想脱離，就要走完全相反的一條路。這相反的一條路，至少由常人看，怪誕，渺茫，而且太崎嶇，幾乎是連舉步也困難。怎麼能走通呢？顯然，用現在的話説，要改造思想；而且小改不成，必須大改，改到看山不是山，看水不是水，才勉強可以及格。佛家的修持，主要是禪定，後來南宗禪改為參禪，目的就是思想真能夠得到改造。能得不能得，關鍵在於能不能以新境代舊境。如上一章所分析，感知的境，因為有現實為證，變換幾乎是不可能的。那就只好在冥想方面多下功夫。這冥想的境，即所謂新境，或説禪境，"生"和"存"都不容易。所謂生，是冥想時，真就看山不是山，看水不是水；所謂存，是悟以後，長時期，即便走出山林，碰到錦衣玉食，碰到趙飛燕、楊貴妃，仍舊是看山不是山，看水不是水。或者總的説，是心不再為（感知的）境移，因而也就不再有煩惱。佛家稱有煩惱為迷，不再有煩惱為悟。常人當然相反，會說迷是常態，悟是變態。禪師們，至少悟之前也是常人，那麼，求悟就要由常態走到變態，仍用常人的話說，要視有為空，感樂為苦，等等。這顯然太難了。難而求有成，不能不下大功夫。這功夫，如果身和心可以分開說，是以心（冥想）為主力，身為助力（居山林、靜坐、調息等），求變知見，變愛惡，變取捨。

這樣大的變，要靠堅忍的修持才能取得。修持，同是禪，方法也會因宗派的不同而有差異；又同一宗派，也會因人的不同而有細微的差異。關於宗派的較大不同，圭峰大師宗密在《圓覺經大疏》《禪源諸詮集都序》等著作中有較詳的說明。《圓覺經大疏》分禪法為七家：一是"拂塵看淨，方便通經"，意思是勤除染污，以明清淨本性，並以通經為助力。二是"三句用心，謂戒定慧"，意思是要無憶，無念，莫忘，即修戒定慧。三是"教行不拘而滅識"，意思是破一切執著，以無心得妙道。四是"觸類是道而任心"，意思是一切作為皆可顯佛性之用，不思善，不思惡，任心而行。五是"本無事而忘情"，意思是心境本空，明此理即可忘情，忘情即無苦。六是"借傳香而存佛"，意思是師徒授受，以傳香為記，以念佛求無想。七是"寂智指體，無念為宗"，意思是心體本寂，識此清淨心即可證涅槃。這類別是由學理方面分析出來的；實際去行，恐怕難於這樣清楚地劃清界限。又，關於心、識、體、用之類，如果深入追求，就會陷入名相的大海，所以這裏還是只好遷就常識，少管修持的心理狀態，而多注意修持的功效，即漸或頓。

依常理，修持，以及變，大不易，路程都應該是長的；可是由南朝竺道生起，尤其由六祖慧能起，有不少禪師相信，也可以短到一瞬間。時間長是"漸"，時間短是"頓"。兩者都是求得禪悟的方法，其性質和分別，以及其間的關係、得失等，也是想了解禪的人不能不追根問柢的。

7.2

7.2.1 漸修

用禪定方法改造思想，求以奇境代常境（解脫），是佛教興起以前就有的，也是佛教興起之後許多教派共同的。佛教創始人釋迦牟尼，出家後曾學無有處定，非想非非想處定，捨棄苦行後渡尼連禪河，在畢缽羅樹下結跏趺坐，據說連續七七四十九日，順逆觀十二因緣，終於得無上等正覺，所有這些修持功夫都是禪定。推想佛教早期，信士弟子修習禪定、靜慮的所慮都是四聖諦法，即"苦"由於"集"，應以"道""滅"之。後來，順隨求深奧、趨繁瑣的教風，禪定的內容複雜了，講法很多，這裏說說最通常的。大致可以分為"觀法""禪境""受用"三種，或三個階段。

（一）觀法。這是坐禪時冥想內容的因材施教或對症下

藥，就是適應不同的心理過失，選用不同的定功來對治。計有
五種：一是多貪欲，用不淨觀法治，就是設想愛而欲得之物
都是不乾淨的。不淨分為兩種：一種是己身不淨，包括九種不
淨相：死，脹，青瘀，膿爛，壞，血塗，蟲啖，骨鎖（身肉壞
之後骨仍連），分散。一種是他身不淨，包括五種不淨相：種
子（己身宿業和父母精血），住處（母胎），自相（有多種排泄
物），自體（由三十六種不淨物合成），終竟（死後朽壞）。佛
家省察人的情性，知道貪欲，包括最熾烈的淫欲，是走向出世
間的最嚴重的攔路石，所以把不淨觀法看作最重要的法寶，不
只列在觀法的第一位，並且用十二分力量實行之，如禪堂用功
之外，還要求到叢冢間去看死屍。觀法之二是多瞋恚，用慈悲
觀法治。對於他人，與樂曰慈，拔苦曰悲，就是富有同情心，
處處利人達人。他人包括四種：親屬，無大親疏者，路人，仇
敵。因為包括仇敵，要求不怒不恨，所以還提倡忍辱，就是連
受到打罵也不當一回事。觀法之三是多愚痴，用因緣觀法治。
所謂愚痴，是認為世間諸法是實，因而迷惑不悟。因緣觀即順
逆思惟十二因緣（有“老死”由於有“生”，有“生”由於有
“有”，等等；“無明”滅則“行”滅，“行”滅則“識”滅，等
等），最終要求領悟萬法皆空。觀法之四是多我見，用四界分
別觀法治。我見或我執，是妄計我（自身）和我所（自身之外）
為實。這是諸多煩惱之起因，所以須以分別是妄的道理驅除
之。觀法之五是多散心，以數息觀法治。數息，也說安般，安
（安那）是入息，般（般那）是出息，即靜坐默數呼吸，使心

止於一處。止於一處不是道家的無思無慮，是專注於一理，這理是無我、諸行無常之類。觀法分多種，是事理的解析；實際用功，當然不能不兼用，如既有貪欲又有我執，就要兼修不淨和四界分別兩種觀法；而數息觀法又像是禪定的入門或基礎，是用功時都離不開的。

（二）禪境。這有如世俗的由小學升中學，由中學升大學，定功有成，所得之境也是由淺入深。計分四級：一是初禪。這一階段，修禪定人的感受，或說講法，非常複雜，依次序說計有粗住、細住、欲界定、未到定（以上為入門前之相）、八觸、十功德（以上為已入門之相）幾種。坐禪開始，靜坐調息，感到心安穩而不散亂，是粗住。進一步，感到心更澄淨安穩，是細住。再進一步，感到空明，己身如雲如影，是欲界定。更進一步，感到心地泯然，不見眼前常見之物，是未到定（未入初禪）。此後經過較長時期（日、月或年），入初禪定，身感八觸：動觸，身起動亂；癢觸，身發癢，似無處安置；輕觸，身輕如雲霧，似能飛行；重觸，身重如石，端然不動；冷觸，如浸冷水中；暖觸，身熱如火；澀觸，身如木皮；滑觸，身滑如乳。入初禪定可得十功德（又稱十眷屬）：空，明，定，智，善心，柔軟，喜（粗樂），樂（細樂），解脫，境界相應。還有十八支的講法（初禪五支，二禪四支，三禪五支，四禪四支），初禪五支是：覺支，觀支，喜支，樂支，一心支。這都講得過細，不如《坐禪三昧法門經》的話簡明扼要，那是："行者呵去愛欲，滅斷欲火，一心精勤信樂，令心精進，意不散亂，觀欲心厭，除結惱盡，得初禪定。"禪定是求捨世間法，當然是捨得越多，成就越大，境界越高。初禪之境，獲得靠思，所得為覺觀，為喜樂。捨覺觀仍有喜樂為二禪。捨喜仍有樂為三禪。兼捨樂為四禪。四禪是禪定的最高境界，理應稱為"悟"。

（三）受用。這是禪定有成所得之善果，是行四無量心，修四念處，明四聖諦，得六神通，都成為易事。四無量心是慈無量（使眾生得樂），悲無量（使眾生離苦），喜無量（見眾生得樂而喜），捨無量（離一切苦樂），總的精神是行功德，以求生梵天。四念處又名四空定或四無色定，是空無邊處定（離一切色相，入虛空），識無邊處定（虛空因識而有，觀識而捨虛空），無所有處定（識亦虛幻，進而捨識），非想非非想處定（有想非，無想亦非，故取非想非非想），這是更高的修持方法。四諦是苦集滅道，明此理就可以成正覺。六神通是天眼通，天耳通，他心通，宿命通，神足通，漏盡通，都是常識認為不可能的能力。

以上所講的修持方法，由坐禪到開悟，顯然不是一朝一夕之功，就是說，必須漸修。從禪林的生活方面看，專說六祖慧能以後，也是按部就班以求有成。如百丈懷海的《禪門規式》（以後發展為《百丈清規》）規定：

> 所裒學眾，無多少，無高下，盡入僧堂中，依夏次安排。設長連床，施椸架，掛搭道具。臥必斜枕唇，右脅吉

祥睡者，以其坐禪既久，略偃息而已，具四威儀也。

維持"坐禪既久"不容易，因而要有嚴格的修持制度來保證。這有日日的，是定時坐禪以外，還有課誦，主要是早晚須上殿誦經。還有年年的，是夏日連續修習定功九十日，名為坐夏，冬日連續修習定功九十日，名為坐臘，通名為安居。這用意都是：開悟不易，所以要鍥而不捨，一方面用大力，一方面慢慢來。慢慢來是漸修。

時間是個怪東西，有怪魔力。這怪魔力之一是可以化量變為質變。有的宣傳術和廣告術就善於利用這種魔力，那是如某納粹頭子所說，假話多說幾遍就成為真的。這裏不是說誰真誰假，是說"漸"有大力，幾乎能夠變不可能為可能。當然，由時間單幹也不成，還要有其他事物（寺院、課誦、衣食等等）陪襯。我比較熟悉寺院的修持生活，深知境由心造和心由境造常常是相輔而行；在初學階段，力量更大的也許是後者。舉兩種小情況為例：一種是在殿內或殿外視聽課誦，殿宇的靜穆，香煙的繚繞，鐘鼓梵唄聲的清幽，常常使人也略有嚮往出世的情緒。一種是自己誦經，比如能背誦《心經》，在靜夜，心應清淨而不清淨的時候，默誦："是諸法空相，不生不滅，不垢不淨，不增不減。是故空中無色，無受想行識，無眼耳鼻舌身意，無色聲香味觸法。無眼界，乃至無意識界。無無明，亦無無明盡，乃至無老死，亦無老死盡。無苦集滅道，無智亦無得。"誦，未必深思經義，自然也說不上深信或淺信，但這些

"無"也會產生一些力量，化心的不清淨為略清淨，不能捨為略可捨。門外人視聽，誦，星星點點的因，也會生星星點點的果，長期坐禪堂，住茅棚，定內定外都默想萬法皆空的信士弟子就更不用説了。這是説，大因會有大果。大因來於長時期，這，如果説是一種保證性，似乎只有漸修才能有。

7.2.2 達磨以前的漸修

中土早期，習禪的人都是依經修習。經主要是禪經，而不限於禪經，因為禪經所講偏於行，行即禪定，要靜慮，慮甚麼？總説是佛理，這要由一般經論來。有的人主張禪（習禪）教（佛理）合一，起因就是如此。專説習禪所宗的禪經，早期是由安世高到鳩摩羅什譯的那些，如《大安般守意經》《禪行法想經》《修行道地經》《坐禪三昧法門經》《禪秘要法經》等。其中所講，如上一節介紹的那些，由淺而深，都要慢慢來。慢慢來是漸修。

其時習禪高僧的行徑，也表明修持都是慢慢來。舉慧皎《高僧傳》卷十一《習禪》篇收的一些人為例：

> ❶ 晉剡隱岳山帛僧光 —— 少習禪業。晉永和初遊於江東，投剡之石城山。……光於山南見一石室，仍止其中，安禪合掌，以為樓神之處。……光每入定，輒七日不起。處山五十三載。

> ❷ 晉始豐赤城山竺曇猷 —— 少苦行，習禪定。後遊

江左，止剡之石城山，乞食坐禪。……山有孤巖獨立，秀出於雲，猷搏石作梯，升巖宴坐，接竹傳水，以供常用。……古老相傳云，（天台山）上有佳精舍，得道者居之，雖有石橋跨澗，而橫石斷人，且莓苔青滑，自終古以來，無得至者。猷行至橋所，聞空中聲曰："知君誠篤，今未得度，卻後十年，自當來也。"猷心悵然。夕留中宿，聞行道唱布薩聲。旦復欲前，見一人鬢眉皓白，問猷所之，猷具答意，公曰："君生死身，何可得去？吾是山神，故相告耳。"

❸（南朝）宋餘杭釋淨度 —— 出家蔬食，誦經三十餘萬言。常獨處山澤，坐禪習誦。若邑中有齋集，輒身然九燈，端然達曙，以為供養。如此者累年。

❹（南朝）宋始豐瀑布山釋僧從 —— 稟性虛靜，隱居始豐瀑布山。學兼內外，精修五門。不服五穀，惟餌棗栗。年垂百歲，而氣力休強，禮誦無輟。

這都是漸修，而且不提"悟"。不提悟，是只覺得慢慢會有成，而沒有想到"頓"。

東晉時期，還有一種與淨土法門合的禪法，為廬山慧遠所倡導，名唸佛禪。唸是觀想的意思。用觀想佛的辦法修禪行，可以看作一種特殊形式的禪定，顯然也不是一朝一夕所能收效的。

　　總之，中土早期的禪法，還多少帶有印度修苦行的色彩。修苦行，行是長期的手段，是寂滅前的一貫制，沒有階段，自然就談不到，也想不到甚麼悟前和悟後。或者說，禪只是一種出世間法的生活方式，要始終如一；不像後來，禪是求悟得解脫的一種手段，要嚴格區分有成和無成。實事求是地說，始終如一不同於後來說的漸頓的漸，但它總是近於漸而遠於頓。

7.2.3 楞伽宗的漸修

　　前面第五章 5.4.1 節以下曾介紹楞伽宗的情況。禪宗譜系，照南宗的說法，是由菩提達磨開始，數到慧能，已是第六代。可是照《楞伽師資記》《高僧傳》等書所記，菩提達磨傳禪法，所宗經典是《楞伽經》，而不是《金剛經》，所建的宗派（如果可以稱為宗派），"必也正名"，應該名為楞伽宗。《楞伽經》卷一提到漸頓，是這樣說的：

　　　　爾時大慧菩薩為淨除自心現流故，復請如來，白佛言："世尊！云何淨除一切眾生自心現流，為頓為漸耶？"佛告大慧："漸淨非頓。如庵羅果，漸熟非頓。如來淨除一切眾生自心現流，亦復如是，漸淨非頓。譬如陶家造作諸器，漸成非頓。如來淨除一切眾生自心現流，亦復如是，漸淨非頓。譬如大地漸生萬物，非頓生也。如來淨除一切眾生自心現流，亦復如是，漸淨非頓。譬如人學音樂書畫種種伎術，漸成非頓。如來淨除一切眾生自心現流，亦復如是，漸淨非頓。譬如明鏡，頓現一切無相色像。如來淨除一切眾生自心現流，亦復如是，頓現無相，無有所有清淨境界。如日月輪，頓照顯示一切色像。如來為離自心現習氣過患，眾生亦復如是，頓為顯示不思議智最勝境界。譬如藏識，頓分別知自心現及身安立受用境界。彼諸依佛，亦復如是，頓熟眾生所處境界以修行者，安處於彼色究竟天。譬如法佛，所作依佛，光明照耀。自覺聖趣，亦復如是，彼於法相，有性無性，惡見妄想，照令除盡。"

這段文章說了兩面，有漸有頓：漸象是多由修習方面說，頓象是多由佛力方面說。如果這樣理解不錯，那就可以推斷，在依《楞伽經》而修的時期，入道的主要方法仍是漸，不是頓。

楞伽宗的幾位大師，自學或教人時的禪法，也可以引來作為證明。達磨是二入和四行。《楞伽師資記》說：

> 夫入道多途，要而言之，不出二種：一是理入，二是行入。理入者，謂借教悟宗，深信含生（有生命者）凡聖同一真性，但為客塵妄覆，不能顯了；若也捨妄歸真，凝住壁觀，無自他，凡聖等一，堅住不移，更不隨於言教，此即與真理冥狀無有分別，寂然無名，名之理入。行入者，所謂四行，其餘諸行悉入此行中。何等為四行？一者報怨行，二者隨緣行，三者無所求行，四者稱法行。云何報怨行？修道行人若受苦時，當自念言：我從往昔無數劫中，棄本逐末，流浪諸有，多起怨憎，違害無限，今雖

無犯，是我宿殃，惡業果熟，非天非人所能見與，甘心忍受，都無所怨訴。……第二隨緣行者，眾生無我，並緣業所轉，苦樂齊受，皆從緣生。若得勝報榮譽等事，是我過去宿因所感，今方得之，緣盡還無，何喜之有？……第三無所求行者，世人長迷，處處貪著，名之為求。智者悟真，理將俗及，安心無為，形隨運轉，萬有斯空，無所願樂。功德黑暗，常相隨逐，三界久居，猶如火宅，有身皆苦，誰得而安？了達此處，故於諸有息想無求。……第四稱法行者，性淨之理，因之為法。此理眾相斯空，無染無著，無此無彼。……為除妄想，修行六度（一佈施，二持戒，三忍辱，四精進，五禪定，六智慧），而無所行，是為稱法行。

又傳說達磨曾在嵩山少林寺面壁靜坐，人稱為壁觀婆羅門。可見無論是講禪法還是自己修持，都是把習禪當作長期的生活方式，而不是頓悟的手段。承嗣的弟子也是這樣。二祖（依南宗譜系，下同）慧可，道宣《續高僧傳·僧可傳》說“可常行，兼奉頭陀”。頭陀行是衣食住都極簡陋的長期苦行，當然也是漸修。三祖僧璨，《楞伽師資記》說：

　　　按《續高僧傳》曰：“可後粲禪師，隱思空山，蕭然淨坐，不出文記，秘不傳說法。”（與今本《續高僧傳·法沖傳》中所記不同）惟僧道信奉事粲十二年，寫器傳燈，一一成就。粲印道信了了見佛性處，語信曰：“《法

華經》云：'惟此一事，實無二，亦無三。'故知聖道幽
通，言詮之所不逮；法身空寂，見聞之所不及，即文字語
言徒勞施設也。"

蕭然淨坐，顯然也是漸修。四祖道信，《續高僧傳·玄爽
傳》說他的禪法是"惟存攝念，長坐不臥，繫念在前"，前面
已經提到。《楞伽師資記》記了一些比喻，也表現這種精神：

> 喻人習道，念念住心。心心相續，無暫之間念。正念
> 不斷，正念現前。又經云：以智惠箭射三解脫門（空，無
> 相，無作），箭箭箭相住，勿令落地。又如鑽火，未熱而
> 息，雖欲得火，火難可得。又如家有如意珠（能與人如意
> 之寶珠），所求無不得，忽然而遺失，憶念無忘時。又如
> 毒箭入肉，竿出鏃猶在，如此受苦痛，亦無暫忘時。念念
> 常在心，其狀當如是。

這是造次必於是，顛沛必於是，終生如此，也就無所謂頓
不頓。五祖弘忍，《楞伽師資記》說他"棲神幽谷，遠避囂塵，
養性山中，長辭俗事"，"蕭然淨坐，不出文記"，可見也是長
期苦修，仍是頭陀行的一路。

五祖弘忍之後，南北宗的法統鬥爭開始，慧能的高足神
會攻擊神秀一派的禪法"法門是漸"。後來談禪的人也是這樣
看，涇渭分流，地域有南北，法門有頓漸。專就法門有別這一
點說，神秀（如果死後有知）也會承認，因為他的教旨是"慧

念以息想，極力以攝心"，生活是"開室岩居"，仍然是走長期修習的路子。他的大弟子普寂、義福等也是這樣。《楞伽師資記》引學禪人稱讚他們說：

> 法山淨，法海清，法鏡朗，法燈明。宴坐名山，澄神邃谷。德冥性海，行茂禪枝。清淨無為，蕭然獨步，禪燈默照，學者皆證佛心也。

可證直到六祖慧能之後，他們仍舊保持楞伽宗的傳統，用漸修的辦法求解脫。

7.2.4 南宗與漸修

照南宗述說的禪學歷史，自五祖弘忍傳法授衣之後，禪法分為截然不同的兩支，南頓北漸，涇渭分明。其實，情況並不是這樣簡捷明快，因為客觀事物是一，或說諸多部分糾纏在一起，難得一刀兩斷。理由，深遠的，留到下面說；這裏先說說表面現象。

《六祖壇經》是慧能的弟子所作或所記而加以修潤，南宗的氣味濃了，有《頓漸》篇，當然要宣揚頓悟的優點。可是其中說：

> 法本一宗，人有南北；法即一種，見有遲疾。何名頓漸？法無頓漸，人有利鈍，故名頓漸。……師（慧能）曰："汝師（指神秀）戒定慧接大乘人，吾戒定慧接最上

乘人。悟解不同，見有遲疾。……汝師戒定慧勸小根智人，吾戒定慧勸大根智人。"

這看法的邏輯推論是：一，頓漸是由學人得道的遲疾說的，不是法門有甚麼區別。二，遲疾是相對的，兩端像是有明顯的區別（如一日與一年）；但兩端可以移動而接近（如一月與半年），過於接近，一刀砍成兩截就有困難。三最為嚴重，佛家四弘誓願的第一種是"眾生無邊誓願度"，又說眾生都有佛性，可是頓教只能"接最上乘人"，"勸大根智人"，其結果自然是只有極少數能得度，眾生中的絕大部分，如果也想得度，就只能走漸修的一條路。

其次，即使真有一霎間的頓悟，悟之前也必須有漸。道理很明顯，悟要改造思想，用佛家的話說，要破除知見證實相，掃除染污顯清淨。就說是最上乘人或大根智人吧，能夠自然而然地看到，掛爐烤鴨是因緣和合而成，並不真實，燙髮高跟是不淨，並不可愛嗎？大改造思想要下大（準備）功夫，至少要把四聖諦法之類牢記在心，而且要堅信。這自然不是一朝一夕之功，就是說，必須漸，頓辦不到。

南宗的禪林生活，只是根據修潤後的史料，也處處可以說明這種情況。舉著名的三代大師為例。一是南嶽懷讓，《五燈會元》卷三記載：

> 垂拱三年方十五歲，辭親，往荊州玉泉寺，依弘景律師出家。通天二年，受戒後習毗尼藏。一日自嘆曰："夫

出家者，為無為法，天上人間，無有勝者。"時同學坦然
知師志氣高邁，勸師謁嵩山安和尚。安啟發之，乃直指詣
曹溪參六祖。……師執侍左右一十五年。

由武后垂拱到萬歲通天約十年，以後還從慧安（弘忍的弟
子）學，就算是見到六祖就頓悟吧，準備的時間也夠長了。二
是懷讓的高足馬祖道一，《五燈會元》卷三記載：

> 本邑羅漢寺出家。……幼歲依資州唐和尚（處寂）
> 落髮，受具於渝州圓律師。　　　　　　　　　《道一傳》

> 開元中有沙門道一，在衡嶽山常習坐禪。師知是法
> 器，往問曰："大德坐禪圖甚麼？"一曰："圖作佛。"師
> 乃取一磚，於彼庵前石上磨。一曰："磨作甚麼？"師曰：
> "磨作鏡。"一曰："磨磚豈得成鏡邪？"師曰："磨磚既
> 不成鏡，坐禪豈得作佛？"……一蒙開悟，心意超然。侍
> 奉十秋，日益玄奧。　　　　　　　　　　　《懷讓傳》

這是讖語"踏殺天下人"的"馬駒"，學業也是漸而有成，
其他不入經傳的人物就更不用說了。三是馬祖的高足南泉普
願，《五燈會元》卷三記載：

> 幼慕空宗。唐至德二年依大隗山大慧禪師受業。詣嵩
> 嶽受具足戒。初習相部舊章，究毗尼篇聚。次遊諸講肆，
> 歷聽《楞伽》《華嚴》，入中百門觀，精練玄義。後扣大寂

之室，頓然忘筌，得遊戲三昧。

即使“頓然忘筌”的說法是真的，忘筌之前的功夫，至於“精練玄義”，用力也夠多了。總之，學而有成，都是先漸後頓。或者引六祖答神會的話，是“聽法頓中漸”，“修行頓中漸”（《五燈會元》卷二《神會傳》）。

再其次，剛說過的情況是先漸後頓，顯然是一切學人必走的一條路。還有先頓後漸的情況，我的想法，普遍性也不見得小多少。原因是：一，假定真有所謂頓，或由於見桃花，或由於聽驢叫，忽然像是恍然大悟，就真能一切疑團都掃光了嗎？只是就知識說也是不可能的。二，何況還有愛惡的感情？引用胡博士一句殺風景的名言，是“知難，行亦不易”，為了貫徹到生活中，不得不繼續修習，求鞏固，這說冠冕一些是“鞠躬盡瘁，死而後已”，洩氣一些是“當一天和尚撞一天鐘”。禪門的大師也有強調這方面的用功的，如《五燈會元》記為仰宗的創始人溈山靈祐的話：

> 時有僧問：“頓悟之人更有修否？”師曰：“若真悟得本他自知時，修與不修是兩頭語。如今初心雖從緣得，一念頓悟自理，猶有無始曠劫習氣未能頓淨，須教渠淨除現業流識，即是修也。”　　　　　　　　　　（卷九）

薦福弘辯的話：

> 帝（唐宣宗）曰：“何為頓見？何為漸修？”對曰：“頓

明自性，與佛同儔。然有無始染習，故假漸修對治，令順
性起用。如人吃飯，不一口便飽。」　　　　　　　　（卷四）

佛家以逆為順，經過苦修，偶爾靈機一動，覺得逆確是
順；可是俗世的 "順" 力量很大，要避免被拉回去的危險，就
一分一秒不能放鬆。就是說，即使已經靈機一動（頓），還不
得不繼續修持（漸）。總之，頓漸的關係錯綜複雜，照南宗的
設想，涇渭分明是很難的。

―――――●――――――　7·3　――――――●―――――

7.3.1 所謂頓

頓有不同的意義。先小乘，後大乘，像是登梯子一步一
步上房，是漸；一入門就大乘；像是一躍就上房，是頓。這是
偏於由階段著眼，不是偏於由時間著眼，因為階段少，時間未
必能省多少。通常說頓，是指時間短的頓。這也是古已有之。
小乘修道有成，有 "聲聞"（因聞佛說四聖諦法而悟）、"緣覺"
兩條路。緣覺的緣有兩種解釋：一種是因觀十二因緣之理而得
悟；另一種是在無佛之世，仗自己的慧根，因觀飛花落葉之外
緣而得悟。這後一種應該算作頓。可是這樣的頓，似乎僅見於
解說而未付諸實行。在中土，早期有南朝竺道生的頓，可惜他
的《頓悟成佛義》沒有傳下來。據其他論述所引，他主張大頓

悟（支遁為小頓悟），理由是真理湛然常照，不可分，以極慧悟入真理，自亦不容有階級。但極慧必須已經修養到佛地（十地的最後一級），具有菩薩的金剛心之後才有，可見頓只是就理說應該如此，不是就行說如何容易。到南宗，也講理（認識本心、明自性之類），卻更強調行方面的一蹴而成。看下面的種種。

（一）應該由六祖慧能之後說起，因為之前是楞伽師，頓的表現靠不住。《六祖壇經》的《機緣》篇和《頓漸》篇提到不少弟子的頓悟。法海是：

> 師（慧能，下同）曰："前念不生即心，後念不滅即佛。成一切相即心，離一切相即佛。……"法海言下大悟。

法達是：

> 師曰："……佛知見者，只汝自心，更無別佛。蓋為一切眾生自蔽光明，貪愛塵境，外緣內擾，甘受驅馳，便勞他世尊從三昧起，種種苦口，勸令寢息。莫向外求，與佛無二，故云開佛知見。……"達聞偈不覺悲泣，言下大悟。

智通是：

> 師曰："三身者，清淨法身，汝之性也；圓滿報身，汝之智也；千百億化身，汝之行也。若離本性別說

三身，即名有身無智。若悟三身無有自性，即明四智菩
提。……」通頓悟性智。

志道是：

　　師曰：「……佛為一切迷人認五蘊和合為自體相，分
別一切法為外塵相，好生惡死，念念遷流，不知夢幻虛
假，枉受輪迴，以常樂涅槃反為苦相，終日馳求。佛愍此
故，乃示涅槃真樂。剎那無有生相，剎那無有滅相，更無
生滅可滅。是則寂滅現前，當現前時亦無現前之量，乃謂
常樂。……」志道聞偈大悟。

智隍是：

　　師云：「誠如所言，汝但心如虛空，不著空見，應用
無礙，動靜無心，凡聖情忘，能所俱泯，性相如如，無不
定時也。」隍於是大悟。

志徹（本姓張，名行昌）是：

　　師曰：「無常者，即佛性也；有常者，即一切善惡諸
法分別心也。……汝知否？佛性若常，更說甚麼善惡諸
法？乃至窮劫無有一人發菩提心者。故吾說無常，正是佛
說真常之道也。又一切諸法若無常者，即物物皆有自性容
受生死，而真常性有不遍之處。故吾說常者，正是佛說真
無常義。……」行昌忽然大悟。

這都是聽到正面的講說佛理而得悟。

（二）其後，除了聽受講說佛理而得悟之外，又出現了新的花樣。如《五燈會元》中所記，五洩靈默是：

> 後遠謁石頭（希遷），便問："一言相契即住，不契即去。"石頭據坐，師便行。頭隨後召曰："闍黎！"師回首，頭曰："從生至死只是這個，回頭轉腦作麼？"師言下大悟。　　　　　　　　　　　　　　　　　　　　（卷三）

西山亮座主是：

> 參馬祖，祖問："見說座主大講得經論，是否？"師曰："不敢。"祖曰："將甚麼講？"師曰："將心講。"祖曰："心如工伎兒，意如和伎者，爭解講得？"師抗聲曰："心既講不得，虛空莫講得麼？"祖曰："卻是虛空講得。"師不肯，便出。將下階，祖召曰："座主！"師回首，祖曰："是甚麼？"師豁然大悟。　　　　　（卷三）

壽州良遂是：

> 參麻谷。谷見來，便將鋤頭去鋤草。師到鋤草處，谷殊不顧，便歸方丈，閉卻門。師次日復去，谷又閉門。師乃敲門。谷問："阿誰？"師曰："良遂。"才稱名，忽然契悟。　　　　　　　　　　　　　　　　　　　（卷四）

金華俱胝和一童子是：

　　初住庵時，有尼名實際來，戴笠子，執錫，繞師三匝，曰：「道得即下笠子。」如是三問，師皆無對。尼便去，師曰：「日勢稍晚，何不且住？」尼曰：「道得即住。」師又無對。尼去後，師嘆曰：「我雖處丈夫之形，而無丈夫之氣，不如棄庵，往諸方參尋知識去。」其夜山神告曰：「不須離此，將有肉身菩薩來為和尚說法也。」逾旬，果天龍和尚到庵。師乃迎禮，具陳前事。龍豎一指示之，師當下大悟。

　　自此，凡有學者參問，師惟舉一指，無別提倡。有一供過童子，每見人問事，亦豎指祇對。人謂師曰：「和尚！童子亦會佛法，凡有問皆如和尚豎指。」師一日潛袖刀子，問童曰：「聞你會佛法，是否？」童曰：「是。」師曰：「如何是佛？」童豎起指頭。師以刀斷其指，童叫喚走出。師召童子，童回首。師曰：「如何是佛？」童舉手不見指頭，豁然大悟。

（卷四）

夾山善會是（船子德誠傳）：

　　（夾）山乃散眾束裝，直造華亭。船子才見便問：「大德住甚麼寺？」山曰：「寺即不住，住即不似。」師曰：「不似，似個甚麼？」山曰：「不是目前法。」師曰：「甚處學得來？」山曰：「非耳目之所到。」師曰：「一句合頭語，萬劫繫驢橛。」師又問：「垂絲千尺，意在深潭；離鈎三寸，子何不道？」山擬開口，被師一橈打落水中。山才上船，師又曰：“道！道！”山擬開口，師又打。山豁然大悟。
(卷五)

這都不是正面講，而是由間道來。前三則是以難解的或無關的話為媒介。後兩則更新奇，是“指”或“無指”，是“打”。

(三) 還有更離奇的。如黃龍道震是：

師自以為礙，棄依草堂，一見契合。日取藏經讀之。一夕，聞晚參鼓，步出經堂，舉頭見月，遂大悟。
(卷十八)

國清行機是：

每謂人曰：“某猶未穩在，豈以住山樂吾事邪？”一日，偶看斫樹倒地，忽然大悟，平昔礙膺之物，泮然冰釋。
(卷二十)

徑山智策是：

師領之，往豫章謁典牛。道由雲居，風雪塞路，坐閱四十二日。午初，版聲鏗然，豁爾大悟。
(卷十八)

金陵俞道婆是：

市油餈為業。常隨眾參問琅邪，邪以臨濟無位真人話示之。一日，聞丐者唱蓮華樂云：“不因柳毅傳書信，何緣得到洞庭湖？”忽大悟。
(卷十九)

天衣義懷是：

> 至姑蘇，禮明覺於翠峰。……覺曰：「汝行腳費卻多少草鞋？」曰：「和尚莫瞞人好。」……覺打曰：「脫空謾語漢，出去！」入室次，覺曰：「恁麼也不得，不恁麼也不得，恁麼不恁麼總不得。」師擬議，覺又打出。如是者數四。尋為水頭，因汲水折擔，忽悟。 　　　　　（卷十六）

慧圓上座是：

> 出遊廬山，至東林，每以己事請問。朋輩見其貌陋，舉止乖疏，皆戲侮之。一日，行殿庭中，忽足顛而仆，了然開悟。 　　　　　　　　　　　　　　（卷十七）

上面第（二）類是因機鋒而得悟，還可以說是沾點邊。這第（三）類就跑了野馬，沒有邊。前兩則是見，中間兩則是聞，後兩則是倒點小霉，總之，由常人看，都與佛理無關，可是產生了奇效。在南宗的歷史中，這是頓的發展，成為頓之中的頓，所以更帶有神秘性和傳奇性。

可是，這神秘，這傳奇，都靠得住嗎？留到下面談。

7.3.2 頓的底細

先說有沒有頓。這個問題很難解答，因為頓（悟）是一種主觀覺知，嚴格說，人只能覺知自己的覺知。這樣，對於頓的覺知，說有容易，因為可以舉自己的覺知為證；說無就大難，因為不能證明己身之外的無數的人也沒有。不得已，只好還是以科學常識為依據，猜想猜想。這要先分析一下。頓由兩個條件湊成，一是時間短，二是認識或意境的變易。兩者都有"量"的問題：時間，科學的，不好說；常識的，短到一刹那，一眨眼，當然要算，長呢，一小時，甚至半天，算不算？認識或意境的變易，可以變得小，可以變得大，大當然要算，小到甚麼程度就不能算？在這裏，時間的問題簡單些，可以含糊其辭地說，不能超過"一會兒"；認識或意境的問題就太大太複雜了。這問題包括兩個方面：一是變易由大向小移，小到甚麼程度就不再算；二是變易由小向大移，大到甚麼程度就不可能或幾乎不可能。前一個問題比較容易解決，自然也只能含糊其辭地說，是不能關係太小，取得太容易。比如從某水果攤買水果，一次，兩次，三次，總覺得分量不重，第四次稱一稱，原來一斤只有七兩，明白了，這也是時間短，認識變，能夠算頓悟嗎？就語言習慣說，不能算。有很多認識或意境的變易，既關係大，而且得之不易，當然應該算。人的一生，這樣的覺知，所謂"恍然大悟"，總會有，甚至並不很少。可見頗為像樣的頓也並非不可能。問題是上面提到的後一個，大到非常大，仍然可能嗎？或化泛說為具體，禪悟的意境變是非常大的，可以成於頓嗎？根據剛說過的想法，我們不能找到說必不可能的理由。但如上一節所引，聽幾句講佛理的話，以至走路跌了個跤，就天地忽變，萬法皆實成為萬法皆空，總當是可能性不大的。可能性不大，而在禪宗的典籍中記得像煞有介事，我想來源有二：一是把時間縮短了，本來是一條集諸點而成的線，線的末端也許有個較重的點，於是拈出這一個，名之為頓。另一是把新的意境誇大了，譬如説，只是覺得智光一閃，（佛）理有所增，（世）情有所減，就説這是“無餘依”了。事實是，人的“天命之謂性”，或説染污，一眨眼就變為無餘，即使非絕對不可能，總是太難了。

可是照禪宗的典籍所記，大量習禪的人，包括少數沒有出家的，都有過頓的經歷，好像頓雖然不容易，卻是有志者事竟成的事，這是怎麼回事？我想，比如頓是個鼎，所以能挺立而不倒，是因為有三個有力的足支持。一個足是“自性清淨”或“即心是佛”的想法。既然自性本來清淨，或説佛性是本有，迷惑屬於外緣，那就像是一面鏡子，為浮塵所蔽，因而不亮，已知不亮之因，求亮自然非常容易，只是小小的拂拭之功（由迷入悟是認識的一變之功）。第二個足是以般若學為根據的自信心。般若是佛家（設想的）特有的智慧，具有體和用兩個方面：就體説，它是眾生所具有的理體，離一切虛妄相；就用説，它既能觀照實相，又能觀照現象界的諸法。總之，憑藉它的力量，得無上等正覺（悟）可以易如反掌。第三個足是大水流的避難趨易，一發而不可遏。學佛求解脫，趨易表現在兩個方面：一是諸種修持條件的減少，如可以不誦經，可以不靜坐，等等。另一是時間的縮短，長是一生，俟河之清，難免起急，於是也減，損之又損，勢所必至，就到了一霎時的頓。至於頓是否真像傳的那樣實而且多，就習禪的人説，是或確信，或但願如此，即使自己學而未到，因為到不到沒有明確的標記，反應可以因人而不同：有的自信心弱，就多自責；有的自信心強，或爭勝心強，就信，或說，已有所得。在禪堂內，疑的可能性是不大的，因為疑而不信，他就走出禪堂，到俗世去幹別的去了。

7.3.3 頓的果實

頓和漸一樣，是一種修持方法。使用方法，應該有成果。由頓的語義順水推舟，成果應該是，使習禪的人較快地開悟，或說得解脫。如上一節所分析，我不敢這樣順水推舟，因為，至少是就絕大多數人說，變易認識，大到以逆為順，總不會這樣輕易，這樣神奇。這樣，談成果，實事求是，就不如多談種植耕耘，少談收穫。這種植耕耘，即修持方法，總的說是不走老路，如（至少是口頭上）可以不誦經，不坐禪，不離朝市，甚至不持某種戒（如殺和酒），等等。其中有特點突出，值得分項說說的，是以機鋒破知見，誇大悟的偶然性，呵佛罵祖。

（一）以機鋒破知見，求速成。出家修行，同在家人上學校學習一樣，要從師。師授徒，要有教材和教法。世俗的教法都是平實一路，如說一加一等於二，薪是柴之類。佛家傳法，南宗禪之前也是這樣。釋迦的四聖諦法，達磨的二入四行不用說，就是六祖慧能，如《六祖壇經》所記，教弟子，也是平平實實地講佛理。平平實實，精神是漸，至少是形式同於漸，這好像斷木用鋸，要往往復復拉，慢慢來。求快的人難免起急，因而願意用斧頭，猛力一劈，立刻成為兩段（斬斷葛藤）。這樣的斧頭，作用要不同於鋸，就教法說是不能再平平實實。六祖慧能之後，這由常趨變的形勢發展很快，先是少說常語，一跳成為幾乎不說常語，再一跳就成為輕視常語，重視機鋒，張口就是不可思議的話。如：

❶ 石霜大善禪師——僧問：“如何是佛法大意？”師曰：“春日雞鳴。”曰：“學人不會。”師曰：“中秋犬吠。”

（《五燈會元》卷三）

❷ 楊岐甄叔禪師——禪月問：“如何是祖師西來意？”師呈起數珠，月罔措。師曰：“會麼？”曰：“不會。”師曰：“某甲參見石頭來。”曰：“見石頭得何意旨？”師指庭前鹿曰：“會麼？”曰：“不會。”師曰：“渠儂得自由。”

（同上）

❸ 馬祖道一禪師——僧問：“和尚為甚麼說即心即佛？”師曰：“為止小兒啼。”曰：“啼止時如何？”師曰：“非心非佛。”

（同上）

❹ 興善惟寬禪師——（僧）問：“狗子還有佛性否？”師曰：“有。”曰：“和尚還有否？”師曰：“我無。”曰：“一切眾生皆有佛性，和尚因何獨無？”師曰：“我非一切眾生。”曰：“既非眾生，莫是佛否？”師曰：“不是佛。”曰：“究竟是何物？”師曰：“亦不是物。”

（同上）

❺ 藥山惟儼禪師 —— 大眾夜參，不點燈，師垂語曰："我有一句子，待特牛（公牛）生兒，即向你道。"

（同上書卷五）

❻ 天龍重機禪師 ——（僧）問："如何是歸根得旨？"師曰："兔角生也。"曰："如何是隨照失宗？"師曰："龜毛落也。"

（同上書卷八）

前兩則，至少由常人看，是不著邊際的話。中間兩則，意思違反邏輯規律，依常識是站不住腳的。後兩則，特牛生兒，龜毛兔角，都是事實上不可能的。禪師們不傻，為甚麼這樣說？這是相信惟有反常的話才更有破常見的斬釘截鐵的力量。六祖慧能以前，習禪的古德是沒有這種想法的。

（二）誇大悟的偶然性。如：

❼ 吉祥元實禪師 —— 自到天衣，蚤夜精勤，脅不至席。一日，偶失笑喧眾，衣擯之，中夜宿田裏，睹星月粲然，有省。

（同上書卷十四）

❽ 投子道宣禪師 —— 久侍天衣，無所契，衣叱之。師忘寢食者月餘，一夕，聞巡更鈴聲，忽猛省。 （同上）

❾ 雲蓋繼鵬禪師 —— 初謁雙泉雅禪師，泉令充侍者，示以芭蕉拄杖話，經久無省發。一日，泉向火次，師侍立，泉忽問："拄杖子話試舉來，與子商量。"師擬舉，

泉拈火箸便撼，師豁然大悟。　　　　　　　　　（同上書卷十五）

　　❿ 黃龍祖心禪師 —— 參雲峰悅禪師，三年無所得。辭去，悅曰：“必往依黃檗南禪師。”師至黃檗，四年不大發明，又辭，再上雲峰。會悅謝世，就止石霜。因閱《傳燈》，至“僧問多福：‘如何是多福一叢竹？’福曰：‘一莖兩莖斜。’曰：‘不會。’福曰：‘三莖四莖曲。’”師於此開悟。　　　　　　　　　　　　　　（同上書卷十七）

　　四則都是踏破鐵鞋無覓處，得來全不費功夫。這樣誇大頓的偶然性，是想突出“得來”的輕易。但它忽視了“無覓處”的一面，就是，怎麼就能這樣悟，像是毫無規律可循。

　　（三）呵佛罵祖。這直接由相信自性清淨來。因為自性清淨，即心是佛，所以解脫可以完全靠自力，不必外求。佛和祖都是心外物，用不著；為了表示不假外力的雄偉風格，所以要呵佛，要罵祖。頓是體現自性清淨之理的行的一面，所以它也是呵佛罵祖之因。南宗禪，從六祖慧能一再傳之後，（口頭上）輕視佛祖，以至於呵，罵，成為常事。著名的有丹霞天然的燒木佛，德山宣鑒說釋迦老子是乾屎橛，達磨是老臊胡。再舉兩則湊湊熱鬧：

　　⓫ 雲門文偃禪師 —— 舉：世尊初生下，一手指天，一手指地，周行七步，目視四方，云：“天上天下，惟我獨尊。”師曰：“我當時若見，一棒打殺與狗子吃卻，貴

圖天下太平。"

（同上書卷十五）

❶❷ 夾山善會禪師——上堂："……見性不留佛，悟
道不存師。尋常老僧道，目睹瞿曇，猶如黃葉；一大藏教
是老僧坐具。祖師玄旨是破草鞋，寧可赤腳不著最好。"

（同上書卷五）

這可以説是頓的極度的發展，以至由自信變為近於狂
妄了。

7.3.4 頓的得失

推想由南宗的禪師們看，頓只有得而沒有失，因為，如禪
宗的許多典籍所記，他們順著這條路走，都悟了。我們是站在
禪門以外，對於所謂悟，尤其歷程的輕易、神奇，總是未能盡
信。因而，與漸修比，就算吹毛求疵吧，似乎也可以找出一些
失來。

先説得。一種是鼓勵了學人的志氣。與天台、華嚴，尤
其法相的學習路徑相比，頓的辦法簡易，而且人人有速成的希
望，因而習禪就可以積極性高，幹勁大。這結果（站在佛家的
立場上説）就引來又一種得，是佛門因此而可以更加興旺，南
宗獨霸之後，禪寺禪僧遍天下就是明證。還有一種，是助長了
禪悦和禪風的發榮滋長。禪是出世法，但是，至少是移入中
土以後，它也可以入世，或者説，作為一種生活態度來處治
世間事。這態度是冷眼看，是超脱，是以大智破眾迷，是"不

著一字，盡得風流"。關於禪悦和禪風，後面還要專章談。這裏説説與它相關的一種情況，能否單純算作得還不好説，是中土化，人情化。佛教初入中土，帶來印度的傳統色彩，理論繁瑣，修持近於苦行，祠祀禮拜。中土文化的傳統不是這樣，而是"辭達而已矣"（《論語·衛靈公》），是貴生，是"不語怪力亂神"。且不説高下，只説難易，是印度難，中土易。易，放大一些説是順天理，合人情。入異國，想行得通，就不能不也求順天理，合人情。於是，正如許多人所説，佛的般若和道的任運就糅合了。這到南宗禪就更加走得遠，修持，經過頓悟，心，甚至身，都得到相當程度的解放，如不再是板著面孔如喪考妣，而是無可無不可，飢來吃飯，困來睡眠，甚至吟風弄月，刻詩集傳世了。

再説失，像是不多，卻相當重大，是走的路沒有漸修那樣平坦，因而能否及時到達目的地，就不能像漸修那樣，比較有保證。我們可以設身處地想想，比如我們決心習禪，走南宗的路，不誦經，不坐禪（修禪定），甚至呵佛罵祖，只是聽老師的機鋒，參話頭，受棒喝，就有信心，看見院內花開，聽到隔壁驢叫，就頓悟，一霎間認萬法為空，情不為物所移了嗎？至少是太沒有把握了。漸修的辦法也沒有悟的把握，但它至少可以保證，在戒定慧原則的指導下過禪僧的生活，用佛家的眼光看，這即使還夠不上出世間，也總是走向出世間。至於頓，如果未能悟而只學會了呵佛罵祖，那就離出世間太遠了。在這裏，漸和頓的分別是，漸規規矩矩，頓就不然。因為不然，所以就容易流於妄和放。如：

❶ 泐潭文准禪師——上堂曰："五九四十五，聖人作而萬物睹。秦時轆轤鑽頭尖，漢祖殿前樊噲怒。曾聞黃鶴樓，崔顥題詩在上頭：晴川歷歷漢陽樹，芳草萋萋鸚鵡洲。可知禮也。君子務本，本立而道生。道生一，一生二，二生三，三生萬物。"　　　　　　　　（《五燈會元》卷十七）

❷ 法明上座——依報本未久，深得法忍。後歸里，事落魄，多嗜酒呼盧。每大醉，唱柳詞數闋，日以為常。鄉民侮之，召齋則拒，召飲則從。如是者十餘年，咸指曰醉和尚。一日謂寺眾曰："吾明旦當行，汝等勿他往。"眾竊笑之。翌晨攝衣就座，大呼曰："吾去矣，聽吾一偈。"眾聞奔視，師乃曰："平生醉裏顛蹶，醉裏卻有分別。今宵酒醒何處，楊柳岸曉風殘月。"言訖寂然，撼之，已委蛻矣。　　　　　　　　（同上書卷十六）

前一則，所說與順口溜無別，說是含有深意，恐難於取信於人。後一則，生活情趣同於劉伶、阮籍，說這也是出世間法，至少是頗為可疑了。

第八章

師徒之間

• —— 8.1 —— •

自了與度人

　　這又是個麻煩問題。不是在實際上，是在理論上。以世俗事為例，古的，羊角哀捨命全交，鄧攸因救侄而至於伯道無兒，不只傳為美談，並曾使不少心軟的人聞而落淚；今的，拾到巨款如數奉還，為救人落水而自己溺死，也是這樣，人人推崇為好樣的。這是實際上如此。可是，如果發哲理病，不甘於承認實際，進一步問：為甚麼這樣的行為就值得推崇，甚至落淚？這就引來麻煩，因為，如果只是據直覺而說，這是當然，還用問？發哲理病的人必不滿足；想使這樣的人滿足，就要搬大套道理，有甚麼道理可搬呢？孟子大概想到這個問題，可是沒有敢挖根答覆，只是說："惻隱之心，人皆有之。"（《孟子·告子上》）這是說事實（假定事實真是這樣），並不能由此事實推論出：惻隱之心是好的。可是他推論了，說："惻隱之心，仁也。"荀子就更加駕空而立，他說："人之性惡，其善者偽也。"（《荀子·性惡》）善是偽（人為），為甚麼要偽？這是無理由地承認善。其實這是代表歷代賢哲，也代表一切常人，是承認"利人"大好而不問理由。

　　不問，省事，而且絲毫不影響日常生活。問題來自花花世界裏還有不很少的常常發哲理病的人。這也是一種需要，顯然最好是也能滿足。答，以常人生活為對象不容易，以佛家理想的出世間生活為對象就更不容易。原因是，除了常人的諸多情況之外，佛家還加了這樣的兩項：一是認識的萬法皆空，二是目的的跳出苦海。萬法皆空，加上心能生萬法，己身以外的眾生的實性從何處來？如果沒有實性，度又有甚麼必要？說到苦，它來於感知，嚴格說，自己只能感知自己的感知，如果已經自了，有甚麼必要去推想眾生也有苦而不憚煩去度呢？

在這方面的問題上，我的想法，佛家走的也是常人的路，是承認度眾生好而不問理由。佛家的宗派有所謂"小乘"，通往悟的路有所謂"聲聞""緣覺"，修得的果有所謂阿羅漢，都是指自了（證涅槃，得解脫，到不再有苦、有生死流轉的彼岸），而可以不問眾生如何（實際是守殺戒的時候早已問了）。這在理論上比較乾淨利落，因為自己有自己能夠確知的苦，修持，滅掉它，問題圓滿解決，情況等於一減一等於零。大乘的菩薩行就不同，是一減一不等於零，因為還有更多的問題（眾生未得解脫）沒有解決。一減一不等於零，為甚麼？佛家沒有答，而是不言而行。歷史的，如釋迦成道後立刻就轉法輪，神話的，尸毗王割肉代鴿餵鷹，等等，都是這種主張或精神的表現。這主張還成為四弘誓願的一種，"眾生無邊誓願度"。四無量心的慈悲喜捨，總的精神也是這樣，用儒家的話說是："己欲立而立人，己欲達而達人。"

承認己之外有人，儒家不費事；佛家，至少是大喊萬法皆空的時候，要費些事。這裏想不扯得太遠，只說為甚麼要立人達人，要度眾生。可以由孟子的想法下手，惻隱之心，人皆有之，大體說不錯，這種心從何而來？似乎來源有兩個。一個是天命之謂性的樂生。俗話說，好死不如賴活著，說冠冕一些是"天地之大德曰生"，為甚麼？理，大概找不到；事實卻歷歷在目前，並且不只在目前，而且緊粘在全身全心。想揩掉扔開也辦不到。這就是儒家所謂天命，叔本華所謂盲目意志。價值嗎？也許不是找不到，而是根本沒有。總之，樂生是與生俱來，因而生活之道就只能是率性，或說順受，就是：歡迎它，並想方設法使它維持上好的狀態。再說另一個，用現代的話說，人是社會動物，不能有單獨的生。上推，沒有父母，沒有祖父母、外祖父母等，不能有己之生。橫向推，伴侶，朋友，以及無數的與自己生活有關的人，也是維持己之生所不能離開的。這就形成一種形勢，是人與人休戚相關，無論從數學上還是從感情上，都可以證明，或更確切地說，都足以養成人皆有之的惻隱之心。這樣的惻隱之心，像是天經地義，說穿了不過是，不知來由地處"現實"之中的順從現實。但這是大流，不能絕對防止小流偏入岔路，那是己欲利而損人。於是稱順大流的行為為"德"。日久天長，這德的力量增大，不只能指引行為，而且都承認是無條件的好。這種由樂生而來的利人之德，骨子裏是常識的，其性質是長時期以為如此，無數的人以為如此，就不再懷疑，或者說，就想不到還可以容許懷疑。在這件事上，佛家也加入常人的隊伍，像是不經過思考就接受了常識，或說承認"利他"是上德。又不只是接受，而且往前邁了一大步，是把"人"擴大為"眾生"。這就理論說，是遠遠超過了儒家。因為，如果承認慈（與人以樂）悲（拔人於苦）是上德，孟子的"見其生，不忍見其死；聞其聲，不忍食其肉，是以君子遠庖廚也"（《孟子·梁惠王上》）的辦法就近於阿Q精神，深追就成為雖知其非而難得不非。佛家把範圍擴大到"含生""有情"的眾生，實際和理論方面就不再有矛盾，雖然這做起來終歸太難了。

　　度眾生是佛家的理想。實現很難，因為眾生中不只有人，還有支持烤羊肉串的羊，以至諸種滅蚊劑想置之死地的蚊子等等。怎麼度？照佛家的理論，羊和蚊子都有佛性，因而都有成佛的可能。問題是牠們怎麼能明自性，證涅槃。"誓願度"的佛、菩薩，以及無數高僧，似乎也只能用"窮則獨善其身"（《孟子·盡心上》）的辦法：烤羊肉串者自烤而自己不吃，製滅蚊劑者自製而自己不用，夏夜蚊聲如雷的時候，只是躲入蚊帳罷了。這是理論難得與實生活協調的悲哀。不得已，只好實際一些，除守殺戒以外，只強調度"人"而少管其他眾生。南宗的禪師們都是走這一條路，雖然有時為狗的有無佛性而大談特談，大參特參。而說到人，也多得很，何況其中還有滅佛的三武一宗，反對迎佛骨的韓愈。客觀情勢迫使度的範圍不能不再縮小，縮小到"願者上鉤"的，也就是那些想了生死大事而急切投師的。假定師是已悟者，徒自然是未悟者，本之"誓願度"的精神，怎麼能使未悟者儘快地"頓"呢？南宗禪的花樣，都是在這樣的師徒之間產生的（間或在道侶之間）。

致知的老路

　　前面説過，直到六祖慧能，教弟子還是用平實地講道理的辦法。"本來無一物，何處惹塵埃"，"仁者心動"，理雖然玄，負載理的語言文字卻是平實的，就是言在此而意也在此。這種教學方法與漸修的路子沒有甚麼差別。至少由常人或初學看，應該是比較穩妥的，因為可以積少成多地培養、啟發慧，即般若，有般若之因才能有波羅蜜多（到彼岸）的果。這個傳統教法，作為一種餘波，對南宗的禪師們還有些影響。但因為是餘波，就表現為：早期力量大些，越靠後力量越微弱。形勢是由"常語"向"機鋒"加速過渡。常語和機鋒之間，有不直說而可解的，我們可以稱之為"準常語"，也屬於平實一路。

　　先説常語，如：

　　❶ 馬祖道一禪師──一日謂眾曰："汝等諸人各信自心是佛，此心即是佛心。達磨大師從南天竺國來至中華，傳上乘一心之法，令汝等開悟；又引《楞伽經》文，以印眾生心地，恐汝顛倒，不自信此心之法各各有之。故《楞伽經》以佛語心為宗，無門為法門。夫求法者應無所求。心外無別佛，佛外無別心。不取善，不捨惡，淨穢兩邊俱不依怙。達罪性空，念念不可得，無自性故。故三界惟心，森羅萬象，一法之所印。凡所見色，皆是見心。心不

自心，因色故有。汝但隨時言說，即事即理，都無所礙。菩提道果亦復如是。於心所生，即名為色。知色空故，生即不生。若了此意，乃可隨時，著衣吃飯，長養聖胎，任運過時，更有何事？"　　　　　　　　　　（《五燈會元》卷三）

　❷ 石頭希遷禪師——上堂："吾之法門，先佛傳受，不論禪定精進，惟達佛之知見。即心即佛，心、佛、眾生、菩提、煩惱，名異體一。汝等當知，自己心靈，體離斷常，性非垢淨，湛然圓滿，凡聖齊同，應用無方，離心意識。三界六道，惟自心現，水月鏡像，豈有生滅？汝能知之，無所不備。"　　　　　　　　　　　（同上書卷五）

　❸ 百丈懷海禪師——問："如何是大乘頓悟法要？"師曰："汝等先歇諸緣，休息萬事，善與不善，世出世間，一切諸法，莫記憶，莫緣念，放捨身心，令其自在。心如木石，無所辨別。心無所行，心地若空，慧日自現，如雲開日出相似。但歇一切攀緣，貪嗔、愛取、垢淨情盡，對五欲（財、色等）八風（利、衰、毀等）不動，不被見聞覺知所縛，不被諸境所惑，自然具足神通妙用，是解脫人。對一切境心無靜亂，不攝不散，透過一切聲色無有滯礙，名為道人。善惡是非俱不運用，亦不愛一法，亦不捨一法，名為大乘人。不被一切善惡、空有、垢淨、有為無為、世出世間、福德智慧之所拘繫，名為佛慧。是非好醜，是理非理，諸知見情盡，不能繫縛，處處自在，名

為初發心菩薩，便登佛地。" (同上書卷三)

用大段常語教弟子，後期罕見，只是偶爾有，如：

❹ 芙蓉道楷禪師——示眾曰："夫出家者為厭塵勞，
求脫生死。休心息念，斷絕攀緣，故名出家，豈可以等閒
利養埋沒平生？直須兩頭撒開，中間放下。遇聲遇色，如
石上栽花；見利見名，似眼中著屑。況從無始以來，不是
不曾經歷，又不是不知次第；不過翻頭作尾，止於如此，
何須苦苦貪戀？如今不歇，更待何時？所以先聖教人，只
要盡卻今時；能盡今時，更有何事？若得心中無事，佛祖
猶是冤家。一切世事自然冷淡，方始那邊相應。你不見隱
山至死不肯見人，趙州至死不肯告人，匾擔拾橡栗為食，
大梅以荷葉為衣，紙衣道者只披紙，玄泰上座只著布，石
霜置枯木堂與人坐臥，只要死了你心，投子使人辦米，同
煮共餐，要得省取你事。且從上諸聖有如此榜樣，若無長
處，如何甘得？諸仁者，若也於斯體究，的不虧人；若也
不肯承當，向後深恐費力。" (同上書卷十四)

這種老路子的教法是耐心地直截地灌輸知識，因而有長
處，是不必猜想，上智和下愚都會有所得。用南宗的眼睛看也
有短處，是不大能霹靂一聲，振聾發聵。於是就不能不向新的
一方過渡。

先是移到用"準常語"，如：

❺ 百丈懷海禪師 —— 問："如何是佛？"師曰："汝是阿誰？"曰："某甲。"師曰："汝識某甲否？"曰："分明個。"師乃舉起拂子曰："汝還見麼？"曰："見。"師乃不語。

（《五燈會元》卷三）

❻ 長慶大安禪師 —— 師即造百丈，禮而問曰："學人欲求識佛，何者即是？"丈曰："大似騎牛覓牛。"師曰："識得後如何？"丈曰："如人騎牛至家。"師曰："未審始終如何保任。"丈曰："如牧牛人執杖視之，不令犯人苗稼。"

（同上書卷四）

❼ 靈峰志恩禪師 —— 問如何是佛，師曰："更是阿誰？"曰："既然如此，為甚麼迷妄有差殊？"師曰："但自不亡羊，何須泣歧路。"

（同上書卷八）

❽ 禾山師陰禪師 —— 問："久久尋源，為甚麼不見？"師曰："為步數太多。"曰："恁麼則不覓去也。"師曰："還同避溺而投火。"

（同上書卷六）

❺❻❼ 意旨一樣，是自性清淨，認識即到佛地，不必外求。❽ 是意在破執，以實現禪的自在無礙的境界。這都是略曲折一些表達，意思仍是明確的。

就南宗禪的教法看，常語和準常語像是江河源頭的涓涓細流，由山地下行，不久就變為對岸不辨牛馬的大水，即所謂機鋒、棒喝之類。

8.3

求頓悟的新路

作為一種教學方法，這個新路，由禪門外的人看，很怪。如：

❶ 芭蕉慧清禪師——上堂，拈拄杖示眾曰："你有拄杖子，我與你拄杖子；你無拄杖子，我奪卻你拄杖子。"靠拄杖，下座。僧問："如何是芭蕉水？"師曰："冬溫夏涼。"問："如何是吹毛劍？"師曰："進前三步。"曰："用者如何？"師曰："退後三步。"問："如何是和尚為人一句？"師曰："只恐闍黎不問。"上堂："會麼？相悉者少。珍重！"問："不語有問時如何？"師曰："未出三門千里程。"問："如何是自己？"師曰："望南看北斗。"問："光境俱亡，復是何物？"師曰："知。"曰："知個甚麼？"師曰："建州九郎。"

（《五燈會元》卷九）

❷ 仰山慧寂禪師——僧參次，便問："和尚還識字否？"師曰："隨分。"僧以手畫此〇相拓呈，師以衣袖拂之。僧又作此〇相拓呈，師以兩手作背拋勢。僧以目視之，師低頭。僧繞師一匝，師便打，僧遂出去。師坐次，有僧來作禮，師不顧。其僧乃問："師識字否？"師曰："隨分。"僧乃右旋一匝，曰："是甚麼字？"師於地上書十字酬之。僧又左旋一匝，曰："是甚字？"師改十字作

卍字。僧畫此〇相，以兩手拓，如修羅（惡神名）掌日月
勢，曰："是甚麼字？"師乃畫此卍相對之。　　　　（同上）

❶用語言，都難解，尤其是無而奪卻，不出門行千里，
望南看北斗，事實不可能，更使人莫明其妙。❷多用形相，
〇，卍，卐，背拋，旋轉一匝，打，都表示甚麼？很多人有這
樣的感覺，中文典籍，最難讀的是禪宗語錄，原因是不能循常
規求得確解。如上面的兩例所顯示，一種可能是本來就不表
示甚麼確義。這，至少是發此言作此相的禪師們不會同意。那
麼，就只剩下一種可能，是有確義，只是不在語言和形相的常
規範圍之內。之外？這就跑了野馬，有向任何方向去的可能，
怎麼去捕捉？

怎麼去捕捉的問題暫放一放，這裏先談談為甚麼會往這怪
路上走。禪師們都是眾生無邊誓願度的，願度，對於學人當然
會"老婆心切"，可是用的辦法像不是"循循善誘"，因為莫明
其妙就談不到悟入。這顯然是個矛盾。矛盾而容許存在，並順
流而下，一發而不可遏，總當有個堅強的理由，或說必要的原
因。這，禪師們自己沒有說。可是有間接的表示，如：

　　　❸雲居曉舜禪師 ── 首謁劉公居士家。……士曰：
"老漢有一問，若相契即開疏，如不契即請還山。"遂問：
"古鏡未磨時如何？"師曰："黑似漆。"士曰："磨後如
何？"師曰："照天照地。"士長揖曰："且請上人還山。"
拂袖入宅。　　　　　　　　　　　　（《五燈會元》卷十五）

❹ 船子德誠禪師——道吾（宗智）後到京口，遇夾山（善會）上堂。僧問："如何是法身？"山曰："法身無相。"曰："如何是法眼？"山曰："法眼無瑕。"道吾不覺失笑。……吾曰："某甲終不說，請和尚卻往華亭船子處去。"

(同上書卷五)

雲居和夾山的所答，依佛理說不能算錯，可是因此而前者謁人碰了壁，後者為道吾所恥笑。為甚麼？推想是因為他們用了常語，不怪。這樣說，教法求怪，而且越來越怪，還不只是順流而下，而且是"有意"順流而下。這有必要嗎？或者說，究竟為甚麼才成為這樣？可能有以下一些原因。

（一）常語是走漸的路，與頓的要求有距離，甚至不同道，因而求頓就不宜於用常語。

（二）學人急於想了生死大事，所以拋開家室，跋涉山川，去投師。見到老師，急於想知道的是兩方面的奧秘：一方面是老師那個所得（禪悟後所住的境，假定有），另一方面是這個境是怎麼得到的。所以反反覆覆問"如何是祖師西來意"，問"如何是和尚家風"，等等。可是這所得之境是出世間的，難於用世間的語言表達；怎麼得來，甚至連自己也是踏破鐵鞋無覓處，得來全不費功夫，無法說。無法說而還要說，這就碰到個兩難：或者不說，或者一說便錯。求既說而又不錯，於是擠，擠，擠，終於擠上一條小路，說而不表示一說便錯的意義。這就成為機鋒，如趙州的"庭前柏樹子"，"老僧在青州作得一領布衫，重七斤”之類。這類話，如果説有確義，學人面對它就有兩種可能：一是契，那就證明原話很對；一是不契，那也不能證明原話並不對。

（三）南宗的理論和修持方法是即心是佛，見性成佛。怎麼能見性？是去掉蒙蔽清淨之心的業識習氣。辦法是破知見，破我執，破一切悟前那些自以為是，抓住不放的。破，似乎可以用常語，但它有致命的缺點，是一，溫和，因而力量不大；二，尤其嚴重的是出自想破的知見的一群中，這就有如暗藏的奸細，成事不足，敗事有餘。從這個角度考慮，反常語發的力量是痛斥；如果還嫌不夠，就加用臨濟的喝，甚至德山的棒。

（四）修持，表現於修持的人，漸的辦法是覺察不出的變，今天是張三，明天還是張三；頓的辦法就大不同，悟前是張三，一旦看見桃花，或聽到驢叫，豁然大悟，就立刻變成李四。這樣大的變動，應該形於外。我的想法，有時候還難免是“有意”形於外，如斬貓，燒木佛，以至説祖師是老臊胡，等等，也許都可以歸入這一類。這樣説，是認為其中難免有些戲劇成分。自然，這是站在禪門外看的，證據只能是印象而已。

（五）是筆記或著史的人有偏愛，覺得惟有怪才更可傳，所以把大量的平淡生活和常語都略去了。

以上推想的原因也許不全對，也許不全面。這關係不大，因為我們著重觀察的是南宗的禪師們用甚麼步法走，而不是從哪裏走來。而説起步法，表現在師徒交往之間的，確有不少是很費思索的。

8.3.1 授受的各種形式

這是一筆複雜賬，只好歸類擇要說說。

（一）上堂。

（已悟的）禪師，地位近於現在級別高的教授，不能白領工資，要教學生，要帶研究生。教，要拿出點真格的給學人看看。往外拿的最通常的方式是上堂，把學人集在一起，師在上，坐，講。有時，大多是早期，用常語講，上面已經提到。常語，也可算高明；但是非常語像是更高明。因而記在各種禪林典籍裏的，"上堂"以下的言和行，大部分還是非常怪的。如：

❶ 藥山惟儼禪師——上堂："祖師只教保護，若貪嗔痴起來，切須防禁，莫教振觸。是你欲知枯木，石頭卻須擔荷。實無枝葉可得。雖然如此，更宜自看，不得絕言語。我今為你說這個語顯無語底，他那個本來無耳目等貌。"

（《五燈會元》卷五）

❷ 南源道明禪師——上堂："快馬一鞭，快人一言，有事何不出頭來？無事各自珍重。"僧問："一言作麼生？"師乃吐舌云："待我有廣長舌相即向汝道。"

（同上書卷三）

❸ 五雲志逢禪師——上堂，良久，曰："大眾看看。"便下座。

（同上書卷十）

❹ 德山宣鑒禪師——小參（非定時上堂說法），示眾
曰：“今夜不答話，問話者三十棒。”時有僧出禮拜，師
便打。僧曰：“某甲話也未問，和尚因甚麼打某甲？”師
曰：“汝是甚麼處人？”曰：“新羅人。”師曰：“未跨船舷，
好與三十棒。”

（同上書卷七）

以上四例依次排列，是表示情況可以每下愈況，如❶還
沾一點邊，❹就連學人也莫知所措了。還有話不很離奇而意
在作詩文的，如：

❺ 上方齊岳禪師——上堂：“旋收黃葉燒青煙，竹榻
和衣半夜眠。粥後放參三下鼓，孰能更話祖師禪。”便
下座。

（同上書卷十五）

❻ 君山顯升禪師——上堂：“大方無外，含裹十虛；
至理不形，圓融三際。高超名相，妙體全彰；迥出古今，
真機獨露。握驪珠而鑒物，物物流輝；擲寶劍以揮空，空
空絕跡。把定則摩竭掩室，淨名杜詞；放行則拾得搖頭，
寒山拊掌。且道是何人境界？”拈拄杖卓一下，曰：“瞬
目揚眉處，憑君子細看。”

（同上書卷十六）

❺是作近體詩，❻是作駢文，聽了這些，會越過麗辭悟
及禪境嗎？

（二）問答。

這是最常用的授受方式，因為，即使相信“諸佛妙理，非

關文字"，表示"非關文字"的意思還是（幾乎）不能不用語言文字。情勢是限定學人不能不問，老師不能不答。答，可以用常語，卻很少用常語。如：

❼ 趙州從諗禪師——師因出，路逢一婆。婆問："和尚住甚麼處？"師曰："趙州東院西（只是發西音，寫 xī 意較明）。"婆無語。師歸，問眾僧："合使那（哪）個西字？"或言"東西"字，或言"棲泊"字。師曰："汝等總作得鹽鐵判官。"曰："和尚為甚恁麼道？"師曰："為汝總識字。"

（《五燈會元》卷四）

❽ 禾山無殷禪師——問："習學謂之聞，絕學謂之鄰，過此二者謂之真過。如何是真過？"師曰："禾山解打鼓。"曰："如何是真諦？"師曰："禾山解打鼓。"問："即心即佛則不問，如何是非心非佛？"師曰："禾山解打鼓。"曰："如何是向上事？"師曰："禾山解打鼓。"問："萬法齊興時如何？"師曰："禾山解打鼓。"（同上書卷六）

❾ 長沙景岑禪師——問："向上一路請師道。"師曰："一口針，三尺線。"曰："如何領會？"師曰："益州布，揚州絹。"

（同上書卷四）

❿ 福清行欽禪師——問："如何是然燈前？"師曰："然燈後。"曰："如何是然燈後？"師曰："然燈前。"

（同上書卷八）

❶ 定州善崔禪師 —— 僧問："如何是祖師西來意？"
師曰："定州瓷器似鐘鳴。"

（同上書卷十一）

❼ 意不定；**❽** 不同的問題用相同的話答，也就成為意不定；**❾** 難解；**❿** 矛盾，更難解；**⓫** 像是隨口亂說，不著邊際。這種問答的方式，有由老師開頭的。如：

⓬ 石鞏慧藏禪師 —— 一日，在廚作務次，（馬）祖問："作甚麼？"曰："牧牛。"祖曰："作麼生牧？"曰："一回入草去，驀鼻拽將回。"祖曰："子真牧牛。"

（同上書卷三）

⓭ 上林戒靈禪師 —— 初參溈山，山曰："大德作甚麼來？"師曰："介冑全具。"山曰："盡卸了來，與大德相見。"師曰："卸了也。"山咄曰："賊尚未打，卸作甚麼？"師無對，仰山代曰："請和尚屏卻左右。"溈山以手揖曰："喏！喏！"

（同上書卷四）

與徒問師答相比，這像是學程的後一階段，命題考試或口試答辯。

用問答授受，答者道高望重，也許正是想表示道高望重，答話可以跑野馬。而且像是跑得越遠越好，如同是出於趙州，"牆外底"就不如"鎮州出大蘿蔔頭"更聳人聽聞。問者道不高，望不重，而且正在為不能了生死大事著急，因而就不敢跑野馬，就是說，所問總是與依佛法修持有關。這漸漸還形成一些熟套。熟套的第一位是"如何是祖師西來意",據説見於記錄的,有幾百處之多。此外還有不少,如:如何是佛;如何是佛法大意(文字或有小異,下同);佛未出世時如何;如何是道;如何是禪;如何是向上一路;如何是第一義;如何是和尚(或用山名、寺名代)家風;如何是和尚一句;師唱誰家曲,宗風嗣阿誰;狗子有佛性也無;如何是父母未生時面目;如何是吹毛劍;如何是境中人;如何是賓中主,主中賓;如何是奪人不奪境,奪境不奪人;如何是正中偏,偏中正;羚羊掛角時如何;牛頭未見四祖時如何,見後如何;等等。

(三) 形相。

說,説不清楚,而且有墮入知見之嫌,於是有時就走"言語道斷"一路。但又不能斷得太厲害,因為,如果厲害到毫無表示,那就連授受也成為連根爛。兩難之間擠出一種"巧妙"的辦法,是用形相,即所謂無聲的語言。如:

❹ 百丈懷海禪師——師再參(馬祖),侍立次,祖目視繩床角拂子。師曰:"即此用,離此用?"祖曰:"汝向後開兩片皮,將何為人師?"(師)取拂子豎起。祖曰:"即此用,離此用?"師掛拂子於舊處。

(《五燈會元》卷三)

❺ 香嚴義端禪師——上堂,僧問:"如何是直截根源?"師乃擲下拄杖,便歸方丈。

(同上書卷四)

❶⓺ 南泉普願禪師──師因東西兩堂爭貓兒,師遇之,白眾曰:"道得即救取貓兒,道不得即斬卻也。"眾無對,師便斬之。趙州自外歸,師舉前語示之,州乃脫履安頭上而出。師曰:"子若在,即救得貓兒也。"

(同上書卷三)

❶⓻ 西堂智藏禪師──一日,大寂(馬祖)遣師詣長安,奉書於忠國師。國師問曰:"汝師說甚麼法?"師從東過西而立。國師曰:"只這個,更別有?"師卻從西過東邊立。

(同上)

❶⓼ 雪峰義存禪師──一日升坐,眾集定,師輥出木球,玄沙(師備)遂捉來安舊處。

(《五燈會元》卷七)

❶⓽ 南泉普願禪師──師與歸宗、麻谷同去參禮南陽國師,師於路上畫一圓相曰:"道得即去。"宗便於圓相中坐,谷作女人拜。

(同上書卷三)

❷⓪ 仰山慧寂禪師──耽源(應真)上堂,師出眾,作此○相,以手拓呈了,卻叉手立。源以兩手相交,作拳示之。師進前三步,作女人拜。源點頭,師便禮拜。

(同上書卷九)

❷① 天童正覺禪師──上堂:"今日是釋迦老子降誕之辰,長蘆不解說禪,與諸人畫個樣子。只如在摩耶胎時

作麼生？”以拂子畫此⊙相。曰：“只如以清淨水浴金色身時又作麼生？”復畫此相。曰：“只如周行七步，目顧四方，指天指地，成道說法，神通變化，智慧辯才，四十九年，三百餘會，說青道黃，指東畫西，入般涅槃時，又作麼生？”乃畫此⊕相。 (同上書卷十四)

⓮到⓲是演啞劇，但動作有超常之意，⓳到㉑是畫圖畫，圖形也有圖形外之意，所以比“庭前柏樹子”之類更難捉摸。

(四) 棒喝之類。

這是恨鐵不成鋼，更下了狠心，動口也動手。如：

㉒德山宣鑒禪師——示眾曰：“道得也三十棒，道不得也三十棒。”臨濟聞得，謂洛浦（元安）曰：“汝去問他，道得為甚麼也三十棒。待伊打汝，接住棒送一送，看伊作麼生。”浦如教而問，師便打，浦接住送一送，師便歸方丈。浦回舉似臨濟，濟曰：“我從來疑著這漢。雖然如是，你還識德山麼？”浦擬議，濟便打。

(《五燈會元》卷七)

㉓雪峰義存禪師——師曰：“我有二十棒寄與覆船（洪薦），二十棒老僧自吃，不干闍黎事。”問：“大事作麼生？”師執僧手曰：“上座將此問誰？”有僧禮拜，師打五棒。僧曰：“過在甚麼處？”師又打五棒，喝出。

(同上)

❷❹ 臨濟義玄禪師——上堂，僧問："如何是佛法大意？"師豎起拂子，僧便喝，師便打。又僧問："如何是佛法大意？"師亦豎拂子，僧便喝，師亦喝。

（同上書卷十一）

❷❺ 興化存獎禪師——師見同參來，才上法堂，師便喝，僧亦喝。師又喝，僧亦喝。師近前拈棒，僧又喝。

（同上）

❷❻ 百丈懷海禪師——師侍馬祖行次，見一群野鴨飛過，祖曰："是甚麼？"師曰："野鴨子。"祖曰："甚處去也？"師曰："飛過去也。"祖遂把師鼻扭，負痛失聲。祖曰："又道飛過去也！"師於言下有省。

（同上書卷三）

❷❼ 水潦和尚——初參馬祖，問曰："如何是西來的的意？"祖曰："禮拜著！"師才禮拜，祖乃當胸蹋倒。師大悟。

（同上）

德山棒，臨濟喝，在禪林裏是出了名的。這類辦法的來由，可以引用《毛詩序》的話來說明，就是："言之不足，故嗟嘆之；嗟嘆之不足，故永歌之；永歌之不足，不知手之舞之足之蹈之也。"

以上分類舉了一些授受方式的例，以見難解的一斑。這難解會引來一種疑問：像這樣煞費苦心，就真能夠作為嚮導，指引學人走向彼岸嗎？這是禪門中的都不説卻不會不想到的嚴重問題，留到下面説。

8.3.2 宗風和家風

這"風"主要也是指授受方式（即現在所謂教學法）的不同，因為是從另一個角度介紹，所以另闢一節。嚴格説，授受方式，沒有兩個人是完全相同的，這是因為由老師那裏學來，轉授，不能不加上自己的悟解和個性。不過在這裏，重要的是大同，不是小異，因而授受方式歸類，就可以大到匯為一"宗"；宗風要由宗內的大師來體現，所以也可以稱為"家"風。先談談為甚麼要有風。原因有政治的，是想開國稱孤；有教育的，是"老婆心切"，恨不得一朝一夕把（教內的）兒孫們養壯了，也能夠出巢翱翔。只説教育的，想起來也真苦。了生死大事，談何容易！必須看珍饈為不好吃，少艾為不可愛。為了改變感知，不得不進一步把非可欲之物也一掃光，於是山不是山了，水不是水了，其極也成為萬法皆空。火上加油是還要走頓的路，縱使難，也要快。形勢要求必須在方法上下大功夫。於是而機鋒，而棒喝，而豎拂輥球，而畫圓相，以至作女人拜。可惜是這些都未必是特效藥，老師費盡心機，學人不契，怎麼辦？當然會想到改進方法。摸索出一些，絕大部分是比不著邊際的機鋒、棒喝之類具體些的，試試，由我們現在看，也未必有奇效。可是它有個大優點，是別人看著，也自己覺得，有了"只此一家，並無分號"的辦法。這有好處，是小的可以自慰，大的可以廣招徠，擴大勢力。於是而由溈仰宗起，宗派相繼成立，宗風也相繼形成。

關於特殊授受方式的宗風或家風，這裏不想多說。原因是：一，大的匯為宗派的，前面第五章，由5.6.1節溈仰宗的"無心是道"到5.6.7節黃龍派的"黃龍三關"，都已經簡要地介紹過。二，小的體現在著名禪師身上可以稱為家風的，一則說不勝說，二則比較難於抓住真正夠得上特點的特點。這樣的特點，只有在不很知名的禪師的史跡中才容易找到。如：

❶ 中邑洪恩禪師 —— 每見僧來，拍口作和和聲。仰山（慧寂）謝戒，師亦拍口作和和聲。仰從西過東，師又拍口作和和聲。仰從東過西，師又拍口作和和聲。

（《五燈會元》卷三）

❷ 打地和尚 —— 凡學者致問，惟以棒打地示之。

（同上）

❸ 湖南祇林和尚 —— 每叱文殊、普賢皆為精魅，手持木劍，自謂降魔。才見僧來參，便曰："魔來也！魔來也！"以劍亂揮，歸方丈。（同上書卷四）

❹ 招提慧朗禪師 —— 師歸石頭（希遷），便問："如何是佛？"頭曰："汝無佛性。"師曰："蠢動含靈又作麼生？"頭曰："蠢動含靈卻有佛性。"曰："慧朗為甚麼卻無？"頭曰："為汝不肯承當。"師於言下信入。住後，凡

學者至，皆曰："去！去！汝無佛性。" 其接機大約如此。

（同上書卷五）

由宗派的"黃龍三關"之類到打地和尚的"打地"之類，風內的花樣也不算少。當然，花樣的價值，最終還要由效果來評定，這留到下面再研討。

8.3.3 一些新程式

這大多來自上一節說的"風"，這裏單提出來，是想說明，教法用機鋒，求奇警，矯枉過正，難免產生流弊，是學人摸不著頭腦；想補救，就不能不改大放為略收，或者說，往回裏走，求質實，求較為明確。這就產生一些教材和教法的新程式，如照用、賓主、人境等的辨析。在機鋒中暗藏的佛理或禪境，納入程式的辨析，也是老婆心切，用意是，略指點門徑，可以比較容易地由此悟入。常見的門徑是以下幾種。

（一）照用。如：

❶ 臨濟義玄禪師──示眾："我有時先照後用，有時先用後照，有時照用同時，有時照用不同時。先照後用有人在，先用後照有法在。照用同時，驅耕夫之牛，奪飢人之食，敲骨取髓，痛下針錐。照用不同時，有問有答，立賓立主，合水和泥，應機接物。" （《五燈會元》卷十一）

❷ 汾陽善昭禪師──上堂："凡一句語須具三玄門，

每一玄門須具三要。有照有用，或先照後用，或先用後照，或照用同時，或照用不同時。先照後用，且要共你商量；先用後照，你也須是個人始得。照用同時，你作麼生當抵？照用不同時，你又作麼生湊泊？」　　　　　　　（同上）

照是知，用是行。對於師所講，先照後用是由明理入，先用後照是由躬行入。餘可類推。

（二）賓主。如：

❸ 臨濟義玄禪師——示眾：「參學之人大須子細，如賓主相見，便有言論往來。……如有真正學人，便喝，先拈出一個膠盆子，善知識不辨是境，便上他境上作模作樣，便被學人又喝，前人不肯放下，此是膏肓之病，不堪醫治，喚作賓看主。或是善知識，不拈出物，只隨學人問處即奪，學人被奪，抵死不肯放，此是主看賓。或有學人，應一個清淨境，出善知識前，知識辨得是境，把得拋向坑裏，學人言‘大好善知識’，知識即云‘咄哉！不識好惡’，學人便禮拜，此喚作主看主。或有學人，披枷帶鎖，出善知識前，知識更與安一重枷鎖，學人歡喜，彼此不辨，喚作賓看賓。」　　　　　　　（同上）

❹ 華嚴普孜禪師——僧問：「如何是賓中賓？」師曰：「客路如天遠。」曰：「如何是賓中主？」師曰：「侯門似海深。」曰：「如何是主中主？」師曰：「寰中天子敕。」

曰：“如何是主中賓？”師曰：“塞外將軍令。”乃曰：“賓中問主，互換機鋒，主中問賓，同生同死；主中辨主，飲氣吞聲；賓中覓賓，白雲萬里。” （同上書卷十二）

賓是外，主是內，所以應該以主為主。

（三）人境。如：

❺ 涿州紙衣和尚 —— 初問臨濟（義玄）：“如何是奪人不奪境？”濟曰：“煦日發生鋪地錦，嬰兒垂髮白如絲。”師曰：“如何是奪境不奪人？”濟曰：“王令已行天下遍，將軍塞外絕煙塵。”師曰：“如何是人境俱奪？”濟曰：“并汾絕信，獨處一方。”師曰：“如何是人境俱不奪？”濟曰：“王登寶殿，野老謳歌。” （同上書卷十一）

❻ 金山曇穎禪師 —— 問：“如何是奪人不奪境？師曰：“家裏已無回日信，路邊空有望鄉牌。”曰：“如何是奪境不奪人？”師曰：“滄海盡教枯到底，青山直得碾為塵。”曰：“如何是人境兩俱奪？”師曰：“天地尚空秦日月，山河不見漢君臣。”曰：“如何是人境俱不奪？”師曰：“鶯囀千林花滿地，客遊三月草侵天。”

（同上書卷十二）

奪是除去，能人境俱奪才是徹底破，徹底空。

（四）正偏。如：

❼ 洞山良价禪師 —— 師作五位君臣頌曰："正中偏，三更初夜月明前，莫怪相逢不相識，隱隱猶懷舊日嫌。偏中正，失曉老婆逢古鏡，分明覿面別無真，休更迷頭猶認影。正中來，無中有路隔塵埃，但能不觸當今諱，也勝前朝斷舌才。兼中至，兩刃交鋒不須避，好手猶如火裏蓮，宛然自有沖天志。兼中到，不落有無誰敢和，人人盡欲出常流，折合還歸炭裏坐。"

（同上書卷十三）

❽ 曹山本寂禪師 —— 師曰："正位即空界，本來無物；偏位即色界，有萬象形。正中偏者，背理就事；偏中正者，捨事入理。兼帶者，冥應眾緣，不墮諸有，非染非淨，非正非偏，故曰虛玄大道，無著真宗，從上先德，推此一位，最妙最玄，當詳審辨明。君為正位，臣為偏位，臣向君是偏中正，君視臣是正中偏，君臣道合是兼帶語。"

（同上）

正比偏好，正偏兼顧就更好。

此外，較少時候，還分辨權實、句意等，這都是表示，像是無理的話並不是無理，像是簡單的話，內涵卻很值得咀嚼。應該承認，這樣做，用意是好的，甚至用心是苦的。可是這會引來兩個問題。一個是，這樣一回頭，就會走向繁瑣的老路，至少是會形成這種趨勢，這同南宗禪的精神怎樣協調呢？另一個就更嚴重，照用、賓主等的分辨，就真能成為悟入的門徑嗎？至少由我們常人看，"驅耕夫之牛，奪飢人之食"，與"庭前柏樹子"之類相比,表面看是深入一層,實際仍舊是半斤八兩。如果竟是這樣,那問答"如何是奪人不奪境"等等的努力,就真成為可憐無補費精神了。

8.3.4 破執與傳心

授受,有目的,是學人能解脫,了生死大事,或說證涅槃,到不再有苦的彼岸。這目的自然不容易達到。為了勉為其難,師要想方設法,破學人之執,傳自己之心。執是世間的知見和情欲,心是禪悟後的心體湛然、不為物移的(主觀)意境。破,不容易。就知見說,縱使接受了一切現象都是因緣和合因而沒有實性的觀點,走入禪堂看到蒲團,走出禪堂看到山門,就確認都是虛空,究竟太難了。情欲就更不好辦,錦衣玉食之類的願望或者還比較容易抵拒,紅裝翠袖之類的願望會使英雄氣短,抵拒就更加困難。傳,也許更難,因為這樣的意境不可說;即使可說,學人還沒有升到同樣高度的時候也無法領會。細想起來,這確是佛門的苦難。見苦難而不退,並相信怎樣怎樣就可以成佛,專就這樣的鍥而不捨的精神說,稱為"大雄"確是無愧的。

破執,可以用常語。南宗禪以前,佛法的授受,如釋迦的四聖諦法,達磨的二入四行,以及天台、華嚴、法相等宗的談空說有,都是這樣。就是南宗禪實際祖師的慧能,傳法使弟子開悟,也還是用常語,這在前面 7.3.1 節已經談到,不重複。慧能以後,而且越靠後越厲害,不管是用語言還是用棒喝之類，破執大多是採用一刀斬斷葛藤的方式。如：

❶ 鹽官齊安禪師 —— 僧問大梅（法常）：「如何是西來意？」大梅曰：「西來無意。」師聞乃曰：「一個棺材，兩個死漢。」
（《五燈會元》卷三）

❷ 汾州無業國師 —— 聞馬大師禪門鼎盛，特往瞻禮。（馬）祖睹其狀貌奇偉，語音如鐘，乃問：「巍巍佛堂，其中無佛。」師禮跪而問曰：「三乘文學，粗窮其旨。常聞禪門即心是佛，實未能了。」祖曰：「只未了底心即是，更無別物。」
（同上）

❸ 大隨法真禪師 —— 問：「如何是學人自己？」師曰：「是我自己。」曰：「為甚麼卻是和尚自己？」師曰：「是汝自己。」
（同上書卷四）

❹ 嚴陽善信尊者 —— 初參趙州（從諗），曰：「一物不將來時如何？」州曰：「放下著。」師曰：「即是一物不將來，放下個甚麼？」州曰：「放不下，擔取去。」
（同上）

❺ 龐蘊居士 —— 後參馬祖，問曰：「不與萬法為侶者是甚麼人？」祖曰：「待汝一口吸盡西江水，即向汝道。」
（同上書卷三）

❻ 饒州嶢山和尚 —— 問：「如何是和尚深深處？」師

曰："待汝舌頭落地，即向汝道。" (同上書卷四)

❼ 臨濟義玄禪師 —— 初在黃蘗（希運）會中，行業純一。時睦州（陳尊宿）為第一座，乃問："上座在此多少時？"師曰："三年。"州曰："曾參問否？"師曰："不曾參問，不知問個甚麼。"州曰："何不問堂頭和尚，如何是佛法的大意？"師便去，問聲未絕，蘗便打。師下來，州曰："問話作麼生？"師曰："某甲問聲未絕，和尚便打。某甲不會。"州曰："便更去問。"師又問，蘗又打。如是三度問，三度被打。 (同上書卷十一)

❽ 守廓侍者 —— 師行腳到襄州華嚴和尚會下。一日，嚴上堂，曰："大眾！今日若是臨濟、德山、高亭、大愚、鳥窠、船子兒孫，不用如何若何，便請單刀直入，華嚴與汝證據。"師出禮拜，起便喝。嚴亦喝。師又喝，嚴亦喝。 (同上)

❶❷ 是說沒有那麼回事，❸❹ 是故意違理，❺❻ 是表示一說便錯，❼❽ 用棒喝，是更直截更有力的駁斥，用意都是使學人領悟，至理在常語常見之外，必須打破執才能見到。

傳心更難了。佛家之所求是住出世間的境，這或者名之為涅槃，或者名之為真如、實性、自性等等。這種境，屬於概念的可以說，雖然也未必能夠說清楚。屬於感知的，（禪悟後的）人人有一個惟有自己能夠感知的，不好說，甚至無法說。而學人，想知道的顯然偏偏是這個。於是而問，而反覆問，多方面問。怎麼答呢？不得已，只好用個自己認為可以傳自己之心的符號。（"自己認為"的程度，局外人無法確知；但可以推斷，尤其後期，有的可能是照老路說怪話，並沒有來由。）這符號可以是有聲語言，也可以是無聲語言。如：

❾ 趙州從諗禪師 —— 問："如何是祖師西來意？"師曰："庭前柏樹子。"　　　　　　　　　　　　　（《五燈會元》卷四）

❿ 石霜慶諸禪師 —— 問："如何是佛法大意？"師曰："落花隨水去。"曰："意旨如何？"師曰："脩竹引風來。"　　　　　　　　　　　　　　　　　　　（同上書卷五）

⓫ 濠州思明禪師 —— 問："如何是清淨法身？"師曰："屎裏蛆兒，頭出頭沒。"　　　　　　　　　（同上書卷六）

⓬ 清平令遵禪師 —— 問："如何是禪？"師曰："猢猻上樹尾連顛。"　　　　　　　　　　　　　　（同上書卷五）

⓭ 南源行修禪師 —— 僧問："如何是南源境？"師曰："幾處峰巒猿鳥叫，一帶平川遊子迷。"問："如何是南源深深處？"師曰："眾人皆見。"　　　　（同上書卷六）

⓮ 靈樹如敏禪師 —— 問："如何是和尚家風？"師曰："千年田，八百主。"曰："如何是千年田、八百主？"師曰："郎當屋舍沒人修。"　　　　　　　（同上書卷四）

❺ 巖頭全奯禪師 —— 遍後人或問佛、問法、問道、問禪者，師皆作噓聲。

（同上書卷七）

❻ 雪峰義存禪師 —— 僧辭去，參靈雲（志勤），問："佛未出世時如何？"雲舉拂子。曰："出世後如何！"雲亦舉拂子。其僧卻回，師曰："返太速乎！"曰："某甲到彼，問佛法不契乃回。"師曰："汝問甚麼事？"僧舉前話，師曰："汝問，我為汝道。"僧便問："佛未出世時如何？"師舉起拂子。曰："出世後如何？"師放下拂子。

（同上）

❼ 鵝湖大義禪師 ——（有法師問）曰："如何是禪？"師以手點空。

（同上書卷三）

❽ 仰山慧寂禪師 —— 問："如何是祖師意？"師以手於空作此件⊕相示之。

（同上書卷九）

問祖師西來意、佛法、法身、禪等等，都是想聽聽解脫的究竟以及通往解脫的路。這樣問，既真誠，又迫切，怎麼答呢？❾到❹是用語言，❺是用非語言的聲音，❻到❽是用形相。這些都是世間的符號。符號後面應該隱藏著一些與符號不相干的屬於出世間的甚麼，可是這甚麼與符號有質與形的聯繫嗎？有或沒有，是南宗禪師徒授受的生死關頭，問題太大，留到下節談。

8.3.5 破和傳的可能性

先要說一點抱歉的意思。如《景德傳燈錄》《高僧傳》一類書所記載，名師、高徒間授受，破的破了，傳的傳了，而且車載斗量，不只一兩個；我這裏卻同意孟子"盡信書則不如無書"的話，提出可能不可能的問題，實在是太唐突古德了。但也沒有辦法，因為是站在禪外看，不能不戴著常人的眼鏡，以常看非常，尤其是在現代，自然就難免把灶頭上的灶王老爺看成一張紙印上一些顏色。這對不對呢？不管對不對，既然要說，就只能言其所信。

先說破執。由佛家看，執是執著不離的妄情。這妄情由哪裏來？自然是由世間來。不幸（甚至可以看作悲劇）是想解脫的信士弟子也由世間來。由世間來，必致帶有世間的"知見"，世間的"情欲"。知見有真偽對錯問題，古人早已注意到，東方如莊子，有時就被莊周夢為蝴蝶還是蝴蝶夢為莊周攪得糊裏糊塗，西方如柏拉圖，討厭變，也許怕變，就硬說現象背後那個意念世界才是真實的。哲人們面對這類問題兩三千年，絕大多數還是不得不承認，所謂知，總是客觀（所感知）加主觀（感知）（比例可以因人而不同）。這客觀，用佛家的眼光看，是世間的，如天、地、牛、羊等等。分歧來於怎樣看待天、地、牛、羊之類，常人說這些都是真的，佛家說這些都沒有實性。說客觀沒有實性，這客觀不只包括天、地、牛、羊等等，還包括說真說假的"我"。說，容易；難在還要進一步，確信。確信天地不是天地，牛羊不是牛羊，這由常人看是做不到的。信士弟子或者不宜於算作常人，但他們曾是常人，因而即使非絕對做不到，也總當很難吧？因為很難，所以名為執，要破。這裏把問題縮小，只問：像這樣的（知見的）執，説"你是我"，或者打一棒，踏一腳，就能立刻破除嗎？

情欲方面的執就更嚴重，大小乘戒，粗細加起來有幾百項之多，幾乎都是對付這個的。情欲比知見更難破，是因為一，性質有別：知見可以平心靜氣地講理，即辨析，得個結果，信不信由你；情欲就不同，它不講理，而且常常是，忽然火起，鬧事。這有如對付經常作案的人，必須加意防範。舉大戒第三名的淫戒為例，如果嚴格要求，就要隔壁有釵釧聲而不聞，聞就算破戒，比聞重的，如動心，甚至下山，就更不用説了。還有二，是知見單純，一旦空就都空；情欲就不同，而是向無數的目標延伸，防不勝防。這裏重複一下上一段提出的問題：像這樣的（情欲的）執，説"你是我"，或者打一棒，踏一腳，就能立刻破除嗎？

立刻破除是頓。顯然，這頓，假定有，也必須以漸為條件，或説必須經過長期準備。條件主要有三種。一是"通曉佛理"。所謂悟，是確信舊有的認識錯了，只有不同於舊有的認知的那種認知才是對的。這不同於舊有的認知的認知，如果本不知曉，又能悟個甚麼？這不同於舊有的認知的認知是佛理，如四聖諦法之類，雖然不是三天五天就能搞清楚的（只是清楚還不夠，還要首肯）。我們翻開禪宗的典籍看看就可以知道，著名的禪師們都是多年蒲團，經過多次的"不會""不契"，最後在某種機緣中才開悟的。這多年蒲團，學的當然是佛理。所以我有時想，南宗所謂頓，是強調了漸的一個階段；或者說，所謂"言下大悟"，常常是希望方面的成分比實效方面的成分多得多；再說明確些，是為了宣揚頓，只說了一霎間的豁然，而把豁然之前的艱苦努力略去了。另一個條件是"度苦的願望"，就是對於世間生活，與佛家有較強烈的同感，或者說，不管由於甚麼，總感到過不下去了，只有遁入空門才是一條活路。這態度為接受佛理準備了條件；沒有這個，你說萬法皆空，少艾不淨，他當然聽不進去，悟就更談不到了。還有一個條件是"環境的熏染"，就是住在禪林，隨著僧眾，依照清規生活，並多看上座和尚的言談舉止。環境加時間能產生習慣，習慣再加時間還能產生愛好。愛好有力量不小的排他性；而禪悟，就是來於這樣的排他性，也表現為這樣的排他性。以上三個條件，通曉佛理，度苦的願望，環境的熏染，合力，會產生破執的力量。但產生應該是漸漸的，縱使有時可以表現為心燈的一閃。

再說傳心。所謂心，是某具體的人感知的某種獨有的意境。意境有具體的，有抽象的，為了簡明，只說具體的。這類意境，有簡單的，如榮國府前一對石獅子；有複雜的，如因看《東京夢華錄》而想到汴京的盛況；有通常的，如日常生活所經歷；有玄妙的，如想到混沌初開。意境可以只是感知的，但絕大多數兼有情緒成分，那也就成為複雜。這說的意境都是常態的，可以傳嗎？常識相信能傳。怎麼傳？幾乎都是用語言，如説"翩若驚鴻"，"餘音繞樑"，以至"好到沒法説"，説的甲，聽的乙，如果都是沒有哲理癖的，必以為傳了。有哲理癖的人就將不以為然，因為甲感知的意境與乙感知的意境不能直接見面，中間隔著只是符號的語言，傳的究竟是甚麼，自然只有天知道。這個難題，闖入佛家就更為嚴重，因為那（禪悟後的）意境是出世間的，更不是世間的語言所能表達。可惜的是，禪師們沒有創造自己的完整而確切的符號系統（振錫、豎拂等算否有問題，因表意可此可彼）。不得已，只好仍用世間的，補救之道是不遵守世間的表意規律，而是言在此而意在彼。困難來自這個"彼"，既然不遵守表意規律，它就有代表任何事物或意義或意境的絕對自由。當然，以機鋒教學人的禪師們大概不這樣看，因為他們的話可能確有所指；不過由學人方面看還是一樣，因為不遵守表意規律，那話就有表任何意義的可能，"任何"是無限，靠猜測捕捉就太難了。實況可能比難於捕捉更嚴重。以"如何是祖師西來意"的答話為例（只舉臨濟宗的一部分）：

❶ 面黑眼睛白。——寶壽沼禪師

❷ 定州瓷器似鐘鳴。——定州善崔禪師

❸ 五男二女。——南院慧顒禪師

❹ 青絹扇子足風涼。——汾陽善昭禪師

❺ 三尺杖子破瓦盆。——首山懷志禪師

❻ 三日風，五日雨。——石霜楚圓禪師

❼ 布袴膝頭穿。——石霜法永禪師

❽ 東籬黃菊。——妙智光雲禪師

❾ 舶船過海，赤腳回鄉。——仗錫修己禪師

❿ 磚頭瓦片。——廣法源禪師

　　十種，由常人看都是風馬牛不相及的話，能夠與西來意（說者感知的有關佛理或解脫的意境）有必然的聯繫嗎？這裏我們見到的只是任意性，不像有必然性，因為不同的話如果有指向同的必然性，那就削弱了某一句話指向某一意境的必然性。這是說，"五男二女""東籬黃菊"之類，也許並不像禪宗典籍宣揚的那樣微妙，而是信口拈來。如果竟是這樣，那就有如甲並沒有藏甚麼，乙自然找不著了。這裏無妨退一步，承認說者不是任意，而是確有所指，這就又碰到上面提出的問題，順著言在此而意在彼的語言，怎麼能找到那個彼呢？這種困難，禪宗典籍裏也多次提到，那是機鋒之後的"不會"（不懂）和"不契"（不投合）。

　　再退一步，說"會"，說"契"，就是由上面的不通變為通，或者說，心傳了，情況怎麼樣呢？可惜也不能像傳說的那樣如意，而不能不是差不多主義。師徒授受的心，指（已悟的）禪師自己感知的那個具體意境，這裏用 X_1 表示。傳，是想把這個 X_1 告訴學人。怎麼告訴呢？X_1 是禪師自己獨有的感知，不能拿出來，裝在學人的甚麼地方，使它變成學人的感知。可是又不能不傳。於是費盡心思，尋找能夠描述 X_1 形質的語言或形相。這不能用世間的，因為這意境是出世間的，不可說。不得已，只好用不表常義的語言或形相旁敲側擊。用語

言，學人聽到；用形相，學人看到。聽到或看到的都不是那個 X_1，而是表示 X_1 的符號。學人要把這符號看作神異的眼鏡，用它去窺視那 X_1，即所謂"參"。有些學人說，他看到了，即所謂"會"，所謂"契"，甚至"悟"。這看到的或得到的是 X_1 嗎？顯然不是，至多只能是 X_2（就 X 說是同類，但 1 和 2 是兩個，不是一個），因為禪師用符號表示 X_1 是試試看，學人通過符號領會 X_1 的形質也是試試看，X_1 和 X_2 間隔著兩個試試看，相通的可能幾乎沒有，相同的可能絕對沒有。更大的困難是，不管能否相通或相同，都無法證驗，因為能夠交會的只是符號，不是實感。所以說，心即使能傳，也是差不多主義。

用機鋒的語言授受（特有的意境），表面看像猜謎，其實不然，因為謎底和謎面有意義的聯繫，機鋒的發和收沒有；即使有，也不是常態的聯繫。沒有，或非常態，怎麼能得個差不多呢？我的想法，這還是靠上一段提到的三個條件（通曉佛理，度苦的願望，環境的薰陶）早已作了長期準備。經過長期準備，師當然有了某種合於佛理的（較明晰）自己特有的意境，徒也會有某種合於佛理的（也許不很明晰）自己特有的意境。兩個意境非一，但都合於佛理，所以屬於同一個"意境類"，就好像牛和羊非一，但屬於同一個家畜類。通過機鋒的會或契，是屬於同一意境類的意境在"某地"相遇，從而莫逆於心。能夠莫逆於心，關鍵是兩個意境（X_1 和 X_2）屬於同一個意境類，而不是某地。這是說，"五男二女"可以起某地的作用，"東籬黃菊"也可以起某地的作用。以上說的機鋒都是風馬牛不相及的。也有相及的，如非心非佛、狗子無佛性、達磨是老臊胡之類，我的看法，作用比不相及的也大不了多少，至多只是某地的範圍略小些。看話禪是強調"某地"的作用的，據説有些人大力參狗子無佛性的"無"，於是豁然大悟。我對這種神奇的傳説一直有懷疑，因為出世間的意境，只靠翻來覆去地想"狗子"，想"無"，是不可能產生的。

8.3.6 且暮遇之

《莊子·齊物論》："萬世之後，而一遇大聖知其解者，是旦暮遇之也。"這是説相知之難。禪宗師徒授受，也多有這種感慨。可是由於誠摯而長期的努力，同聲相應，他們中不少人，在出世間意境的交流方面似乎也有過不可忽視的成就。這表現為徒有所會，得到師的認可。如：

❶ 藥山惟儼禪師 —— 首造石頭（希遷）之室，便問："三乘十二分教某甲粗知；嘗聞南方直指人心，見性成佛，實未明了，伏望和尚慈悲指示。頭曰："恁麼也不得，不恁麼也不得，恁麼不恁麼總不得，子作麼生？"師罔措，頭曰："子因緣不在此，且往馬大師處去。"師稟命恭禮馬祖（道一），仍伸前問，祖曰："我有時教伊揚眉瞬目，有時不教伊揚眉瞬目，有時揚眉瞬目者是，有時揚眉瞬目者不是，子作麼生？"師於言下契悟，便禮拜。祖曰："你見甚麼道理便禮拜？"師曰："某甲在石頭處，如

蚊子上鐵牛。"祖曰:"汝既如是,善自護持。"

(《五燈會元》卷五)

❷ 真如方禪師——參琅邪(智遷),惟看柏樹子話。每入室陳其所見,不容措詞,常被喝出。忽一日大悟,直入方丈曰:"我會也。"琅邪曰:"汝作麼生會?"師曰:"夜來床薦暖,一覺到天明。"琅邪可之。

(同上書卷十二)

❸ 虎丘紹隆禪師——次謁圓悟(昭覺克勤)。一日入室,悟問曰:"見見之時,見非是見,見猶離見,見不能及。"舉拳曰:"還見麼?"師曰:"見。"悟曰:"頭上安頭。"師聞,脫然契證。悟叱曰:"見個甚麼!"師曰:"竹密不妨流水過。"悟肯之。

(同上書卷十九)

❹ 薦福悟本禪師——由是益銳志,以狗子無佛性話,舉"無"字而提撕。一夕將三鼓,倚殿柱昏寐間,不覺"無"字出口吻,忽爾頓悟。後三日,妙喜(徑山宗杲)歸自郡城,師趨丈室,足才越閫,未及吐詞,妙喜曰:"本鬍子這回方是徹頭也。"

(同上書卷二十)

這都是釋迦拈花、迦葉微笑一路,借某種聲音或形相而破了執,傳了心,雖然由禪外的常人看,總是多多少少帶有神秘色彩,因為兩個意境相遇,靈光一閃,究竟兩方各見到甚麼,是兩方以外的人既不能感知,又只能推想而無法證驗的。

機鋒公案

9.1

9.1.1 機鋒和公案

前面多處，尤其上一章談師徒授受的破執與傳心，曾著重說到機鋒公案。機鋒公案是南宗禪的重要的甚至惟一的教法和教材（在看話禪中表現得更為明顯），所以值得當作重點說一說。

機鋒，鋒的意義簡單明確，是刺物之器的尖，如刀鋒、劍鋒等。機的意義不那麼簡單明確。可以解為機緣的機，教學要因人而施，相機而施，這樣，機鋒就是適應學人之機而給予的一刺。也可以解為機微的機，這樣，機鋒就是給予學人的微妙而難以明言的一刺。還可以解為弩機之類的機，這樣，機鋒就是適時而突然發出的一刺。究竟應該取哪一種，我不知道；或者多多益善，說是兼而有之。這樣理解機鋒的作用，以一刺破宿執，燃心燈，機鋒的所指就大致可以確定。主要是語言。但語言性質（就這方面說）不同：有的作用是一刺〔如趙州（從諗）答人問如何是祖師西來意的"庭前柏樹子"〕，算；有的作用不是一刺〔如百丈（懷海）答人問如何是大乘頓悟法要的"汝等先歇諸緣，休息萬事……"〕，不能算。或者說，機鋒式的語言都是超常的，怪異的，不能照字面解釋的。說主要是語言，意思是也可以不是語言，如棒、喝，以至振錫、豎拂、畫圓相等，只要意在起一刺的作用，也應該算。

　　公案，圓悟（昭覺克勤）《碧岩錄》説："古人事不獲已，對機垂示，後人喚作公案。"公，意思是官方的；案，意思是法條。官方的法條，有定而不可移的正確性和拘束力，之前，它處理了不少案件，解決了不少問題；之後，有案件，有問題，還應該以它為準繩，求處理，求解決。撇開比喻，就禪宗説，是認為，古德為破學人之執、傳自己之心的有些言行，之前，有不少人依靠它轉迷為悟，所以後學求轉迷為悟，也應該到它那裏求仙丹妙藥。公案不是當歸、甘草之類的常藥（如大量的經論中所講），是仙丹妙藥，所以性質是反常的，作用是超常的；又因為能成為"公"，所以聲名要是比較顯赫的。它同機鋒一樣，多數是語言；但也可以不是語言，如南泉斬貓、丹霞燒木佛之類，口碑載道，當然也應該算。總數，舊傳有一千七百則；可惜沒有清單，一些人微言輕的言行，算不算就難得考實了。

　　機鋒和公案是怎麼個關係？顯然不是同物異名，因為：有的機鋒（主要因為太輕小）不能成為公案；有的公案是行事（如百丈卷席、道婆燒庵之類），並不起一刺的作用。但應該承認，大部分是重合的（如馬祖答龐居士問不與萬法為侶者是甚麼人的"待汝一口吸盡西江水，即向汝道"之類），就本是機鋒，又成為公案。因為關係錯綜，所以用的人就有了自由，可以隨口拈來，同一言行，或稱為機鋒，或稱為公案。也可以泛稱為"因緣"。不過通常是，用機鋒，偏於指超常的語言；用公案，偏於指顯赫禪師們的顯赫言行。

9.1.2 設想的威力

三乘十二分教，或者只是某一部經（如《楞伽經》或《金剛經》），或者某一祖師的教法（二入四行之類），信士弟子都認為有轉迷為悟的威力。但那要慢慢來（漸）。南宗禪求快，並相信一刀能夠斬斷葛藤，立地成佛（頓）。這就不能不有破常規的辦法，以期能夠發出超常的威力。辦法是用機鋒公案。威力呢？他們相信有；不但有，而且像是很靠得住。禪宗典籍所記幾乎都是這種情況，如：

❶ 百丈懷海禪師——師每上堂，有一老人隨眾聽法。一日，眾退，惟老人不去。師問："汝是何人？"老人曰："某非人也。於過去迦葉佛時曾住此山，因學人問'大修行人還落因果也無'，某對云'不落因果'，遂五百生墮野狐身。今請和尚代一轉語（接續而交換的說法），貴脫野狐身。"師曰："汝問。"老人曰："大修行人還落因果也無？"師曰："不昧因果。"老人於言下大悟，作禮曰："某已脫野狐身……"

（《五燈會元》卷三）

❷ 洞山守初禪師——初參雲門（文偃），門問："近離甚處？"師曰："查渡。"門曰："（結）夏在甚處？"師曰："湖南報慈。"曰："幾時離彼？"師曰："八月二十五。"門曰："放汝三頓棒。"師至明日卻上問訊："昨日蒙和尚放三頓棒，不知過在甚麼處。"門曰："飯袋子，

江西、湖南便怎麼去。"師於言下大悟。　　（同上書卷十五）

　　❸尼佛通禪師——往見石門（元易），乃曰："成都吃不得也，遂寧吃不得也。"門拈拄杖打出，通忽悟曰："榮者自榮，謝者自謝。秋露春風，好不著便。"

（同上書卷十四）

　　❶是著名的野狐禪公案，"不落因果"與"不昧因果"只差一個字，作用竟有"墮野狐身"和成道的大分別。❷是因機鋒的一刺而悟。❸是因被打而悟，都顯示了這種特殊教材和教法的神奇力量。

　　這種神奇的力量，有的人還從理論方面予以闡明。舉元代中峰（明本）和尚的《山房夜話》為例，其中説：

　　　　夫佛祖機緣目之曰公案亦爾，蓋非一人之臆見，乃會靈源，契妙旨，破生死，越情量，與三世十方百千開士（已悟之大德）同稟之至理也。且不可以義解，不可以言傳，不可以文詮，不可以識度。如塗毒鼓（鼓上塗毒，人聞鼓聲即死），聞者皆喪。如大火聚（多而猛之火），攖之則燎。故靈山（釋迦）謂之別傳者，傳此也；少林（達磨）謂之直指者，指此也。自南北分宗、五家列派以來，諸善知識操其所傳，負其所指，於賓叩主應、得牛還馬之頃，粗言細語信可捷出，如迅雷不容掩耳。如趙州"庭前柏樹子"、洞山"麻三斤"、雲門"乾屎橛"之類，略無義路與人穿鑿。即之如銀山鐵壁之不可透,惟明眼者能逆奪於語言文字之表,一唱一和,如空中鳥跡,水底月痕,雖千途萬轍,放肆縱橫,皆不可得而擬議焉。……公案通則情識盡,情識盡則生死空,生死空則佛道洽矣。所云契同者,乃佛祖大哀眾生自縛於生死情妄之域,積劫迨今,莫之自釋,故於無言中顯言,無象中垂象,待其迷繩即釋,安有言象之可復議乎。

"公案通則情識盡",即所謂立地成佛,比之深鑽三乘十二分教簡便多了。可是公案"不可以義解","不可以識度","如銀山鐵壁之不可透",怎麼能"通"呢?留到下面談。

9.1.3 舊的義解

機鋒公案,說不可以義解顯然是過甚其辭,因為,無論怎麼說,由語言的機鋒到無言的棒打等,總是求學人有所知,不可以義解還能有所知嗎?事實是,不少機鋒公案是有義解的。這有多種形式。

一種最明顯,是學人得"悟",或有所"會",有所"契"。如:

❶ 歸宗正賢禪師——後扣佛眼(龍門清遠),一日入室,眼舉"殷勤抱得旃檀樹",語聲未絕,師頓悟。

(《五燈會元》卷二十)

❷ 中丞盧航居士 —— 與圓通（道旻）擁爐次，公問：「諸家因緣，不勞拈出；直截一句，請師指示。」通屬聲揖曰：「看火！」公急撥衣，忽大悟。　　（同上書卷十八）

❸ 徑山宗杲禪師 —— 日同士大夫入室，（圓）悟（昭覺克勤）每舉「有句無句，如藤倚樹」問之。師才開門，悟便曰：「不是！不是！」經半載，遂問悟曰：「聞和尚當時在五祖（法演）曾問這話，不知五祖道甚麼。」悟笑而不答。師曰：「和尚當時須對眾問，如今說亦何妨？」悟不得已，謂曰：「我問：『有句無句，如藤倚樹，意旨如何？』祖曰：『描也描不成，畫也畫不就。』又問：『樹倒藤枯時如何？』祖曰：『相隨來也。』」師當下釋然，曰：「我會也。」　　（同上書卷十九）

❹ 刺史李翱居士 —— 向藥山（惟儼）玄化，屢請不赴，乃躬謁之。山執經卷不顧，侍者曰：「太守在此。」守性褊急，乃曰：「見面不如聞名。」拂袖便出。山曰：「太守何得貴耳賤目？」守回拱謝，問曰：「如何是道？」山以手指上下，曰：「會麼？」守曰：「不會。」山曰：「雲在青天水在瓶。」守忻愜作禮，而述偈曰：「煉得身形似鶴形，千株松下兩函經。我來問道無餘說，雲在青天水在瓶。」　　（同上書卷五）

❶❷ 是因聞而得悟，❸❹ 是對於所聞有所會；悟，會，自然都是已經知其義解，不管這所知與説者的寓意是否一致。

又一種是説者自己有義解。如：

❺ 泐潭常興禪師——僧問：“如何是曹溪門下客？”師曰：“南來燕。”曰：“學人不會。”師曰：“養羽候秋風。”

(同上書卷三)

❻ 大顛寶通禪師——文公（韓愈）又一日白師曰：“弟子軍州事繁，佛法省要處乞師一語。”師良久，公罔措。時三平（義忠）為侍者，乃敲禪床三下。師曰：“作麼？”平曰：“先以定動，後以智拔。”公乃曰：“和尚門風高峻，弟子於侍者邊得個入處。”

(同上書卷五)

❼ 長沙景岑禪師——問：“如何是平常心？”師曰：“要眠即眠，要坐即坐。”曰：“學人不會。意旨如何？”師曰：“熱即取涼，寒即向火。”

(同上書卷四)

❽ 雲蓋歸本禪師——僧問：“如何是雙泉？”師曰：“可惜一雙眉。”曰：“學人不會。”師曰：“不曾煩禹力，湍流事不知。”

(同上書卷七)

自己釋義，一般也是用超常的語句，如 ❺ 還勉強可以意會，❻ 就差些，❼❽ 更差，簡直是越説越難解。不過無論如何，説者答“意旨如何”之問，他總是承認作為機鋒的言行是可以義解的。

還有一種是他人有義解。如：

❾ 睦州陳尊宿——問僧：「近離甚處？」曰：「河北。」
師曰：「彼中有趙州和尚，你曾到否？」曰：「某甲近離彼
中。」師曰：「趙州有何言句示徒？」僧舉吃茶話（指問
新到僧「曾到此間麼？」一僧答曾到，一僧答不曾到，趙
州都說「吃茶去」），師乃呵呵大笑曰：「慚愧。」卻問：「趙
州意作麼生？」曰：「只是一期方便。」

（同上書卷四）

❿ 資國圓進山主——僧問：「丹霞燒木佛，意旨如
何？」師曰：「招因帶果。」問：「庭前柏樹子，意旨如
何？」師曰：「碧眼胡僧笑點頭。」問：「古人道，東家作
驢，西家作馬，意旨如何？」師曰：「相識滿天下。」

（同上書卷十）

⓫ 甘贄行者——又問一僧：「甚麼處來？」曰：「溈
山（靈祐）來。」甘曰：「曾有僧問溈山『如何是西來意』，
溈山舉起拂子，上座作麼生會溈山意？」曰：「借事明心，
附物顯理。」

（同上書卷四）

⓬ 黃龍誨機禪師——後到玄泉（山彥），問：「如何
是祖師西來意？」泉拈起一莖皂角，曰：「會麼？」師曰：
「不會。」泉放下皂角，作洗衣勢。師便禮拜，曰：「信知

佛法無別。"泉曰:"你見甚麼道理?"師曰:"某甲曾問
巖頭(全豁),頭曰:'你還解救糍麼?'救糍也只是解
黏,和尚提起皀角,亦是解黏,所以道無別。"

(同上書卷八)

❸ 何山守珣禪師——上堂,舉婆子燒庵話,師曰:
"大凡扶宗立教,須是其人。你看他婆子,雖是個女人,
宛有丈夫作略:二十年籩油費醬,固是可知,一日向百尺
竿頭做個失落,直得用盡平生腕頭氣力。自非個俗漢知
機,泊乎巧盡拙出。然雖如是,諸人要會麼?雪後始知松
柏操,事難方見丈夫心。"

(同上書卷十九)

❾❿是解語言(丹霞燒木佛除外),⓫⓬是解行動,❸是
解一椿著名的公案。義解的話,有意思比較明確的,如⓫的
"借事明心,附物顯理",⓬的"解黏"。比較多的還是用機
鋒,如❿的"招因帶果"和"碧眼胡僧笑點頭",究竟是甚麼
意思,還要進一步猜測。他人的義解,是戴著他人的眼鏡看
的,有對的可能。但不對的可能也許同樣不少,如:

⓮ 瑞鹿本先禪師——上堂,舉僧問長沙(景岑):
"南泉(普願)遷化向甚麼處去?"沙曰:"東家作驢,西
家作馬。"僧曰:"學人不會。"沙曰:"要騎便騎,要下
即下。"師曰:"若是求出三界修行底人聞這個言語,不
妨狐疑,不妨驚悀。南泉遷化向甚處去?東家作驢,西家

作馬。或有會云：千變萬化，不出真常。或有會云：須會
異類中行，始會得這個言語。或有會云：東家是南泉，西
家是南泉。或有會云：東家郎君子，西家郎君子。或有會
云：東家是甚麼，西家是甚麼。或有會云：便作驢叫，又
作馬嘶。或有會云：喚甚麼作東家驢，喚甚麼作西家馬。
或有會云：既問遷化，答在問處。或有會云：作露柱去
也。或有會云：東家作驢，西家作馬，虧南泉甚處？如是
諸家會也，總於佛法有安樂處。”

（同上書卷十）

　　這位上堂的禪師舉多種解釋之後，總說一句寬厚的話，是
“總於佛法有安樂處”，意思是各取所需，都不錯。我們常人就
不能這樣看，因為用語言表意，除有意雙關的以外，總不能怎
樣理解都不錯。如果容許作任何解釋，那就證明它本來沒有明
確的所指。這顯然是說“東家作驢，西家作馬”的禪師所不能
承認的。如果是這樣，那就可以推論：多種“或有會云”，一
種可能是只有一種對，另一種可能是都不對。機鋒的理解就是
如此之難，通常是，錯的可能性很大，而對，雖然有可能，卻
沒有保證，如上面的例 ❾ 就是這樣，僧體會“吃茶去”的含
意是“只是一期方便”，陳尊宿就以為大錯，因為下面他說：
“苦哉！趙州被你將一杓屎潑了也。”

　　他人的義解，也可以表現為鬥法的形式。如：

　　❶❺ 南泉普願禪師 —— 師有時曰：“江西馬祖說即心即
佛，王老師（南泉姓王，自稱）不恁麼道。不是心，不是

佛，不是物，恁麼道還有過麼？」趙州（從諗）禮拜而出。時有一僧隨問趙州曰：「上座禮拜便出，意作麼生？」州曰：「汝卻問取和尚。」僧乃問：「適來諗上座意作麼生？」師曰：「他卻領得老僧意旨。」 （同上書卷三）

❶⑥ 浮杯和尚——凌行婆來禮拜，師與坐吃茶，婆乃問：「盡力道不得底句分付阿誰？」師曰：「浮杯無剩語。」婆曰：「未到浮杯，不妨疑著。」師曰：「別有長處，不妨拈出。」婆斂手哭曰：「蒼天中更添冤苦。」師無語。婆曰：「語不知偏正，理不識倒邪，為人即禍生。」後有僧舉似南泉，泉曰：「苦哉浮杯，被這老婆摧折一上。」婆後聞，笑曰：「王老師猶少機關在。」澄一禪客逢見行婆，便問：「怎生是南泉猶少機關在？」婆乃哭曰：「可悲可痛。」一罔措。婆曰：「會麼？」一合掌而立。婆曰：「伎死禪和，如麻似粟。」一舉似趙州，州曰：「我若見這臭老婆，問教口啞。」一曰：「未審和尚怎生問他？」州便打。一曰：「為甚麼卻打某甲？」州曰：「似這伎死漢，不打，更待幾時？」連打數棒。婆聞卻曰：「趙州合吃婆手裏棒。」後僧舉似趙州，州哭曰：「可悲可痛。」婆聞此語，合掌嘆曰：「趙州眼光爍破四天下。」州令僧問：「如何是趙州眼？」婆乃豎起拳頭。僧回舉似趙州，州作偈曰：「當機覿面提，覿面當機疾。報汝凌行婆，哭聲何得失。」婆以偈答曰：「哭聲師已曉，已曉復誰知。當時摩

竭國，幾喪目前機。" （同上）

❼ 五台隱峰禪師——師後到溈山（靈祐），便入堂於上板頭解放衣缽。溈聞師叔到，先具威儀，下堂內相看。師見來，便作臥勢。溈便歸方丈，師乃發去。少間，溈山問侍者："師叔在否？"曰："已去。" 溈曰："去時有甚麼語？"曰："無語。"溈曰："莫道無語，其聲如雷。" （同上）

❽ 丹霞天然禪師——明日再往禮拜（南陽慧忠國師），見國師便展坐具。國師曰："不用，不用。"師退後。國師曰："如是，如是。"師卻進前。國師曰："不是，不是。" 師繞國師一匝便出。國師曰："去聖時遙，人多懈怠，三十年後，覓此漢也難得。" （同上書卷五）

一呼一應，一唱一和，❺❻是對付機鋒式的語言，❼❽是對付機鋒式的行動。對付是應機，應機之前當然要先有所理解。

理解有對錯問題，這在常人的圈子裏比較容易解決，在禪師的圈子裏很難解決。原因是，常人用語言表意，言在此而意也在此；禪師用語言表意，常常是（機鋒是永遠是）言在此而意不在此。"約定俗成"的規律失效了，還有甚麼可靠的辦法能找到那個言外意呢？可是如禪宗的典籍所記載，這似乎也不難，只是先要具備一個條件：有高的修養，或說通了禪。這是説，已經升堂入室，就能在機鋒和寓意間找到必然的聯繫，這必然的聯繫，不是來自許慎的解字規律，而是來自莊子的"相視而笑，莫逆於心"（《莊子‧大宗師》）。就是說，關鍵不是用甚麼語言，而是心照不宣。因此，機鋒的語言才常常可以（至少是像是）任意抓來充數，如同是趙州，同是答"如何是祖師西來意"，就既可以說"庭前柏樹子"，又可以說"板齒生毛"。以此例推之，上面例 ❶ 凌行婆說的"可悲可痛"，換成"可喜可賀"，似乎也沒有甚麼不可。如果真就可以，那就所謂契合，主要還是來自修持所得的意境的相近，而不是機鋒有甚麼微妙而必然的含意。又如果真是這樣，則本節所舉的各種形式的義解，說者的意和解者的意恰好是一個意（如常識說的完全了解）的可能性是微乎其微的。幸而這方面的同或不同也無法證明，可以不深追。

9.1.4 可解的程度

機鋒公案，由我們"常人"看，在可解性方面有程度的差別。程度千差萬別，這裏作為舉例，綜合為兩類四種。一類是可解的，分為兩種：一種程度高些，是如此領會大致不錯；一種程度差些，是如此領會可能不錯。另一類是難解的，也分為兩種：一種程度淺些，是雖難解而風格還是平實的；一種程度深些，是連風格也出了圈，成為離奇。下面依次介紹。

（一）第一類的第一種，如此領會大致不錯的。如：

❶ 長慶大安禪師 —— 師即造百丈（懷海），禮而問曰：
"學人欲求識佛，何者即是？" 丈曰："大似騎牛覓牛。"

（《五燈會元》卷四）

❷ 睦州陳尊宿 —— 問："如何是禪？" 師曰："猛火
著油煎。"　　　　　　　　　　　　　　　　（同上）

❸ 千頃楚南禪師 —— 時有僧問："無漏道如何修？"
師曰："未有闍黎時體取。"　　　　　　　　　（同上）

❹ 百丈懷海禪師 —— 次日，馬祖（道一）升堂，眾
才集，師出，卷卻席。　　　　　　　　（同上書卷三）

❶ 的寓意是自性清淨，不須外求。❷ 的寓意是，學禪，
要有大毅力抗境的侵擾。❸ 的寓意是必須衝破生死關。❹ 的
寓意是，大道離語言文字，不必說。這樣領會，與佛理契合，
想來可以大致不錯。

（二）第一類的第二種，如此領會可能不錯的。如：

❺ 大梅法常禪師 —— 問："如何是佛法大意？" 師
曰："蒲花柳絮，竹針麻線。"　　　　　　　　（同上）

❻ 麻谷寶徹禪師 —— 師同南泉（普願）二三人去謁
徑山（道欽），路逢一婆，乃問："徑山路向甚處去？" 婆
曰："驀直去。" 師曰："前頭水深過得否？" 婆曰："不
濕腳。" 師又問："上岸稻得與麼好？下岸稻得與麼怯？"

婆曰："總被螃蟹吃卻也。" (同上)

❼ 趙州從諗禪師 —— 師與官人遊園次，兔見乃驚
走，遂問："和尚是大善知識，兔見為甚麼走？"師曰：
"老僧好殺。" (同上書卷四)

❽ 鵝湖大義禪師 —— 曰："如何是禪？"師以手點
空。 (同上書卷三)

❺ 的寓意可能是，佛法不離家常，也就是煩惱即是菩提
之意。❻ 的寓意可能是，學禪應該精進不息，如怕這怕那，
甚至螃（旁鶩，為境所擾）蟹（懈怠，畏難而退），就沒有成
功的希望。❼ 的寓意可能是，決心捨一切，破一切。❽ 的寓
意可能是，學禪要能空，即不執著。

（三）第二類的第一種，意難解而表達平實的。如：

❾ 南泉普願禪師 —— 問："祖祖相傳，合傳何事？"
師曰："一二三四五。" (同上)

❿ 長沙景岑禪師 —— 問："向上一路，請師道。"師
曰："一口針，三尺線。"曰："如何領會？"師曰："益
州布，揚州絹。" (同上書卷四)

⓫ 靈雲志勤禪師 —— 問："如何是佛法大意？"師
曰："驢事未去，馬事到來。"曰："學人不會。"師曰：
"彩氣夜常動，精靈日少逢。" (同上)

❷ 趙州從諗禪師 —— 問：“如何是祖師意？”師敲
床腳。　　　　　　　　　　　　　　　　　　　（同上）

由 ❾ 的“一二三四五”到 ❷ 的“敲床腳”，各表示甚麼
意思？當然，也可以猜，不過猜的結果，可能性幾乎是無限
的。怎麼解釋都通，那就表示並沒有確定的意思（至少由猜者
方面看是這樣）。

（四）第二類的第二種，意難解而表達離奇的。如：

❸ 趙州從諗禪師 —— 問：“萬法歸一，一歸何所？”
師曰：“老僧在青州作得一領布衫，重七斤。”　　（同上）

❹ 泐潭神黨禪師 —— 問：“如何是佛法大意？”師
曰：“虛空駕鐵船，岳頂浪滔天。”　　　　　（同上書卷六）

❺ 南禪契璠禪師 —— 僧問：“如何是第一義？”師
曰：“何不問第一義？”　　　　　　　　　　（同上書卷七）

❻ 趙州從諗禪師 ——（南）泉（普願）曰：“今時人
須向異類中行始得。”師曰：“異即不問，如何是類？”
泉以兩手拓地。師近前一踏，踏倒，卻向涅槃堂裏叫曰：
“悔！悔！”泉令侍者問：“悔個甚麼？”師曰：“悔不更
與兩踏。”　　　　　　　　　　　　　　　　（同上書卷四）

由 ❸ 到 ❻，同上面第一種一樣，究竟表示甚麼意思，也
是只能猜。猜，難得準且不說，也很不容易，如一領布衫重七

斤,與佛理有甚麼關係呢?

機鋒公案,可解難解,取決於其表面意義能不能與佛理拉上關係:有關係就可解,沒關係就難解。自然,可解的解也多少帶一些冒險性,因為說者行者也可能不是這樣想的。又,可解與知見近,由南宗禪的立腳點看,也許並不是最可取的。也就因此,隨著時間的推移,機鋒公案的性質也在變:平實的逐漸減少,離奇的逐漸增多。

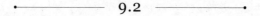

9.2.1 機鋒語的路數

機鋒的絕大部分是語言,這裏擒賊先擒王,只談語。如前面許多例中所見,語是千奇百怪。為了把一團亂絲理出個頭緒,或者說,把說者的思路理出個頭緒,這裏分機鋒語為十一類。大致以越來越離奇為序,介紹如下。

第一類,意思較明顯,而且大致可以猜測的。如:

❶ 紫玉道通禪師 —— 僧問:"如何出得三界去?"師曰:"汝在裏許得多少時也!"曰:"如何出離?"師曰:"青山不礙白雲飛。"

(《五燈會元》卷三)

❷ 雲門海晏禪師 —— 僧問:"如何是衲衣下事?"師

曰：“如咬硬石頭。”   （同上書卷六）

❸ 洛浦元安禪師——問：“祖意教意是同是別？” 師曰：“師子窟中無異獸，象王行處絕狐蹤。”   （同上）

❹ 溈山靈祐禪師——僧問：“如何是道？”師曰：“無心是道。”曰：“某甲不會。”師曰：“會取不會底好。”曰：“如何是不會底？”師曰：“只汝是，不是別人。”

（同上書卷九）

❶ 的意思是有志竟成。❷ 的意思是，出家求解脫並非易事，要堅持不懈。❸ 的意思是，都是意在度眾生。❹ 的意思是，最切要的是明自性。這樣領會合於佛理禪理，推想可以大致不錯。

第二類，意思似隱似顯，猜而猜不準的。如：

❺ 大同廣澄禪師——僧問：“如何得六根滅去？” 師曰：“輪劍擲空，無傷於物。”   （同上書卷三）

❻ 五峰常觀禪師——僧問：“如何是五峰境？” 師曰：“險。”   （同上書卷四）

❼ 睦州陳尊宿——問：“如何是曹溪的的意？” 師曰：“老僧愛嗔不愛喜。”曰：“為甚麼如是？”師曰：“路逢劍客須呈劍，不是詩人莫說詩。”   （同上）

❽ 幽溪和尚——問："如何是祖師禪？"師曰："泥牛步步出人前。"

（同上書卷五）

❺ "輪劍擲空"像是指用慧劍斬繫縛，可是接著說"無傷於物"，又像不是斬。❻ 是表示境高難及嗎？不敢定。❼ 是表示難於悟入嗎？也不敢定。❽ 是表示似慢實快？也拿不準。

第三類，駁斥問話的。如：

❾ 鹽官齊安國師——僧問大梅（法常）："如何是西來意？"大梅曰："西來無意。"

（同上書卷三）

❿ 汾州無業禪師——後住開元精舍，學者致問，多答之曰："莫妄想。"

（同上）

⓫ 伏龍一世禪師——問："如何是祖師西來意？"師曰："你得恁麼不識痛癢！"

（同上書卷六）

⓬ 撫州覆船和尚——僧問："如何是佛？"師曰："不識。"問："如何是祖師西來意？"師曰："莫謗祖師好！"

（同上書卷十）

駁斥問話，是最直截的破執的辦法。

第四類，不答覆的。如：

⓭ 龐蘊居士——後參馬祖（道一），問曰："不與萬法為侶者是甚麼人？"祖曰："待汝一口吸盡西江水，即向汝道。"

（同上書卷三）

❹ 饒州嶢山和尚——問："如何是和尚深深處？"師曰："待汝舌頭落地，即向汝道。"　　　　　(同上書卷四)

❺ 石頭希遷禪師——問："如何是西來意？"師曰："問取露柱。"曰："學人不會。"師曰："我更不會。"

(同上書卷五)

❻ 六通院紹禪師——僧問："不出咽喉唇吻事如何？"師曰："待汝一钁劚斷巾子山，我亦不向汝道。"

(同上書卷六)

這大概是表示一說便錯，用意也是破執。

第五類，說而等於不說的。如：

❼ 石頭希遷禪師——道悟問："如何是佛法大意？"師曰："不得不知。"　　　　　(同上書卷五)

❽ 投子大同禪師——問："如何是出門不見佛？"師曰："無所睹。"　　　　　　(同上)

❾ 郢州芭蕉禪師——問："如何是和尚為人一句？"師曰："只恐闍黎不問。"　　　　　(同上書卷六)

❿ 延壽慧輪禪師——僧問："寶劍未出匣時如何？"師曰："不在外。"曰："出匣後如何？"師曰："不在內。"

(同上書卷八)

這是變相的不答覆。

第六類，反問的。如：

❷ 福溪和尚 —— 問：“如何是自己？”師曰：“你問甚麼？”
（同上書卷三）

❷ 杭州天龍和尚 —— 僧問：“如何得出三界去？”師曰：“汝即今在甚麼處？”
（同上書卷四）

❷ 石頭希遷禪師 —— 僧問：“如何是解脫？”師曰：“誰縛汝？”問：“如何是淨土？”師曰：“誰垢汝？”問：“如何是涅槃？”師曰：“誰將生死與汝？
（同上書卷五）

❷ 鹿苑山暉禪師 —— 問：“祖祖相傳，未審傳個甚麼？”師曰：“汝問我，我問汝。”
（同上書卷六）

這是又一種變相的不答覆。

第七類，順口歪曲的。如：

❷ 清平令遵禪師 —— 問：“如何是有漏？”師曰：“笊籬。”曰：“如何是無漏？”師曰：“木杓。”
（同上書卷五）

❷ 木平善道禪師 —— 金陵李氏（南唐國主）向其道譽，迎請供養，待以師禮。嘗問：“如何是木平？”師曰：

"不勞斤斧。"曰："為甚麼不勞斤斧？"師曰："木平。"

（同上書卷六）

❷谷隱蘊聰禪師——問："如何是道？"師曰："車碾馬踏。"

（同上書卷十一）

❷慧因義寧禪師——僧問："佛未出世時如何？"師曰："摩耶夫人。"曰："出世後如何？"師曰："悉達太子。"

（同上書卷十六）

這有點像利用詞語的多義，故意岔開，引人一笑。實際還是以順為逆，意在破知見。

第八類，重複問話的。如：

❷大慈寰中禪師——趙州問："般若以何為體？"師曰："般若以何為體。"

（同上書卷四）

❸翠岩令參禪師——問："凡有言句，盡是點污，如何是向上事？"師曰："凡有言句，盡是點污。"

（同上書卷七）

❸鏡清道怤禪師——問："如何是方便門速易成就？"師曰："速易成就。"

（同上）

❸清涼文益禪師——師問修山主："毫釐有差，天地懸隔，兄作麼生會？"修曰："毫釐有差，天地懸隔。"

師曰："恁麼會又爭得？"修曰："和尚如何？"師："毫釐有差，天地懸隔。"　　　　　　　　　　　　(同上書卷十)

這是變相的不答覆，用意當然也是破執。

第九類，語意不合事理的。如：

❸ 三平義忠禪師──講僧問："三乘十二分教，某甲不疑，如何是祖師西來意？"師曰："龜毛拂子，兔角拄杖，大德藏向甚麼處？"　　　　　　　　　　(同上書卷五)

❸ 夾山善會禪師──問："如何是實際之理？"師曰："石上無根樹，山含不動雲。"　　　　　　　(同上)

❸ 投子大同禪師──問："牛頭未見四祖時如何？"師曰："與人為師。"曰："見後如何？"師曰："不與人為師。"　　　　　　　　　　　　　　　(同上)

❸ 定山惟素山主──僧問："如何是不遷義？"師曰："暑往寒來。"　　　　　　　　　　　　(同上書卷十)

故意說無理話，破知見的用意更加明顯。

第十類，所答非所問的。如：

❸ 烏石靈觀禪師──僧入禮拜，問："如何是西來意？"師曰："適來出去者是甚麼人？"　　(同上書卷四)

❸ 金輪可觀禪師──問："從上宗乘如何為人？"師

曰："我今日未吃茶。"　　　　　　　　　　　　（同上書卷七）

❸ 雪岳令光禪師 —— 問："如何是諸法之根源？"師曰："謝指示。"　　　　　　　　　　　　　　　　（同上書卷七）

❹ 清涼文益禪師 —— 問："如何是法身？"師曰："這個是應身。"問："如何是第一義？"師曰："我向你道是第二義。"　　　　　　　　　　　　　　　　（同上書卷十）

故意岔開，用意顯然是破問者的思路。

第十一類，離奇而不著邊際的。如：

❹ 龍雲台禪師 —— 僧問："如何是祖師西來意？"師曰："昨夜欄中失卻牛。"　　　　　　　　　　　（同上書卷四）

❹ 趙州從諗禪師 —— 僧問："如何是古佛心？"師曰："三個婆子排班拜。"　　　　　　　　　　　　（同上）

❹ 國清院奉禪師 —— 問："十二分教是止啼之義，離卻止啼，請師一句。"師曰："孤峰頂上雙角女。"問："如何是佛法大意？"師曰："釋迦是牛頭獄卒，祖師是馬面阿旁。"問："如何是西來意？"師曰："東壁打西壁。"　　　　　　　　　　　　　　　　（同上）

❹ 資國道殷禪師 —— 僧問："如何是祖師西來意？"師曰："普通八年遭梁怪，直至如今不得雪。"　　　　　　　　　　　　　　　　（同上書卷八）

這種像是胡扯的話，用意當然也是破知見的執。

此外，答學人問，還有不自出心裁，重複舊話的。如：

❹雪峰義存禪師——問：“剃髮染衣，受佛依蔭，為甚麼不許認佛？”師曰：“好事不如無。”（學趙州和尚）

（同上書卷七）

❹長慶慧棱禪師——問：“羚羊掛角時如何？”師曰：“草裏漢。”曰：“掛角後如何？”師曰：“亂叫喚。”曰：“畢竟如何？”師曰：“驢事未去，馬事到來。”（“驢事未去，馬事到來”學靈雲志勤）

（同上）

❹保福可儔禪師——僧問：“如何是和尚家風？”師曰：“雲在青天水在瓶。”（學藥山惟儼）

（同上書卷八）

❹興教惟一禪師——問：“如何是道？”師曰：“刺頭入荒草。”曰：“如何是道中人？”師曰：“乾屎橛。”（“乾屎橛”學德山宣鑒“釋迦老子是乾屎橛”）

（同上書卷十）

這有如常人寫詩文用典，隨手拈來，既省力，又顯得質實量重。

以上十一類（或加“重複舊話”，十二類），由作用的性質方面看，意在破執比意在傳心明顯，原因可能是：一，破別人的比傳自己的容易；二，禪的妙境，也許只能在破的路途中摸索。如果真是這樣，則參話頭的所得（假定有），恐怕還是屬於升堂的多，屬於入室的少吧？

再由使用頻率方面看，這十一類，各自的家當有多有少。如第八類的重複問話就比較少用。用得多的是第二類、第十類和第十一類。這三類有個共同的特點，是難於從字面上找到確義，就是說，遠離語言的常規。遠離語言常規就一定能含有值得參的妙理嗎？禪林中人當然這樣看。對不對？留到下面說；這裏只想從來由方面考察，是，難解，莫測高深，就容易給人一種含有深微妙理，值得反覆參詳的印象。也許就是因此，這離奇而不著邊際的第十一類，在禪林中反而更受歡迎，有更多的人傳，參，學。這樣推重，與之相伴而來的情況之一是，說這類話頭的人就顯得道行更高。實際呢？至少由我們常人看，光是道行還不成，要有才華，甚至可以說，更靠才華。舉兩位禪師為例。一位是清泰道圓禪師，有人問他"如何是祖師西來意"，他答："不可向汝道，庭前柏樹子。"（《五燈會元》卷十）這是想離奇而自己想不出，只好照抄趙州和尚一句。趙州和尚就不然，看《五燈會元》卷四中本傳的一段：

> 問："如何是趙州？"師曰："東門西門，南門北門。"
> 問："初生孩兒還具六識也無？"師曰："急水上打球子。"……問："和尚姓甚麼？"師曰："常州。"有曰："甲子多少？"師曰："蘇州。"有問："十二時中如何用心？"師曰："汝被十二時辰使，老僧使得十二時。"……僧問：

"如何是古佛心？"師曰："三個婆子排班拜。"問："如何是不遷義？"師曰："一個野雀兒從東飛過西。"問："學人有疑時如何？"師曰："大宜小宜？"曰："大疑。"師曰："大宜東北角，小宜僧堂後。"問："柏樹子還有佛性也無？"師曰："有。"曰："幾時成佛？"師曰："待虛空落地時。"曰："虛空幾時落地？"師曰："待柏樹子成佛時。"

這雖然近似開玩笑，卻頗有《莊子·逍遙遊》的荒唐曼衍的氣勢。不過就禪說，這樣逞才華也難免產生流弊，這可以借用《論語》的一句話來評論，是"巧言令色，鮮矣仁"（《論語·學而》）。趙宋以下，禪師的末流常常連上堂也扯些大而無當的話，就是不可忽視的一證。

9.2.2 有理和無理

這樣標題就可以表示，這是站在禪外評論；如果是站在禪內，那就只有有理而沒有無理。所謂有理，是機鋒語，不管看起來怎樣離奇、難解，它總是有寓意，而且這寓意可以為人所知，或經過深參而為人所知，然後是有威力促使學人悟入，甚至大悟的。禪宗典籍談到機鋒，幾乎到處都是宣揚這種有理的。如：

❶ 大同廣澄禪師──問："如何是本來人？"師曰："共坐不相識。"曰："恁麼則學人禮謝去也。"

（《五燈會元》卷三）

❷ 華林善覺禪師——僧參，方展坐具，師曰："緩，緩。"曰："和尚見甚麼？"師曰："可惜許，磕破鐘樓。"其僧由此悟入。

（同上）

❸ 祥符雲豁禪師——晚見清涼（智明），問："佛未出世時如何？"涼曰："雲遮海門樹。"曰："出世後如何？"涼曰："擘破鐵圍山。"師於言下大悟。

（同上書卷十五）

❹ 三角總印禪師——上堂："若論此事，眨上眉毛，早已蹉過也。"麻谷（寶徹）便問："眨上眉毛即不問，如何是此事？"師曰："磋過也。"谷乃掀倒禪床。

（同上書卷三）

❶ 禮謝，是表示已經領會。❷ 進一步，並由此悟入。❸ 更進一步，得大悟。❹ 是用怪行動表示完全理解。總之都是機鋒語有確指，聽者得其確指，所以所說都是有理的。

但是由禪內走到禪外，根據上面提到的領悟的條件，說機鋒語都是有理的就會有問題。理由有這樣一些。一，禪門有所謂"死句"，是貌似機鋒語而不能由之悟入的。死句當然是無理的，似乎也可以不算作機鋒語；問題是怎麼能夠準確地分辨活句和死句。如果不能，那就要承認機鋒語中有一些是無理的。二，機鋒語要有確定的寓意，可是禪師們答問，隨口拈來，離奇古怪，就個個都有確定的寓意嗎？（似乎未必，下面還要談到）如果沒有，那也要承認，機鋒語中有一些是無理的。三，退一步說，機鋒語都有寓意，但說者很少指明，要靠聽者猜測。可是如上面 9.1.3 節例 ⓮ 所說，對於“東家作驢，西家作馬”，解釋可以有很多種，這就可以推論，猜對的可能性是微乎其微的。猜不對，被猜的機鋒語就事實上成為無理的。四，如禪宗的典籍所常談到，對於不少機鋒語，許多學人是“不會”或“不契”，這是說者和聽者間不能通；不能通，機鋒語也就事實上成為無理的。

還有更嚴重的問題，是：機鋒語應該是古德的道行和靈機的電光一閃的顯現，可是人所能見的只是果，不是因，果的外貌是離奇古怪，而這，顯然也可以不由道行和靈機來，而由模仿來。由模仿來，是冒牌貨，不能有有道行和靈機為根柢的寓意，自然不能是有理的。禪林中人大概會說，這裏拉來冒牌貨，是無事生非。其實不然，因為這裏的實際問題是，有甚麼辦法能夠分辨真假？舉例說，答“如何是祖師西來意”，趙州和尚曾說“庭前柏樹子”，吉州禾山禪師曾說“杉樹子”，比如我異想天開，也試答，說“松樹子”，怎麼分辨真假？知底細的人會這樣分辨：“庭前柏樹子”出於特級禪師（所謂“趙州古佛”）之口，其為真應該沒有問題；“我”呢，沒有參過禪，只是翻過禪宗典籍，照貓畫虎說了個“松樹子”，外貌雖也奇而內容卻空空如也，應該算假也沒有問題；至於“杉樹子”，一不出於級別高的禪師之口，二有清晰的模仿痕跡，算真算假就不好辦。再說還有不知底細的（如不知趙州為何如人，更不知道是出於趙州之口），怎麼分辨真假呢？

這個難題，至少我感覺到，時間越靠後就越難於解決。看下面的例：

　　❺ 首山省念禪師——問：“如何是古佛心？”師曰：“鎮州蘿蔔重三斤。”　　　　　　　　　　　　　（同上書卷十一）

　　❻ 南台勤禪師——僧問：“如何是祖師西來意？”師曰：“一寸龜毛重七斤。”　　　　　　　　　　　　（同上書卷十五）

　　❼ 延慶子榮禪師——問：“如何是祖師西來意？”師曰：“穿耳胡僧不著鞋。”　　　　　　　　　　　　　　　（同上）

　　❽ 隱靜彥岑禪師——上堂，舉正堂辯和尚室中問學者“蚯蚓為甚麼化為百合”，師曰：“客舍并州已十霜，歸心日夜憶咸陽。無端更度桑乾水，卻望并州是故鄉。”

　　　　　　　　　　　　　　　　　　　　　（同上書卷二十）

　　❾ 雪峰慧空禪師——上堂：“一拳拳倒黃鶴樓，一趯趯翻鸚鵡洲。有意氣時添意氣，不風流處也風流。俊哉俊哉！快活快活！一似十七八歲狀元相似。誰管你天！誰管你地！心王不妄動，六國一時通。罷拈三尺劍，休弄一張弓。自在自在！快活快活！恰似七八十老人作宰相相似。風以時，雨以時，五穀植，萬民安。”　　　（同上書卷十八）

　　❿ 黃龍法忠禪師——上堂：“張公吃酒李公醉，子細

思量不思議。李公醉醒問張公,恰使張公無好氣。無好
氣,不如歸家且打睡。"

(同上書卷三十)

❺❻ 是由趙州和尚的"鎮州出大蘿蔔頭"和"老僧在青州
作得一領布衫,重七斤"脫化而來。非自出心裁,也有有理
的寓意嗎?❼ 是隨口說說,❽ 用唐詩,更是這樣,都像是來
於口的靈機而不是來於心的靈機,這裏面也會有甚麼理嗎?
❾❿ 如果出於常人,就是胡扯;換為出於禪師之口,就可以變
質嗎?

這類疑問還會使我們想得更多,更遠。南宗禪自馬祖(道
一)以下,特別願意走奇警一路。這表現為行有棒喝、拈杖
豎拂,直到畫圓相、作女人拜等等,表現為言就是越來越難解
的機鋒。難解,照禪林內傳統的看法,是由於說者道行高,寓
意深,而且對機,只是學人功力不夠,望道而未之見。真是這
樣嗎?因為機鋒的所指在五里霧中,就不能不使人起疑心。即
以趙州和尚的"庭前柏樹子"而論,不知道他說的時候究竟有
沒有確定的含意,能不能對機。如果竟是連他自己也不怎麼清
楚,按照上面提到的條件,那也應該算作無理的。這說得未免
過了頭,因為趙州和尚是禪林的龍象,連他也疑,會引起大
嘩。那我們就退一步,承認時代早的,聲名顯赫的,所說大概
都是有理的。時代晚的,聲名不那麼顯赫的,如例 ❺ 到例 ❿
所舉,也會都是有理的嗎?恐怕不盡然。這是說,其中很可能
有無理的,甚至確有不少無理的。這裏的困難是,我們的所見

都是道聽途説；而生疑，又沒有可靠的辦法鑑別真假。

　　以上的看法也許近於苛刻；那就收回來，還是説有理的一面。有理的條件可以變通一下，就是不再問有沒有確定寓意，而專從作用方面著眼。這樣一來，機鋒語或者就可以顯現出一些優越性。一是它的反常性，可以有較多的可能破俗見的執，或進一步，兼暗示禪境，因為學佛是求出世間，出世間總要反常。二是它的奇警性，會助長甚至表現禪境的自由無礙的氣氛，這就成為促進悟入的力量。三是它的脱俗性，除了剛説過的第二類作用以外，還可以縮小到只是語言的範圍之內，是開拓了新路徑，就是：從能用方面看，歪打可以正著；從所用方面看，是可以表言外意。禪林外的人口説筆寫，也從這裏討了不少巧，後面講影響的時候還要談到。

- **9.3**

多種動作的意義

　　南宗禪求解脱，了生死大事，修持方法強調直指人心，不立文字。這種精神迫使禪師們少從正面用平實的語言講道理。但因為要授受，終於不能不有所表示。兩難之間擠出兩類辦法：一類還是用語言，但是不用常語，成為機鋒；另一類索性連語言也不用，而用動作（包括喝和沉默）。這包括：棒（打），喝，拈拄杖，豎拂子，彈指，吐舌，展手，垂足，變地點立，繞床三匝，輾球，頂坐具，掀禪床，作女人拜，良久（沉默很久），畫（多種）圓相，等等。所有這些，寓意是甚麼？常常比機鋒更難解。看下面的例：

❶ 雪峰義存禪師 —— 有僧禮拜，師打五棒。僧曰："過在甚麼處？" 師又打五棒。　　　　　　（《五燈會元》卷七）

❷ 三聖慧然禪師 ——（師）問僧："近離甚處？" 僧便喝，師亦喝。僧又喝，師又喝。　　　　　　（同上書卷十一）

❸ 藥山惟儼禪師 —— 師問僧："甚處來？" 曰："江西來。" 師以拄杖敲禪床三下。僧曰："某甲粗知去處。"師拋下拄杖。僧無語。　　　　　　（同上書卷五）

❹ 五觀順支禪師 —— 僧問："如何是西來意？" 師豎拂子。僧曰："莫這個便是？" 師放下拂子。　（同上書卷九）

❺ 章敬懷暉禪師 —— 有僧來，繞師三匝，振錫而立，師曰："是，是。" 其僧又到南泉（普願），亦繞南泉三匝，振錫而立，泉曰："不是，不是。此是風力所轉，終成敗壞。"　　　　　　（同上書卷三）

❻ 楊岐方會禪師 —— 慈明（石霜楚圓）忌辰設齋，眾才集，師於真（畫像）前以兩手捏拳安頭上，以坐具畫一畫，打一圓相，便燒香。退身三步，作女人拜。

（同上書卷十九）

❼ 鄂州無等禪師──一日謁州牧王常侍，辭退，將出門，牧召曰：「和尚！」師回顧，牧敲柱三下。師以手作圓相，復三撥之，便行。

（同上書卷三）

❽ 五祖法演禪師──上堂：「人之性命事，第一須是○。欲得成此○，先須防於○。若是真○人，○○。」

（同上書卷十九）

以上由 ❶ 到 ❽，包括棒打，喝，拈拄杖，豎拂子，繞三匝，作女人拜，畫圓相，所對之境各異，究竟何所指，當事者也許能夠莫逆於心，我們一般人是連猜測也會感到很難的。

一種想法，是某一種動作總是表示同樣的意義。這是說，是禪門的啞語，入了門就會了解，而且能用。但事實不是這樣，理由有二。一，以豎拂為例，如洞山良价禪師參溈山靈祐禪師，洞山求指示，溈山豎起拂子，問：「會麼？」洞山答：「不會，請和尚說。」（《五燈會元》卷十三）這表示豎拂並沒有通行的意義。又如上面例 ❹ 所引僧問五觀順支禪師「如何是西來意」，五觀豎起拂子，僧說：「莫這個便是？」雲門文偃禪師問順維那，古人豎起拂子、放下拂子的用意，順維那答：「拂前見，拂後見。」（同上書卷十五）也可證豎拂並沒有通行的意義。此外，還有不看重豎拂的，如德山緣密禪師曾說：「揚眉瞬目，舉指豎拂，是死句。」（同上）二，依照南宗禪的精神，一種表示（語言或動作），其意義總當不是顯而易見的，確定的。

　　另一種想法，某一種動作大致是表示接近常規的某一類意義，如棒喝是表示駁斥，意在破執，拈拄杖和豎拂是表示道不遠人，即此是，圓相是表示圓滿，即圓成實性，等等。但這樣理解也有問題。以棒喝而論，一，打也未必是駁斥，如以德山棒出名的德山宣鑒禪師，有一次，雪峰義存禪師問南泉（普願）斬貓的意旨，德山"打趁"，並問："會麼？"雪峰説不會。德山説："我恁麼老婆心，也不會？"（同上書卷七）老婆心像是正面的教導，不是駁斥。二，在有些禪師的心目中，棒喝之類的簡單動作還有超常的意義。以喝為例，如臨濟義玄禪師説："有時一喝如金剛王寶劍，有時一喝如踞地師子，有時一喝如探竿影草，有時一喝不作一喝用。"（同上書卷十一）淨因繼成禪師説："須知我此一喝不作一喝用。有無不及，情解俱忘。道有之時，纖塵不立；道無之時，橫遍虛空。即此一喝入百千萬億喝，百千萬億喝入此一喝，是故能入圓教。"（同上書卷十二）喝這樣複雜，其他可以類推，都是應該有意義而不是容易猜測的。

　　只有極少數，是容易猜測，甚至猜得準的。如：

　　❾ 西搭光穆禪師——問："如何是頓？"師作圓相示之。曰："如何是漸？"師以手空中撥三下。

　　　　　　　　　　　　　　　　　　　　（同上書卷九）

　　推測圓相是表示一次圓滿，撥三下是表示要分階段完成，大概是不錯的。

總之，這諸種動作，因為比語言的機鋒更難解，所以在師徒授受間，恐怕製造超常情氣氛的作用比較多，具體指點的作用比較少。由效果方面考慮，這或者也應該算作歧路；尤其到後期，有些所謂禪師道行不高，也學著用這一套，以怪異文淺陋，那更是自鄶以下不值一提了。

9.4

效果的限度

先總的說一句洩氣的話，舊來相傳，學禪，大力參話頭公案就可以得悟，是未免誇大了。如禪林常說的參"狗子無佛性"的"無"，漸漸深入，就可以豁然貫通，我總覺得帶有宣傳意味。往者不可追，我們現在無妨試試，只是翻來覆去地想"無"，就會滅掉世間的知見和情欲嗎？太難了！這情況還可以從另外幾個方面考慮。一，姑且假定禪宗典籍中的禪師們，有的，或有不少是悟了，即掙脫了世間的繫縛，徜徉於出世間的自由無礙的禪境，那麼，我們就可以考察，這高的成就是怎麼來的。顯然，先要由"教"（佛理）入手；不然，連出世間是怎麼回事都不知道，又哪裏談得到悟？這樣說，與佛理相比，機鋒公案至多只是輔助的力量，把它看作主力是與實際不符的。二，有了佛理的知，求解脫的情，一些偶然的機會，如見桃花，聽驢叫，走路跌了一跤之類，如禪宗典籍中所記，也可以得悟，可見因參機鋒公案而悟（假定如禪林所傳），也許帶有不小的偶然性。如果是這樣，那機鋒公案就只是誘因，説它有決定性的力量是誇大了。三，還可能有陰錯陽差的情況。以"狗子無佛性"的"無"為例，趙州和尚説時，可能確有所指，這所指，我們説是 X_1。這 X_1 是暗藏的，要由學人猜。猜，就不能不在多種可能的所指間遊移。多種，多到多少呢？理論上幾乎是無限的，實際也總不下於幾十種。損之又損，假定是十種，那就除 X_1 之外，還有 X_2 到 X_{10}。猜，碰對了的機會是十分之一，碰不對的機會是十分之九。如果恰在參的此時悟了，禪林中人必以為這是對了機。我們禪外人就可能不這樣看，因為學人猜想的所指碰巧是 X_1 的機會是不多的。説者的所指是X_1，學人的推測是（比如説）X_6，可是也悟了，這不是陰錯陽差嗎？如果是這樣，那就證明，機鋒公案，即使有促進悟入的威力，也總當不是確定的。

由以上的分析可見，南宗禪視為重寶的機鋒公案，實用價值也許沒有投資數量那樣多；尤其是其中那些離奇難於體會寓意的，離佛理遠，而且難防假冒，由樂於漸修的人看，説是入歧途而不知返，也許不算過分吧？

第十章

禪悅和禪風

得道和望道

參禪，開悟，得受用，心境常處於一種不為物擾、自由自在的狀態，這狀態經常表現於外，我們稱為禪悅。多人的禪悅表現於外，互相影響，甚至推波助瀾，成為風氣，我們稱為禪風。禪風由禪悅體現，因而同是一事，縮小説是禪悅，放大説是禪風。分開，有時不容易，也沒有必要，所以這裏合在一起説。

禪悅是禪悟後的所得，顯然，能悅不能悅，關鍵在於能悟不能悟。這就引來一個問題：南宗禪，從六祖慧能到現在，時間超過一千年，出家在家四眾，人數多到數不清，究竟有多少是悟了的？確切的答案是不可能有的。原因很多。一是文獻不足，如見於僧傳、傳燈錄一類書的人名，也許不到四眾的萬千分之一。二是見於經傳的，某一人，究竟悟沒悟，我們只能根據道聽途説，而不能檢驗。三是即使能檢驗，也不能找到有效的測定辦法，以求得確切的結果。不得已，還是只能根據常情推斷，這常情，包括人同此心，心同此理，也包括禪宗典籍以外的各類書的記載。根據這些，我們可以推知，專説出家的，過禪林生活，用力參禪求解脱的總是少數，絕大多數是把這看作生路的一種，溫飽之外別無所求。再説用力參禪求解脱的，真能"心"出家，不再有俗世掛礙的究竟有多少？恐怕是稀如星鳳。禪師們也承認這種情況，如盤山寶積禪師説："向上一

路，千聖不傳，學者勞形，如猿捉影。"（《五燈會元》卷三）
湧泉景欣禪師說："見解人多，行解人萬中無一個。"（同上書
卷六）首山省念禪師轉述他老師風穴延沼的話說："聰敏者多，
見性者少。"（同上書卷十一）洞山曉聰禪師說："說禪說道易，
成佛成祖難。"（同上書卷十五）白楊法順禪師說："染緣易就，
道業難成。"（同上書卷二十）染緣是受俗世影響，如順水行
舟，道業是不為物擾，如逆水行舟，這不只是禪林的，而且是
佛門的大困難，想克服是太不易了。

悟了，得禪悅的受用，是得了道。這雖然是少數，但我們
總當承認有此一境，情況留到下面說。等而下之，人數增多，
是希求悟而沒有悟，可以算作望道而未之見。再等而下之，人
數也許更多，只是尋求生路，不望道，少數甚至敗道，那就是
有禪之名而無禪之實了。這一章談禪悅和禪風，當然是指那些
得了道的，雖然這得的實況（質），以及程度深淺（量），想說
得既清楚又確實是難於做到的。

———————— 10.2 ————————

一種安樂

安樂，或化簡說樂，在人生的路程中碰頭碰腦，雖重大
而並不稀奇，可是無論是理論上還是實際上，都會牽涉到許
多不容易解決的問題。樂有沒有終極價值？這是理論方面的

大問題，求得圓滿的解答很難，而且，由實用方面看，遠水不解近渴。近渴也許沒有甚麼理論價值，可是因為最實際，最迫切，所以人們反而更加關心。一般是不問天而順天，想盡辦法避苦就樂。視避苦就樂為生活之道，古今中外的人，幾乎可以說都屬於一派。分派是來於：一，看甚麼為樂；二，用甚麼辦法求得。這裏化繁為簡，只說兩派。一派是常人的，率性，仍舊貫，頭疼醫頭，腳疼醫腳，零碎解決，還常常不管後果。酒狂就是個好例，只圖短時的飄飄然，竟把浪費、傷身、為親者痛等置於腦後而不顧。許多正當事同樣會引來苦惱。其中最突出的是成年後的成家立業，找異性未必一帆風順，是苦，風順了，生兒育女，經濟問題，教養問題，也未必事事如意，還會帶來多種煩惱。怎麼辦？昔日是認命，忍，今日是努力克服，萬不得已就得過且過。由這類苦或煩惱間生出另一派，佛家。他們不願意拖泥帶水地解決，而想把苦或煩惱一掃光。辦法呢？他們由心理學下手，分析苦或煩惱，知道那是來於求而不得。那麼，徹底的滅苦之道自然只能是無所求，具體說是滅“欲”，以及為欲火上澆油的“情”。欲，情，與生俱來，想滅，不是順天，是逆天，自然很難。這裏且不管難不難，只說他們確是有“大雄”精神，真就去幹。幹分作兩個方面：一是講道理，從各個方面說明萬法皆空，俗世認為的可欲之物並不可欲。一是身體力行，就是真移住山林，過淡泊寧靜的生活，以求出世間。這樣的理想能夠實現嗎？實事求是，我們似乎不能不承認兩種情況：一是很難，所以，專就南宗禪說，平實教導之不足，才急得說機鋒，用棒喝。另一是有些人確是有所得，因為，由多種表現可以看出來，他們的生活大異於世俗，像是不再有常人那樣的情欲和煩惱。

不再有情欲和煩惱，要經過一種劇烈的心理變化。變化的具體情況以及程度，很難說，或者說，會因人而異。如日本鈴木大拙就以為，禪悟後可以物我合一。禪悟後真能有這樣的神秘覺知嗎？說能，說不能，都無法證明，因為具體的覺知不能移位。我們是常人，總願意，即使神乎其神，最好也不離常識太遠。所以解釋心理變化，還是希望不過於神乎其神。就是說，這變化是平實的，如常人的過去覺得孩子可愛、現在覺得孩子不可愛就是。禪悟的變化當然比常人的愛惡變化深遠，那是總的，對於世俗的可欲之物，不再覺得可欲，甚至進一步，不再覺得質實的一種確信，或換個說法，是滅了情欲。情欲滅的心理狀態，可以稱為禪境。這禪境，是一種心理的清淨，心理的堅實，因而就可以不為物移，不為境擾，又因而就不會再有因求而不得而生的苦或煩惱。無苦或煩惱，是佛家設想的一種特有的安樂，它的來源不是叔本華的除苦或減苦，而是無所求（指情欲的求，不是衣食之類的求），其結果或所得是不再有情欲的繫縛，可以自由無礙地生活。參禪求悟，所求是這種無情欲的心理狀態，得此心理狀態就是了了生死大事，得到常樂我淨。

對於佛家設想的安樂，可以有兩種看法：一來於不平等觀，黨同伐異，說求常樂我淨是避世，是消極的。一來於平等觀，承認人人有確定自己的人生態度的權利，說求禪悟是想徹底解決，雖然不容易，卻不失為一種高妙的理想。其實，就是我們常人，雖然在道的方面與佛門不能不有距離甚至大距離，對於禪悟和禪悟之後的感受，還是不能不感興趣甚至表敬佩之意的。先看看禪悟。如：

❶ 雲峰文悅禪師——未幾，（大）愚（守芝）移翠岩，師納疏罷，復過翠岩求指示。岩曰："佛法未到爛卻；雪寒，宜為眾乞炭。"師亦奉命。能事罷，復造方丈。岩曰："堂司闕人，今以煩汝。"師受之不樂，恨岩不去心地。坐後架，桶箍忽散，自架墮落，師忽然開悟，頓見岩用處。走搭伽梨（大袈裟），上寢堂，岩迎笑曰："維那，且喜大事了畢！"

(《五燈會元》卷十二)

❷ 薦福悟本禪師——由是益銳志，以狗子無佛性話，舉無字而提撕。一夕將三鼓，倚殿柱昏寐間，不覺"無"字出口吻，忽爾頓悟。後三日，妙喜（徑山宗杲）歸自郡城，師趨丈室，足才越閫，未及吐詞，妙喜曰："本鬍子這回方是徹頭也。"

(同上書卷二十)

❸ 雲峰志璿禪師——上堂："瘦竹長松滴翠香，流風疏月度炎涼。不知誰住原西寺，每日鐘聲送夕陽。"

(同上書卷十六)

❹ 蓬萊圓禪師——師有偈曰："新縫紙被烘來暖，一

覺安眠到五更。聞得上方鐘鼓動，又添一日在浮生。"

（同上書卷十八）

　　兩首七絕寫的都是禪境的安樂，比世外桃源更加世外，因為不只無爭奪，簡直連置身於內的心也沒有了。

　　禪悅和禪風的安樂，可以表現為多種樣式，以下分別舉例介紹。

10.2.1　不改其樂

　　《莊子·德充符》引孔子的話說："死生亦大矣。"王羲之作《蘭亭集序》把這句話重複一遍，後面還加上一句："豈不痛哉！"這裏說的是死生，其實是重在說死。人是生物，有生必有死，這是理。但理常常不能勝情，上壽百年，到彌留之際仍然不免於憾憾，是想活下去，這是情。這種情，用佛家的話說是生死事大，使無量數的人，輕則感到空幻，重則感到刺心。以見於經傳的人物為例，陸機是被殺的，到刑場還想再聞華亭鶴唳；曹操是善終的，最後還囑咐分香賣履：總之都是捨不得。捨不得而終於不得不捨，也就終於不得不接受苦；何況這苦還是最終的，不會再有樂來補償。入世的人，高到聖賢，也知道心安理得之不易，這不易，在對付生死事大問題的時候表現得更為突出。怎麼處理？就一般人說，是逆來順受，不管。自然，這樣也可以度過去，而且通常也許是無言地度過去。但問題仍在，是人人可以想到的，因為到彌留之際，自己也未必能坦然，心安理得。就是在這個問題上，常人的生活之道和禪有了大分別，因為禪境裏已經沒有這類執著。看下面的例：

❶ 圓通緣德禪師——本朝（宋朝）遣師問罪江南，（李）後主納土矣，而胡則者據守九江不降。大將軍曹翰部曲渡江入寺，禪者驚走，師淡坐如平日，翰至，不起不揖。翰怒呵曰：“長老不聞殺人不眨眼將軍乎？”師熟視曰：“汝安知有不懼生死和尚邪！”翰大奇，增敬而已。

（《五燈會元》卷八）

❷ 瑞鹿遇安禪師——（宋太宗）至道元年春，將示寂，有嗣子蘊仁侍立，師乃說偈示之：“不是嶺頭攜得事，豈從雞足付將來。自古聖賢皆若此，非吾今日為君裁。”付囑已，澡身易衣，安坐，令舁棺至室。良久，自入棺。經三日，門人啟棺，睹師右脅吉祥而臥，四眾哀慟。師乃再起，升堂說法，呵責垂誡：“此度更啟吾棺者，非吾之子。”言訖，復入棺長往。

（同上書卷十）

❸ 洞山良价禪師——師將圓寂……師乃問僧：“離此殼漏子，向甚麼處與吾相見？”僧無對。師示頌曰：“學者恆沙無一悟，過在尋他舌頭路。欲得忘形泯蹤跡，努力殷勤空裏步。”乃命剃髮，澡身披衣，聲鐘辭眾，儼然坐化。時大眾號慟，移晷不止。師忽開目謂眾曰：“出家人

心不附物，是真修行。勞生惜死，哀悲何益！"復令主事辦愚痴齋。眾猶慕戀不已，延七日，食具方備。師亦隨眾齋畢，乃曰："僧家無事，大率臨行之際，勿須喧動。"遂歸丈室，端坐長往。

（同上書卷十三）

❹ 重雲智暉禪師——師將順世，先與王公（節度使王彥超）言別，囑護法門。王公泣曰："師忍棄弟子乎？"師笑曰："借千年亦一別耳。"及歸，書偈示眾曰："我有一間舍，父母為修蓋，住來八十年，近來覺損壞。早擬移別處，事涉有憎愛，待他摧毀時，彼此無妨礙。"乃跏趺而逝。

（同上）

這記的也許經過修潤，但至少我們要承認，心不為死擾，是佛家努力企求的一個境界，依理，禪悟後情欲已滅，應該能夠獲得這個境界。如果是這樣，這種彌留之際的坦坦然，就很值得一般人深思了。

10.2.2 另一種面目

公安派文人袁宏道《孤山》一文說："孤山處士妻梅子鶴，是世間第一種便宜人。我輩只為有了妻子，便惹許多閒事，撇之不得，傍之可厭，如衣敗絮行荊棘中，步步牽掛。"這說的還是最普通的世俗生活，只是娶妻生子，沒有涉及利祿。其實，人生一世，無論怎樣謙退，總會或多或少地碰到利祿，這就不能不爭奪，小則勾心鬥角，大則明槍暗箭。結果是患得患失，也就不能躲開苦或煩惱。禪悟當然要斷這類苦或煩惱，辦法是走另一條路，不同於世俗的一條路。如：

❶ 鳥窠道林禪師 —— 後見秦望山有長松，枝葉繁茂，盤屈如蓋，遂棲止其上，故時人謂之鳥窠禪師。復有鵲巢於其側，自然馴狎，人亦目為鵲巢和尚。……（唐憲宗）元和中，白居易侍郎出守茲郡，因入山謁師，問曰：“禪師住處甚危險。”師曰：“太守危險尤甚。”白曰：“弟子位鎮江山，何險之有？”師曰：“薪火相交，識性不停，得非險乎？”
（《五燈會元》卷二）

❷ （潭州）龍山和尚 —— 洞山（良价）與密師伯（神山僧密）經由，見溪流菜葉，洞曰：“深山無人，因何有菜隨流，莫有道人居否？”乃共議撥草溪行。五七里間，忽見師羸形異貌，放下行李問訊。師曰：“此山無路，闍黎從何處來？”洞曰：“無路且置，和尚從何而入？”師曰：“我不從雲水來。”洞曰：“和尚住此山多少時邪？”師曰：“春秋不涉。”洞曰：“和尚先住，此山先住？”師曰：“不知。”洞曰：“為甚麼不知？”師曰：“我不從人天來。”洞曰：“和尚得何道理，便住此山？”師曰：“我見兩個泥牛鬥入海，直至於今絕消息。”洞山始具威儀禮拜。……洞山辭退，師乃述偈曰：“三間茅屋從來住，一道神光萬境閒。莫把是非來辨我，浮生穿鑿不相關。”因茲燒庵，入深山不見。
（同上書卷三）

❸ 船子德誠禪師 —— 至秀州華亭，泛一小舟，隨緣度日，以接四方往來之者，時人知其高蹈，因號船子和尚。一日，泊船岸邊閒坐，有官人問："如何是和尚日用事？"師豎橈子曰："會麼？"官人曰："不會。"師曰："棹撥清波，金鱗罕遇。"師有偈曰："……千尺絲綸直下垂，一波才動萬波隨。夜靜水寒魚不食，滿船空載月明歸。……"

（同上書卷五）

❹ 京兆蜆子和尚 —— 事跡頗異，居無定所。自印心於洞山，混俗閩川。不畜道具，不循律儀。冬夏惟披一衲。逐日沿江岸採掇蝦蜆，以充其腹。暮即宿東山白馬廟紙錢中。居民目為蜆子和尚。

（同上書卷十三）

這是"在陋巷，人不堪其憂，回也不改其樂"（《論語·雍也》）一類。但顏回守的是儒道，以上幾位堅守的是禪境，多有世外味。這也是一種禪悅，慣於世間熱鬧的人是不大能夠體會的。

10.2.3 世事浮雲

這與上一節所談是同一種生活態度的兩面，上一節是取，這一節是捨。《論語·述而》篇記孔子的話說："不義而富且貴，於我如浮雲。"這是有條件的捨，就是說，有時候可以不捨。禪林的捨是無條件的，即俗話說的看破紅塵，把世俗信為可欲的事物都扔掉。如：

❶ 丹霞天然禪師——本習儒業，將入長安應舉，方宿於逆旅……偶禪者問曰："仁者何往？"曰："選官去。"禪者曰："選官何如選佛？"曰："選佛當往何所？"禪者曰："今江西馬大師出世，是選佛之場，仁者可往。"遂直造江西。　　　　　　　　　　　　（《五燈會元》卷五）

❷ 雪峰義存禪師——（後）梁開平戊辰三月示疾，閩帥命醫，師曰："吾非疾也。"竟不服藥。遺偈付法。五月二日，朝遊藍田，暮歸澡身，中夜入滅。

（同上書卷七）

❸ 佛手岩行因禪師——尋抵廬山。山之北，有岩如五指，下有石窟，可三丈餘，師宴處其中，因號佛手岩和尚。江南李主三召不起。堅請就棲賢，開堂不逾月，潛歸岩室。　　　　　　　　　　　　　　　　（同上書卷十四）

❹ 芙蓉道楷禪師——（宋徽宗）大觀初，開封尹李孝壽奏師道行卓冠叢林，宜有褒顯，即賜紫方袍，號定照禪師。內臣持敕命至，師謝恩竟，乃陳己志："出家時嘗有重誓，不為利名，專誠學道，用資九族；苟渝願心，當棄身命。父母以此聽許。今若不守本志，竊冒寵光，則佛法親盟背矣。"於是修表具辭。復降旨京尹，堅俾受之。師確守不回，以拒命坐罪。奉旨下棘寺，與從輕。寺吏聞有司，欲徙淄州。有司曰有疾，與免刑。及吏問之，師曰：

"無疾。"曰："何有灸瘢邪？"師曰："昔者疾，今日愈。"
吏令思之，師曰："已悉厚意，但妄非所安。"乃恬然就
刑而行。

（同上）

捨，也許比取更不易，因為是可有而無，或已有而無，會
引來更深的煩惱。江南李主就是個好例，到吟誦"雕欄玉砌應
猶在，只是朱顏改"的時候，心情會是怎樣呢？禪林的得道者
看清了這一點，所以總是看世間的利祿如浮雲。這種無所戀慕
的心理狀態會產生另一種滿足，是禪悅。

10.2.4 奇言異行

奇是不同於常。出家是不同於常。這不同，淺的，表現於
身或外，如剃髮，住山林，著袈裟，不茹葷，過遠離異性的生
活，等等都是。深的，藏於內，不直接可見，如守戒，因定發
慧，以求解脫，等等都是。外內如此，是身心都出家的。都出
家，會給常人一種印象，是道不同，或説奇。身心都出家，未
必就是已經得禪悟。得不得，要看已否破了世俗的知見，滅了
世俗的情欲。破了，滅了，心情有了大變化，有諸內就不能不
形於外。這新的心理狀態與世俗大異，表現於外，或言或行，
也就必致大異。如：

❶ 五台隱峰禪師——入五台，於金剛窟前將示滅，
先問眾曰："諸方遷化，坐去臥去，吾嘗見之，還有立化
也無？"曰："有。"師曰："還有倒立者否？"曰："未

嘗見有。"師乃倒立而化,亭亭然其衣順體。時眾議舁就茶毗,屹然不動。遠近瞻睹,驚嘆無已。師有妹為尼,時亦在彼,乃拊而咄曰:"老兄,疇昔不循法律,死更熒惑於人!"於是以手推之,債然而踣。　　(《五燈會元》卷三)

❷ 鎮州普化和尚 —— 唐咸通初,將示滅,乃入市謂人曰:"乞我一個直裰!"人或與披襖,或與布裘,皆不受,振鐸而去。臨濟(義玄)令人送與一棺,師笑曰:"臨濟廝兒饒舌。"便受之,乃辭眾曰:"普化明日去東門死也。"郡人相率送出城,師屬聲曰:"今日葬不合青烏。"乃曰:"明日南門遷化。"人亦隨之,又曰:"明日出西門方吉。"人出漸稀。出已還返,人意稍怠。第四日,自擎棺出北門外,振鐸入棺而逝。　　(同上書卷四)

❸ 臨濟義玄禪師 —— 師與王常侍到僧堂,王問:"這一堂僧還看經麼?"師曰:"不看經。"曰:"還習禪麼?"師曰:"不習禪。"曰:"既不看經,又不習禪,畢竟作個甚麼?"師曰:"總教伊成佛作祖去。"

(同上書卷十一)

❹ 寶藏本禪師 —— 上堂:"清明已過十餘日,華雨闌珊方寸深。春色惱人眠不得,黃鸝飛過綠楊陰。"遂大笑,下座。

(同上書卷十九)

這樣的言行,近於常人的玩世不恭,卻超過常人的玩世不恭。常人的玩世不恭，根柢是阮籍、劉伶的憤激，骨子裏還是入世的。禪師們不然，是不再有執著，亂說亂行都可以自得其樂，這樂是禪悅。

10.2.5 自由無礙

出家修行，要守戒律。戒律，前面說過，多而且細，在其拘束下生活，當然就談不到自由。這是企圖斷了世間這條線，以便能夠甘心出世間；或者說，企圖斷了世間的知見和情欲，以便不因物擾而受苦。這種努力是艱苦的，正如常人見到的規矩出家人的舉止所顯示，都是貌嚴肅而心在沉思。這種心理狀態中也有樂的成分嗎？像是很少，因為那至多還是看山不是山、看水不是水的時期，要嚴防走回頭路，顧不上。禪悟的要求是超過這種謹小慎微、怕狼怕虎的心理狀態，因為悟了，世俗的知見和情欲已經沒有，就可以如柳下惠的坐懷而不亂，或用禪林的話形容，看山仍是山，看水仍是水。這種隨緣而不為物擾的自由無礙的境界，可以隨時隨地表現為各種形態，也許應該算作最高的禪悅。隨便舉一些例：

❶ 益州西睦和尚 —— 上堂，有俗士舉手曰：“和尚便是一頭驢。”師曰：“老僧被汝騎。” 　　（《五燈會元》卷四）

❷ 亡名古宿 —— 昔有老宿畜一童子，並不知軌則，有一行腳僧到，乃教童子禮儀。晚間見老宿外歸，遂去問訊。老宿怪訝，遂問童子曰：“阿誰教你？”童曰：“堂中

某上座。"老宿喚其僧來，問："上座傍家行腳，是甚麼心行？這童子養來二三年了，幸自可憐生，誰教上座教壞伊？快束裝起去。"黃昏雨淋淋地，被趁出。

（同上書卷六）

❸ 芙蓉道楷禪師——（宋徽宗政和）八年五月十四日，索筆書偈，付侍僧曰："吾年七十六，世緣今已足。生不愛天堂，死不怕地獄。撒手橫身三界外，騰騰任運何拘束。"移時乃逝。

（同上書卷十四）

❹ 白雲守端禪師——上堂："釋迦老子有四弘誓願云：眾生無邊誓願度，煩惱無盡誓願斷，法門無量誓願學，佛道無上誓願成。法華亦有四弘誓願：飢來要吃飯，寒到即添衣，困時伸腳睡，熱處愛風吹。"

（同上書卷十九）

一切無所謂，這是外貌；骨子裏卻是有堅實的壁壘，因而任何外力才攻不破。這是心境的徹底安然，所以可以算作最高的禪悅。

10.2.6 小機大用

在某種機緣下，以禪悟的眼睛看世界，靈光一閃，表現為語言，詞句平常而意義深遠，有超然世外、治大國如烹小鮮的氣勢，這是禪的最通常的表現，可以稱為小機大用。如：

❶ 西堂智藏禪師——師住西堂，後有一俗士問："有

天堂地獄否？”師曰：“有。”曰：“有佛法僧寶否？”師
曰：“有。” 更有多問，盡答言有。曰：“和尚恁麼道莫錯
否？”師曰：“汝曾見尊宿來邪？”曰：“某甲曾參徑山（道
欽）和尚來。” 師曰：“徑山向汝作麼生道？”曰：“他道
一切總無。”師曰：“汝有妻否？”曰：“有。”師曰：“徑
山和尚有妻否？”曰：“無。”師曰：“徑山和尚道無即得。”

（《五燈會元》卷三）

❷ 平田普岸禪師 —— 臨濟（義玄）訪師，到路口，
先逢一嫂在田使牛。濟問嫂：“平田路向甚麼處去？” 嫂
打牛一棒曰：“這畜生到處走，到此路也不識！”濟又曰：
“我問你平田路向甚麼處去。” 嫂曰：“這畜生五歲尚使不
得。” 濟心語曰：“欲觀前人，先觀所使。” 便有抽釘拔
楔之意。及見師，師問：“你還曾見我嫂也未？”濟曰：
“已收下了也。”

（同上書卷四）

❸ 光孝慧覺禪師 —— 師領眾出，見露柱，乃合掌
曰：“不審世尊……”僧曰：“和尚是露柱？”師曰：“啼
得血流無用處，不如緘口過殘春。”

（同上）

❹ 奉先深禪師 —— 師同明和尚（清涼智明）到淮河，
見人牽網，有魚從網透出，師曰：“明兄俊哉！一似個衲
僧相似。”明曰：“雖然如此，爭如當初不撞入網羅好！”
師曰：“明兄你欠悟在。”

（同上書卷十五）

話都説得輕鬆幽默，卻有值得參詳的深意。❶ 是指點那個俗士，有執，離無還遠得很。❷ 意思比較明顯，是勉勵臨濟要努力；臨濟心領神會，表示已經受到教育。❸ 意思比較隱晦，是説成佛要靠明自性，如露柱不言，比用力外求好。❹ 意思是煩惱即菩提，沒有煩惱的菩提不是佛法。由這一點點例可見，小機大用的語言，透露的是禪的智慧之光，不只值得禪林內的人深思，也值得禪林外的人深思。事實是，禪林外的人都很欣賞這種智慧在語言中的靈光一閃，因為欣賞，就樂於模仿，情況留到後面説。

10.2.7 禪境中往還

前面説過，禪悟後的主觀意境，各個人的雖然不能相同，卻可以屬於同一個意境類。不同的人，在同一個意境類中相遇，自然會相視而笑，莫逆於心。這是禪悅和禪風在人與人間的一種常見的表現，像是禪味最濃厚，不只值得禪內的人深思，而且值得禪外的人欣賞。如：

> ❶ 溫州淨居尼玄機 —— 往參雪峰（義存），峰問：“甚處來？”曰：“大日山來。”峰曰：“日出也未？”師曰：“若出則熔卻雪峰。”峰曰：“汝名甚麼？”師曰：“玄機。”峰曰：“日織多少？”師曰：“寸絲不掛。”遂禮拜，退。才行三五步，峰召曰：“袈裟角拖地也。”師回首，峰曰：“大好寸絲不掛。”
>
> （《五燈會元》卷二）

❷ 龐蘊居士──（唐憲宗）元和中，北遊襄漢，隨處而居。有女名靈照，常鬻竹漉籬以供朝夕。……士坐次，問靈照曰：「古人道，明明百草頭，明明祖師意，如何會？」照曰：「老老大大作這個話語！」士曰：「你作麼生？」照曰：「明明百草頭，明明祖師意。」士乃笑。士因賣漉籬，下橋吃撲，靈照見，亦去爺邊倒。士曰：「你做甚麼？」照曰：「見爺倒地，某甲相扶。」士將入滅，謂靈照曰：「視日早晚，及午以報。」照遽報：「日已中矣，而有蝕也。」士出戶觀次，靈照即登父座，合掌坐亡。士笑曰：「我女鋒捷矣。」於是更延七日，州牧於公頔問疾次，士謂之曰：「但願空諸所有，慎勿實諸所無。好住，世間皆如影響。」言訖，枕於公膝而化。　　　（同上書卷三）

❸ 趙州從諗禪師──師到黃檗（希運），檗見來便閉方丈門，師乃把火，於法堂內叫曰：「救火！救火！」檗開門捉住曰：「道！道！」師曰：「賊過後張弓。」到寶壽（法名待考），壽見來，於禪床上背坐，師展坐具禮拜。壽下禪床，師便出。又到道吾（宗智），才入堂，吾曰：「南泉（普願）一隻箭來也！」師曰：「看箭！」吾曰：「過也。」師曰：「中。」又到（鄂州）茱萸（和尚），執拄杖，於法堂上從東過西，萸曰：「作甚麼？」師曰：「探水。」萸曰：「我這裏一滴也無，探個甚麼？」師以杖倚壁，便下。

　　　（同上書卷四）

❹ 臨濟義玄禪師 —— 黃檗（希運）一日普請次，師
隨後行。檗回頭，見師空手，乃問：“钁在何處？”師曰：
“有一人將去了也。”檗曰：“近前來！共汝商量個事。”
師便近前。檗豎起钁曰：“只這個天下人拈掇不起。”師
就手掣得，豎起曰：“為甚麼卻在某甲手裏？”檗曰：“今
日自有人普請。”便回寺。師普請钁地次，見黃檗來，拄
钁而立。檗曰：“這漢困那？”師曰：“钁也未舉，困個
甚麼！”檗便打。師接住棒，一送送倒。檗呼維那：“扶
起我來。”維那扶起，曰：“和尚爭容得這風顛漢無禮？”
檗才起，便打維那。

（同上書卷十一）

言談舉止都與常情有別，因為是在禪境中交往。這禪境
中的種種，有的比較易解，如“寸絲不掛”是表示已悟，破了
執，所以雪峰才開個玩笑以表示還信不過。較多的地方比較難
解，如靈照的倒在父旁，黃檗的亂打等。局內人是不是都能得
其確解？這我們無法知道。我們能知道的只是，置身於這樣的
禪的氣氛中，就是不求甚解，也可以獲得或多或少的禪風的
喜悅。

10.3

幾句附加的話

以上介紹禪悅和禪風，說的都是正面的話，就是喊好而沒有挑剔。這一節把立足點往遠處移一移，說幾句近於評論的話。

還是先說正面的，是由作用方面看，在禪林的所有事物中，居首位的必是禪悅和禪風。原因可以想見。如一，出家入禪林，是求解脫，了生死大事，兢兢業業，日積月累，是希望終於能夠豁然貫通，天地變色，堅守自性而不再為物擾。這樣的心體湛然，自由無礙（或說苦滅），是大獲得。可是它深藏於內，身外看不見；能看見的只有表現於外的禪悅和禪風，所以它就成為禪林的最可貴的財富。二，其他事物，如坐禪、課誦、吃齋、普請（生產勞動）等，都是例行公事，談不到悅，或者還含有麻煩或苦的成分。三，未出家而想出家的，已出家而安於住禪林的，除受某些條件的驅遣以外，還要受某些力量的吸引，這吸引的力量中，禪悅和禪風是重大的一種，縱使不是惟一的一種。四，禪林外的人，上至大官裴休、大名士蘇軾等，下至不見經傳的小知識分子，感興趣，傾倒，甚至模仿、吸收以致用的，著眼點主要不是萬法皆空、自性清淨等理論，而是禪悅和禪風。五，也就因此，傳世的禪宗典籍，著重宣揚的也是這個，如趙州、臨濟的瘋瘋癲癲之類。

瘋瘋癲癲，是有諸內而形於外，這就使我們不能不想到內外的關係問題。論重輕，是內重外輕：內是世俗知見和情欲滅，外是瘋瘋癲癲。在重輕之下定取捨，可以取重捨輕而不當取輕捨重，就是説，可以於世俗知見和情欲滅之後而不表現為瘋瘋癲癲，決不可表現為瘋瘋癲癲而世俗知見和情欲並未滅。內外還有難易的分別，自然是內難而外易。

最難辦的是：一，外可見而內不可見；二，連結內外的鏈條或則不可見，或則似可見而不能很清晰。二的情況很複雜。有時候，外，表現為行動，如破戒之類，成為並未悟的確證，當然據此可以推斷，內外間並沒有鏈條連結著。但這也許應該劃入"不共住"的範圍，不是這裏所應討論的。另一種情況，如丹霞燒木佛，趙州説狗子無佛性，這外的表現，怎麼能證明與內有鏈條連結著呢？還有一種情況，如有些禪師喝酒，作艷詩，如果有鏈條連結著，這內是一種甚麼情況？

這就使我們不能不想到一個禪林中的非常嚴重的問題：既然由外難於見內，會不會有些外的表現並沒有內的根據？甚至其中有一些是出於扮演？我的想法，説有，不容易，因為只能憑推測，舉確證難；説無，更不容易，因為自宋以下，禪漸漸近於世俗，而瘋瘋癲癲則有增無減，説是都有諸內而形於外，在理上是很難圓通的。無諸內而形於外，是假禪悦，不好，如果成為風就更不好，因為這樣一來，輕則是生死大事不能了，重則會成為禪的消亡。作為一種滅苦的生活之道，就説是過於理想，甚至近於幻想吧，消亡，總是太可惜了。

第十一章

理想與實際

11.1

理想與實際有距離

以上由第五章到第十章，介紹南宗禪的情況。這一章和下一章，可以看作以上幾章的補充，是説，禪，陳義很高，正如世間有些事物一樣，也是盛名之下，不免其實難副。

人生於世，不能離開實際，像是也不能離開理想。實際有時（對有些人是常常）冷冰冰的；為了尋找溫暖或熱，就不能不乞援於理想。理想和實際的關係相當微妙：理想生於實際，這是因欠缺而希求；理想可以變為實際，這一部分要靠人力，但一部分也要靠機緣（舊曰"天命"）；理想步子輕捷，實際步子遲緩，所以常常苦於追而追不上。追不上，理想和實際間就有了距離。這雖然是理有固然，就人生説總是不小的憾事。

佛家，縮小些説禪林，雖然想出世，究竟還是住在人間，因而也就不能躲開實際追不上理想的憾事。禪的理想，如許多禪宗典籍所説，是走頓悟的路求解脱，了生死大事。為了實現這個理想，有不少人（包括少數女性）出家了；還有些人，所謂居士，不出家，卻也熱衷於參話頭，解公案。而據説，有許許多多的人就真悟了，就是説，實現了理想。實際真是這樣嗎？恐怕還是有距離，或者説，實際並不像典籍中描畫的那樣如意。這裏先要説明一下，所謂實際，就涉及的人説，不是包容全體四眾的實際（用佛家的尺度衡量，四眾中有不少人是不及格的，如只求避賦税傜役得溫飽的，只求世間福報的，甚至

敗道的，前面曾談到），是只包容真參禪而真有所得（如甘於
山林的淡泊生活，不生塵念）的實際。就是這樣縮小範圍，我
覺得，理想和實際間總還不免有或大或小的距離。這可以從以
下一些事上看出來。

11.1.1 禪與教

教是依佛理漸修，比喻是坐火車，一站一站地到達目的
地。禪是坐光子火箭，一閃間到達目的地（頓悟），所以強調
直指本心，不立文字。其極也就成為：

❶ 南嶽懷讓禪師——（唐玄宗）開元中，有沙門道一
（馬祖），在衡嶽山常習坐禪。師知是法器，往問曰："大
德坐禪圖甚麼？"曰："圖作佛。"師乃取一磚，於庵前
石上磨。一曰："磨作甚麼？"師曰："磨作鏡。"一曰：
"磨磚豈得成鏡邪？"師曰："磨磚既不成鏡，坐禪豈得
作佛？"

（《五燈會元》卷三）

❷ 藥山惟儼禪師——看經次，僧問："和尚尋常不許
人看經，為甚麼卻自看？"師曰："我只圖遮眼。"

（同上書卷五）

❸ 大珠慧海禪師——（僧）問："如何得大涅槃？"
師曰："不造生死業。"曰："如何是生死業？"師曰："求
大涅槃是生死業，捨垢取淨是生死業，有得有證是生死

業，不脫對治門是生死業。" （同上書卷三）

❶ 是不要坐禪，❷ 是不要讀經，❸ 更厲害，連佛法也否定了。話都說得乾脆，表現為行動像是做得絕，這是禪的修持方法的理想的一面。

實際真就是這樣嗎？恐怕不能然。重大的理由，前面提到過，是沒有真誠接受佛理的準備，即沒有悟的內容，又能悟個甚麼？準備，要日積月累地學，這和不坐禪、不看經等是不能相容的。由此可以推斷，燈錄一類書所記，突出奇言異行，甚至只收奇言異行，是多看理想而少看實際，甚至只見理想而不管實際。但就是這樣，字裏行間也常常透露一些重視漸修的消息。如：

❹ 趙州從諗禪師——上堂："金佛不度爐，木佛不度火，泥佛不度水，真佛內裏坐。菩提涅槃，真如佛性，盡是貼體衣服，亦名煩惱。實際理地甚麼處著？一心不生，萬法無咎。汝但究理，坐看三二十年，若不會，截取老僧頭去。夢幻空華，徒勞把捉，心若不異，萬法一如。既不從外得，更拘執作麼？" （同上書卷四）

❺ 臨濟義玄禪師——僧問："如何是真佛真法真道？乞師開示。"師曰："佛者心清淨是，法者心光明是，道者處處無礙淨光是，三即一，皆是空名，而無實有。如真正作道人，念念心不間斷。自達磨大師從西土來，只是覓

個不受人惑底人，後遇二祖，一言便了，始知從前虛用工
夫。山僧今日見處，與祖佛不別。"　　　　　　（同上書卷十一）

❻ 芙蓉道楷禪師——示眾曰："夫出家為厭塵勞，求
脫生死。休心息念，斷絕攀緣，故名出家，豈可等閒利
養，埋沒平生？直須兩頭撒開，中間放下。遇聲遇色，如
石上栽花；見利見名，似眼中著屑。況從無始以來，不是
不曾經歷，又不是不知次第，不過翻頭作尾，止於如此，
何須苦苦貪戀？如今不歇，更待何時？所以先聖教人，只
要盡卻今時，能盡今時，更有何事？若得心中無事，佛祖
猶是冤家。一切世事自然冷淡，方始那邊相應。"

（同上書卷十四）

趙州、臨濟是著名禪師裏最瘋瘋癲癲的，可是間或也用
常語講佛理。芙蓉道楷禪師是北宋末年人，已經是禪風日趨險
怪的時候，可是授徒，有時仍不能不平實地講道理。可見南宗
禪，標榜的理想雖然是破一切的頓，實際卻是或明或暗地也走
漸的路。

11.1.2 頓悟與慣熟

修持，得悟，上一節是由授的方面說，實際並不像理想
的那樣奇妙；這一節由受的方面說，也是實際不像理想的那樣
奇妙。南宗禪講頓修，當然相信頓是可能的，而且事實上不少
見。真是這樣嗎？這個問題很複雜。簡單而總括地說是（如

《五燈會元》一類書所述說）、說不是，恐怕都不妥當。情況
千差萬別。但萬變不離其宗，至少我們常人總是認為，世間
事也容許奇妙，但奇妙應該是科學常識範圍之內的奇妙；越出
範圍，不管說得如何繪影繪聲，其真實性就頗為可疑了。具體
說，如真有時間短、程度深的所謂頓，那也必是漸修的結果，
而不能突如其來。這樣說，有些所謂頓，傳奇味太濃，我們就
難於引為典據，或說應該存疑。如：

> ❶ 金陵俞道婆 —— 市油餈為業。常隨眾參問琅邪
> （永起），邪以臨濟（義玄）無位真人話示之。一日，聞
> 丐者唱蓮華樂云：「不因柳毅傳書信，何緣得到洞庭湖？」
> 忽大悟。 　　　　　　　　　　　　　　　（《五燈會元》卷十九）

> ❷ 文殊思業禪師 —— 世為屠宰。一日戮豬次，忽洞
> 徹心源，即棄業為比丘。 　　　　　　　　　　（同上書卷二十）

這二位，俞道婆不是出家人，後一位是「洞徹心源」後才
出家，竟然因聽唱曲、因殺豬而頓悟，真是奇到常情之外了。
以常情推之，這應是比理想更加理想的道聽途說。

實際顯然不會是這樣。關於實際，可以舉禪林的幾位龍象
為例。

一位是馬祖道一，才高，影響大，可是學歷並不簡單。幼
年出家，在資州唐和尚處落髮，在渝州圓律師處受具足戒。以
後東行，到衡嶽山，習禪定。這時期遇見南嶽懷讓，從懷讓學

禪十年，才得到懷讓的印可，説他“得吾心”。這是由小學而中學，由中學而大學，而研究院，得悟並不是一蹴而就的。

一位是南泉普願，《五燈會元》卷三説他：“唐（肅宗）至德二年（應説載）依大隈山大慧禪師受業，詣嵩嶽受具足戒。初習相部舊章，究毗尼篇聚。次遊諸講肆，歷聽《楞伽》《華嚴》，入中百門觀，精練玄義。後扣大寂（馬祖）之室，頓然忘筌，得遊戲三昧。”他比老師馬祖學得更雜，除可以算作禪的《楞伽經》以外，還有法相、華嚴、三論諸宗的典籍。

一位是藥山惟儼，十七歲在潮陽西山慧照禪師處出家，在衡嶽希操律師處受戒。通各種經論。想習禪，先到石頭希遷處。因緣不契，到馬祖道一處，侍奉三年，又回石頭希遷處。他是不只一次轉學，才得了道。

一位是雲岩曇晟，少年時在石門出家。後參百丈懷海，侍奉二十年，因緣不契。於是改參藥山惟儼，才得開悟。在以清規嚴著稱的百丈處修持二十年，當然不會飽食終日，無所用心，這是有了漸的基礎，才能取得藥山處的頓。

總之，南宗禪的典籍突出頓，是多少帶有宣傳彩票中彩的意味，而實際，中彩的可能是微乎其微的。

11.1.3 出世與家常

出世間是理想，實際是，至多只能由里巷遷到山林。彼岸是更理想的理想，因為，至少是常人都沒有看見過。這不能怨出家二眾，因為他們也是人，也是生在這個世間。生在世間，不管有甚麼奇妙的想法，既然要想，先要活。活，要有基礎，中土通常概括為四種，衣食住行。佛家想得加細，是房舍、衣服、飲食之外，還加上湯藥（四事）。四事，就是多到四百事、四千事，在常人的思想中可以調和無扦格。佛家就不成，因為理想是要躲開這些，而實際卻偏偏不能離開這些。最大的困難是住，因為不像一缽、三衣那樣容易得到。不得已，只有靠大施主佈施，如楊衒之《洛陽伽藍記》所記，由永寧寺起，都是靈太后等大人物興建的。施主還有更大的，如梁武帝就是著名的一位。施主當然是世俗人，這就不可避免地要把美妙的理想敲碎，使碎片落在實際上。衣食方面的種種也是這樣，來源也不能不是世俗人的佈施。也許因為有見於此，或者求佈施也不那麼容易，南宗的禪僧實行自作自食的制度，即到禪林習禪，都要參加勞動（普請）。這當然是好的。但這是用世俗的眼光或評價標準衡量的；如果把立腳點移到佛門，種瓜得瓜，種豆得豆，鋤禾日當午，汗滴禾下土，那就離世間太近，離出世間太遠了。

11.1.4 守身與隨順

世間，頭緒萬千，上一節是說柴米油鹽方面的，表明想徹底出離也做不到。這一節想說社會制度或政治勢力方面的，依理想更應該一刀兩斷，可是，因為這種勢力不只力量大，而且無孔不入，想躲開就更難做到。說應該一刀兩斷，是因為政治勢力，一方面，與榮華富貴關係最密切；另一方面，在紅塵的種種中，所藏的污垢顯然最多。想斷，就要離開皇帝，離開官。有些出家人確是這樣做的，或者很想這樣做。但實際就不容易做到，因為，如上一節所說，出家人想活，就不能不歡迎佈施，甚至求佈施。此外，還有積極一面的，想弘法，佛門興旺，就不能不歡迎護法，求護法。甚麼人有大力量護法？自然是官和官的首腦皇帝。

護法，帶有自願性，其所表現的政治勢力，常常像是溫和的，如自魏晉以來，除三武一宗以外，幾乎都照例允許佛教存在，就是這樣。政治勢力的表現，還有不溫和的。最明顯的是度牒制度。度牒是官方發給的承認出家資格的證書，沒有這個，就不能避免賦稅徭役，就不能到叢林掛單。唐宋時代，為了籌集軍費政費，領度牒要交費，多到錢八百千一道。這是你有躲開政治勢力的理想，可是政治勢力的實際來找你。你只好接受實際，湊錢，買度牒，買得，還要帶在身上。這，無論從萬法皆空的角度看，還是從即心是佛的角度看，都是非常可悲的。

還有更可悲的，是最高的護法者忽然翻了臉，不只不護了，還要滅。與南宗禪關係最深的一次是三武之一的唐武宗時的會昌法難。你想出世間，世間的政治勢力偏偏拉住你，使你出不去。不只出不去，連披袈裟、住山林的自由也沒有了。怎麼辦？說如夢幻泡影沒有用，必須面對實際。如說"釋迦老子是乾屎橛"的德山宣鑒是："屬唐武宗廢教，避難於獨浮山之石室。"（《五燈會元》卷七）日照是："屬會昌武宗毀教，照

深入巖窟，飯栗飲流而延喘息。"從諫是："屬會昌四年詔廢
佛塔廟，令沙門復桑梓，亦例淘汰，乃烏帽麻衣，潛於皇甫氏
之溫泉別業後岡上。"文喜是："屬會昌澄汰，變素服。"（以
上均見《宋高僧傳》卷十二）可見都只能用逃的辦法順從。還
有政治勢力襲來，逃得更厲害的，如法海立禪師：

> 因朝廷有旨，革本寺為神霄宮，師升座謂眾曰："都
> 緣未徹，所以說是說非；蓋為不真，便乃分彼分此。我身
> 尚且不有，身外烏足道哉！正眼觀來，一場笑具。今則聖
> 君垂旨，更僧寺作神霄，佛頭上添個冠兒，算來有何不
> 可？山僧今日不免橫擔挂杖，高掛缽囊，向無縫塔中安身
> 立命，於無根樹下嘯月吟風。一任乘雲仙客，駕鶴高人，
> 來此咒水書符，叩牙作法，他年成道，白日上升，堪報不
> 報之恩，以助無為之化。只恐不是玉，是玉也大奇。然雖
> 如是，且道山僧轉身一句作麼生道，還委悉麼？"擲下拂
> 子，竟爾趨寂。　　　　　　　　　　　　　（《五燈會元》卷六）

這樣的徹底逃離，是理想挫敗了實際嗎？很難說。但可以
推知，唐武宗是不會這樣看的。

11.1.5 新思與舊意

悟是思想改造徹底勝利的結果，其實質是新想法代替或說
清除了舊想法。就理想說，情況應該是這樣：世俗的知見和情
欲滅盡，其後是仁者心不動，風幡就不再動，從而清淨自性也

就不再為境移，為物擾，即有了高的獲得，常樂我淨。能得不能得，關鍵在於能不能滅盡。能不能滅盡，難知，因為：一，禪宗典籍意在揚善，所用資料經過篩選，都限於能的；二，能不能，主要取決於心理狀態，而心理狀態的實況如何，即使人不往，也難見，何況人已經往矣。我們還是只能根據常情推測。這有如洗滌衣服上的污垢，想一點不剩，即使理論上是可能的，實際上也很難做到。證據呢，禪宗典籍中也可以透露一些。如：

❶ 雲居了元禪師（佛印）── 師一日與學徒入室次，適東坡居士到面前，師曰：“此間無坐榻，居士來此作甚麼？”士曰：“暫借佛印四大為坐榻。”師曰：“山僧有一問，居士若道得，即請坐；道不得，即輸腰下玉帶子。”士欣然曰：“便請。”師曰：“居士適來道，暫借山僧四大為坐榻，只如山僧四大本空，五陰非有，居士向甚麼處坐？”士不能答，遂留玉帶。　　　　　（《五燈會元》卷十六）

❷ 大珠慧海禪師 ── 問：“儒釋道三教同異如何？”師曰：“大量者用之即同，小機者執之即異。”

（同上書卷三）

❸ 睦州陳尊宿 ── 諱道明，江南陳氏之後也。……後歸開元（寺），居房織蒲鞋以養母，故有陳蒲鞋之號。

（同上書卷四）

❹ 六祖慧能大鑒禪師——祖說法利生，經四十載。其年（唐玄宗先天元年）七月六日，命弟子往新州國恩寺建報恩塔，仍令倍工。……先天二年七月一日謂門人曰：“吾欲歸新州，汝速理舟楫。”時大眾哀慕，乞師且住。祖曰：“諸佛出現，猶示涅槃。有來必去，理亦常然。吾此形骸，歸必有所。”眾曰：“師從此去，早晚卻回。”祖曰：“葉落歸根，來時無口。”　　　　（同上書卷一）

❶ 是口說四大本空，五陰非有，可是珍視名人的玉帶，留作鎮山之寶，這是到關鍵時候，還是世俗意識佔了上風。❷ 是思想兼容各家，各家中，儒講君君臣臣，父父子子，是世間道，怎麼能與佛的解脫道和平共處呢？除非解脫打了折扣。❸ 可以看作 ❷ 的思想兼容儒的行為化，織蒲鞋養母，講起孝道來了。❹ 是願意葉落歸根，頗有狐死首丘的意味，可見就是南宗禪的祖師，有時候還是未能忘情的。此外，如禪師們都不能不沾邊的分宗派，佔山頭，分明是世俗的愛權勢一路，在佛家的理想中是本不應該有的。

11.1.6 深度廣度問題

深度指悟的程度，廣度指悟的人數，這兩方面，理想和實際間也不能不有或大或小的距離。

先說深度，悟程度的深淺必是千差萬別。日本鈴木大拙說的“物我合一”也許是程度最深的？是否如此，我們常人不能判斷，因為人和眼前的桌子成為一體，究竟是一種甚麼樣的現實，我們沒有這種經驗，只好不知為不知。上者不知，只好降一級，說是世俗知見和情欲的滅盡。禪宗典籍說的頓悟，想來都是指這一種。這要多靠內功，即明自性，顯然也很不容易，原因之一是，自性清淨，說來好聽，像是也不難找；真去找，情況就會大不同，因為即使有，也總當藏在大量的世俗知見和情欲中，雜草拔盡而單單保留一棵嬌嫩的幼苗，其難可以想見。還有原因之二，習禪要活，要住在世間，就必不可免地會遇見與內的知見和情欲對應的種種，舉例說，化緣化到饅頭，吃，心中要確信饅頭非實，行腳遇見比丘尼，要確信師姑並非女人，這是容易的嗎？站在我們常人的立場，以己度人，總覺得，禪宗典籍所描畫，忽而一頓就天地變色，當事者立即由迷跳入洞徹心源的禪境，都未免說得太玄妙。事實恐怕是再降一級的情況，由內功加外功而慢慢改變愛惡取捨的觀點和感情。所謂外功，是叢林的生活環境和生活狀況。內，信（佛法），外，有山林、課誦、坐禪等培養並助長信，日久天長，由慣於過淡泊生活變為喜愛淡泊生活，這應該說也是悟。這種悟，與天地忽然變色的悟相比，程度當然差一些，他看饅頭仍然是饅頭，看師姑仍然是女人，但總的說，是覺得世間的求享樂，爭名利，都無意味，是自尋苦惱。這不能說是出世間嗎？如果不摳字面，我看也可以算。如果是這樣，悟就有了深淺兩級。我的想法，深是理想的，說一定不能達到也許失之武斷；但反過來，說不難達到，又總覺得可疑。可信的是淺的一級，因為，古往今來習見的所謂得道高僧，恐怕大多屬於這一類。理想少，實際多，這又是理想與實際有了距離。

以上是說悟的深度。還有廣度，就是假定滿足於悟的淺的一級，如許多僧傳、燈錄等書所記，恐怕也不當有一個算一個，因為，有些資料以及我們的見聞所顯示，實況常常不是這樣。不當有一個算一個，應該真假對半還是三七開呢？這不能知道，能知道的只是理想與實際有距離而已。

———————— 11:2 ————————

補說

與前面幾章介紹的情況相比，這一章說的像是清一色的洩氣的話，因而會給人一種印象：禪悟的理想都是誇大失實的，實際必做不到。我的意見並不這樣單純，所以這裏還應該說幾句補充的話。

理想與實際有距離，有客觀原因，是理想陳義過高，幾乎在一切方面（知見和情欲）都以逆為順，而且要逆得徹底；而人總是在實際中的，站在地面而設想御風而行，其難可想而知。也可以說兼有主觀原因，是堅信逆可以變為順（通過頓悟），不肯向實際讓步。事實是，如果肯讓步，理想俯就，是可以與實際接近，而不放棄本來的解脫目的的。

這所謂俯就，包括兩方面的意思：一是知見與情欲分治，二是少求神奇而多講實效。其實這兩者也是一回事，可以合在一起講。關於佛家的變知見、滅情欲以求解脫（其實即無苦）的辦法，我一直認為，知見和情欲可以分別對待，因為兩者的性質不一樣。總的說，是知見比較頑固而與苦關係遠，情欲反之，是比較鬆動而與苦關係近。關係遠，可以放鬆，關係近，不能放鬆。這要稍加解釋。先說知見，如門前有五柳樹，出門看得見，伸手摸得著，總不會覺得它不是柳樹，這是知見，並不明顯地雜有愛惡取捨之情，因而也就不至引起因求之不得而來的苦；但是，想變認識，說它是空卻大不易。情欲就不然，帶有火氣，愛欲而不得會引來大苦；但變認識卻不像知見那樣難，比如對於酒，有的人就是由嗜而變為戒的。因此，我覺得，佛門或禪林講悟，可以把重點放在對付情欲上，而少管甚至不管知見。事實上恐怕也是如此，如禪林的大德，捧缽，舉拂，大概都沒有覺得缽和拂是空；但在物的包圍中心境湛然，不動情，因而無苦，這就夠了。這樣說，理想像是打了折扣，未能天地變色，但滅苦的目的達到了，為甚麼不可以說是實現了理想呢？

這樣降低標準，如果禪林中人可以接受，那理想與實際就可以接近，或者說，就可以在實際容許的範圍內求實現理想。這會很容易嗎？要看由甚麼角度看。由禪林的角度看，不否認外界為實有，但可以不貪得，不因物之可欲而動情，是容易多了。由常人的角度看，處各種環境而能淡淡然，見可欲而心不亂，究竟還是太難了。因為太難，對於這俯就的滅情欲以求不再有苦的理想，我們還是不能不懷有深深的敬意。

第十二章

可無的贅疣

12.1

應務本

前面説過，佛法是一種人生之道。道，大別很多，小別更多。快樂主義是一種道；悲觀主義，甚至歌頌自殺，也是一種道。除了"不識不知，順帝之則"的道和與之近似的道以外，道，都有明顯的目的，或説理想，有實現理想的辦法，還有説明並支持理想和辦法的理論。這理論，常常系統化，表面化，表現為語言，為文字，這説的、寫的人就成為一種道的宣揚者，列入諸子百家。由這個角度看，釋迦及其後繼人也是一種道的宣揚者，應列入諸子百家。

但佛法又是宗教，因為它相信神異，相信他力（超常的可依賴的甚麼），而且有信徒的組織。可是傳入中土，繁衍為各宗，其中南宗禪後來居上，情況有了很大變化。最明顯最突出的徵象是可以呵佛罵祖，這就教説本來是不允許的。所以會這樣，也是水到渠成的結果。這水源是相信一切有情都有佛性，加上南宗禪的自性清淨。既然自性是清淨的，那修持之功就非常簡單，無非是明自性，識本心；能明，能識，自然就可以立地成佛（頓悟）。這樣説，關鍵在內不在外，念佛看經就成為次要的，甚至不必要的，可以放鬆。這還是小越軌。小越軌順流而下，就會成為大越軌，覺得念佛看經會擾亂明自性，識本心，不如一古腦兒清除出去，於是而説釋迦老子是乾屎橛，達磨是老臊胡，看經只是為遮眼。

這說得未免過了分，因為佛這種道，確信人生是"苦"，苦由於"集"，應以"道""滅"之，總是佛祖傳授的。事實上，即如以呵佛罵祖出名的德山宣鑒，也是"精究律藏，於性相諸經，貫通旨趣"，"住澧陽（龍潭崇信處）三十年"（《五燈會元》卷七）。行謹語放，是表示南宗禪的確信己力必能勝天的精神，這比鍥而不捨更進一步，是勤勉有了無盡的原動力。我們翻閱禪宗典籍，可以看到，有不少信士弟子確是這樣做的；而因為信，就確能有所得，雖然這種信（自性清淨）是否有心理學的根據，我們常人是會存疑的。

這裏單說這種信，站在禪林的立場，應該承認有大用，其極也是能夠以自力變認識，變情懷。因為相信清淨，進而喜愛清淨，染污（與苦有不解之緣）就會相對地減少，以至於滅。染污減少，至於滅，不管是否來於頓，說是已悟總是不錯的。

如果真是這樣，則悟或頓悟就主要是由自己的心力來，其間並不雜有神秘。至此，我們甚至可以說，南宗禪可以算作已經扔掉宗教的束縛，因為既可以不要神異，又可以不要外力。這是佛教中土化的一種重要的表現，簡直像是只強調良知良能，而不必念"揭帝揭帝，般羅揭帝"了。

可是這種趨勢沒有徹底，而是留了相信神異的尾巴，如還講說各種神通等就是。由直指人心、見性成佛的信念看，這種種來自原始宗教的神異是多餘的，甚至會降低自性清淨的價值，所以這裏說它是贅疣。贅疣還有一種，是順應世俗，或者說，不是全力求出世間，而是靠近世間。學佛的是人，不能離開世間，上一章已經談過。這裏是就心說，佛家以出世為理想，即使不能離開世間，也應該"心遠地自偏"（陶淵明《飲酒》其五）。有些禪師，尤其到後期，像是不是這樣，而是受了世俗風氣的感染，也以賜紫、能作詩等為榮。這說重了是身出家而心未出家，也許比相信神異更糟。就是輕些說，也是一種贅疣，為了容止，不如去掉。以下舉例說說這方面的情況。先說神異。

12.2

12.2.1 生有異相

神異有多種表現，由出生說起。這自然也是古已有之。教外的同樣很多，翻翻史書的帝王將相紀傳，隨處可見。這裏只說教內的，由釋迦牟尼起就是："放大智光明，照十方世界，地湧金蓮華，自然捧雙足。"這個神異傳統，強調自性清淨的南宗禪本來可以不繼承，可是繼承了，或者說，沒有用呵佛罵祖的精神輕視而拋棄它。如：

❶ 南嶽懷讓禪師——於唐（高宗）儀鳳二年四月八日降誕，感白氣應於玄象，在安康之分。太史瞻見，奏聞高宗皇帝。帝乃問："是何祥瑞？"太史對曰："國之法器，不染世榮。"

（《五燈會元》卷三）

❷ 睦州陳尊宿——生時紅光滿室，祥雲蓋空，旬日
方散。目有重瞳，面列七星，形相奇特，與眾奪倫。

（同上書卷四）

❸ 酒仙遇賢禪師——母夢吞大球而孕，多生異祥。
貌偉怪，口容雙拳。七歲嘗沉大淵而衣不潤。

（同上書卷八）

❹ 雲居了元禪師——誕生之時，祥光上燭，鬚髮爪
齒，宛然具體，風骨爽拔，孩孺異常，發言成章，語合
經史。

（同上書卷十六）

這些表現，以常識衡之都說不過去。用南宗禪的理論衡量
就更說不過去，因為這是強調前定，與有情皆有佛性、明心見
性可以成佛的看法是不調和的。

12.2.2 各種神通

學佛，禪悟，有目的，依據原始的四聖諦法，也只是滅
苦。前面多次說過，滅苦的惟一有效辦法是無所求（除極少
量的維持生存的事物以外），即不再動情，不再有欲。由迷轉
悟，就是由有情欲經修持而變為無情欲。這變，無論原因或歷
程，都是心的內功，與神異無涉。這是說，於斷情欲之外，
用不著還有甚麼超常的能力。說有超常的能力，是由宗教那
裏接受了不必要的裝飾。這裝飾，種類繁多，下面隨便舉一

些。如：

❶ 六祖慧能大鑒禪師——又問：“後莫有難否？”師曰：“吾滅後五六年，當有一人來取吾首。聽吾記曰：頭上養親，口裏須餐，遇滿之難，楊柳為官。又云：吾去七十年，有二菩薩從東方來，一出家一在家，同時興化建立吾宗，締緝伽藍，昌隆法嗣。”……奄然遷化。於時異香滿室，白虹屬地，林木變白，禽獸哀鳴。十一月，廣韶新三郡官僚洎門人僧俗爭迎真身，莫決所之，乃焚香禱曰：“香煙指處，師所歸焉。”時香煙直貫曹溪，十一月十三日，遷神龕并所傳衣缽而回。　（《六祖壇經·付囑》）

❷ 五台隱峰禪師——唐（憲宗）元和薦登五台，路出淮西。屬吳元濟阻兵，違拒王命，官軍與賊軍交鋒，未決勝負，師曰：“吾當去解其患。”乃擲錫空中，飛身而過。兩軍將士仰觀，事符預夢，鬥心頓息。

（《五燈會元》卷三）

❸ 黃檗希運禪師——後遊天台逢一僧，與之言笑，如舊相識。熟視之，目光射人。乃偕行。屬澗水暴漲，捐笠植杖而止。其僧率師同渡，師曰：“兄要渡自渡。”彼即褰衣躡波，若履平地。回顧曰：“渡來！渡來！”師曰：“咄！這自了漢，吾早知當斫汝脛。”其僧嘆曰：“真大乘法器，我所不及。”言訖不見。　　（同上書卷四）

❹ 睦州陳尊宿 ── 巢寇入境，師標大草屨於城門。巢欲棄之，竭力不能舉，嘆曰："睦州有大聖人。"捨城而去。
（同上）

❺ 藥山惟儼禪師 ── 師一夜登山經行，忽雲開見月，大嘯一聲。應澧陽東九十里許，居民盡謂東家，明晨迭相推問，直至藥山，徒眾曰："昨夜和尚山頂大嘯。"李（翱）贈詩曰："選得幽居愜野情，終年無送亦無迎。有時直上孤峰頂，月下披雲嘯一聲。"
（同上書卷五）

❻ 龍湖普聞禪師 ── 至邵武城外，見山鬱然深秀，遂撥草，至煙起處，有一苦行居焉。苦行見師至，乃曰："上人當興此。"長揖而去。師居十餘年。一日，有一老人拜謁，師問住在何處，至此何求，老人曰："住在此山。然非人，龍也，行雨不職，上天有罰當死，願垂救護！"師曰："汝得罪上帝，我何能致力？雖然，可易形來。"俄失老人所在，視坐傍有一小蛇，延緣入袖。至暮，雷電震山，風雨交作。師危坐不傾，達旦晴霽，垂袖，蛇墮地而去。有頃，老人拜而泣曰："自非大士慈悲，為血腥穢此山矣。念何以報斯恩？"即穴岩下為泉，曰："此泉為他日多眾設。"今號龍湖。
（同上書卷六）

❼ 瑞岩師彥禪師 ── 一日，有村媼作禮，師曰："汝速歸，救取數千物命。"媼回舍，見兒婦拾田螺歸，媼遂放之水濱。
（同上書卷七）

❽ 普淨常覺禪師 —— 有比鄰信士張生者，請師供養。張素探玄理，因叩師垂誨。師乃隨宜開誘，張生於言下悟入。設榻留宿，至深夜，與妻竊窺之，見師體遍一榻，頭足俱出。及令婢僕視之，即如常。 （同上書卷十四）

這些靈跡，由我們常人看都是不可能的。還會有副作用，是遮掩自性清淨的光，顯得不那麼明亮了。

12.2.3 超常的尊崇

這是指生公說法，頑石點頭一類。如：

❶ 嵩嶽破灶墮和尚 —— 隱居嵩嶽，山塢有廟甚靈。殿中惟安一灶，遠近祭祀不輟，烹殺物命甚多。師一日領侍僧入廟，以杖敲灶三下，曰：“咄！此灶只是泥瓦合成，聖從何來？靈從何起？恁麼烹宰物命！”又打三下，灶乃傾破墮落。須臾，有一人青衣峨冠，設拜師前。師曰：“是甚麼人？”曰：“我本此廟灶神，久受業報，今日蒙師說無生法，得脫此處，生在天中，特來致謝。”師曰：“是汝本有之性，非吾強言。”神再禮而沒。

（《五燈會元》卷二）

❷ 西園曇藏禪師 —— 詰旦，東廚有一大蟒，長數丈，張口呀氣，毒焰熾然。侍者請避之，師曰：“死可逃乎？彼以毒來，我以慈受。毒無實性，激發則強。慈苟無

緣，冤親一揆。"言訖，其蟒按首徐行，倏然不見。

（同上書卷三）

❸ 永明延壽禪師——總角之歲，歸心佛乘。既冠，不茹葷，日惟一食。持《法華經》，七行俱下，才六旬，悉能誦之，感群羊跪聽。

（同上書卷十）

❹ 徑山宗杲禪師——尋示微恙。八月九日，學徒問安，師勉以弘道，徐曰："吾翌日始行。"至五鼓，親書遺奏，又貽書辭紫巖居士，侍僧了賢請偈，復大書曰："生也只恁麼，死也只恁麼。有偈與無偈，是甚麼熱大？"擲筆委然而逝。平明，有蛇尺許，腰首白色，伏於龍王井欄，如義服者，乃龍王示現也。

（同上書卷十九）

灶神，大蟒，群羊，龍王，也知尊師重道，這又是宗教，中土諸子都不這樣說。

12.2.4 預知死期

這種神異的表現，禪宗典籍記得最多，只舉一些突出的。如：

❶ 天皇道悟禪師——（唐憲宗）元和丁亥四月示疾，命弟子先期告終。至晦日，大眾問疾，師蓦召典座。座進前，師曰："會麼？"曰："不會。"師拈枕子拋於地上，即便告寂。

（《五燈會元》卷七）

❷瑞峰志端禪師——（宋太祖）開寶元年八月，遺偈曰：“來年二月二，別汝暫相棄。燒灰散四林，免佔檀那地。”明年正月二十八日，州民競入山瞻禮，師尚無恙，參如常。至二月一日，州牧率諸官同至山，詰伺經宵。二日齋罷，上堂辭眾。時圓應長老出問：“雲愁霧慘，大眾嗚呼，請師一言，未在告別。”師垂一足，應曰：“法鏡不臨於此土，寶月又照於何方？”師曰：“非君境界。”應曰：“恁麼則漚生漚滅還歸水，師去師來是本常。”師長噓一聲，下座歸方丈。安坐至亥時，問眾曰：“世尊滅度是何時節？”眾曰：“二月十五日子時。”師曰：“吾今日子時前。”言訖長往。　　　　　（同上書卷八）

❸首山省念禪師——（宋太宗）淳化三年十二月四日午時，上堂說偈曰：“今年六十七，老病隨緣且遣日。今年記卻來年事，來年記著今朝日。”至四年，月日無爽前記，上堂辭眾，仍說偈曰：“白銀世界金色身，情與非情共一真，明暗盡時俱不照，日輪午後示全身。”言訖，安坐而逝。　　　　　（同上書卷十一）

❹五祖法演禪師——（宋徽宗）崇寧三年六月二十五日，上堂辭眾，曰：“趙州和尚有末後句，你作麼生會？試出來道看。若會得去，不妨自在快活。如或未然，這好事作麼說？”良久，曰：“說即說了，也只是諸人不知。要會麼？富嫌千口少，貧恨一身多。珍重。”時山門有土

木之役，躬往督之，且曰："汝等勉力，吾不復來矣。"
歸丈室，淨髮澡身，迨旦，吉祥而化。　　　　（同上書卷十九）

　　自知死期，❷是早到半年以前，❸是早到一年以前，這
不只離奇，而且近於違理，因為，如果能有這樣的神力，為
甚麼不另闢一天地（如涅槃、淨土之類），真了所謂生死大事
呢？佛家，或說一切宗教，總是慣於站在地上說天上事，這使
教外人不能不感到：耳聞，天花亂墜，眼見，還是種瓜只能得
瓜，種豆只能得豆，想像與實際合不攏，即使不說是可嘆，也
總是可憐了。

———————— **12.3** ————————

順應世俗

　　佛家以出世間為理想，看法和辦法是以逆為順。這逆順也
應該包括是非好壞的評價，具體說，是世俗以為榮的，最好棄
之如敝屣，至少是視之如浮雲。中土道家就頗有這種精神，如
莊子是寧曳尾於塗（途）中；表現為隱士生活也經常是如此，
如段干木避魏文侯，是越牆而走。佛門這樣做的當然更多，如
寒山、拾得，受到地方官的尊重，埋怨豐乾饒舌之後，也是逃
走。更甚者是逃入深山，與鳥獸同群。這都是理想與實際同一
條路，做得對，表示想得也對。可是翻開禪宗典籍看看，所記

的有些事，表現的評價觀點，不像是佛家的，而像是世俗的。這是佛教中土化，不得不在某範圍內向世間讓步，可是過了頭。其表現呢，也是各式各樣，如也推崇忠孝就是重要的一種。同性質的還有一些，下面分別舉例說明。

12.3.1 近權貴

權貴的最上層是皇帝。皇帝，古往今來無數，說到為人，一言難盡。但有個共同點，是權大到一手可以遮天。有權而不濫用，不以霸道逞私念的，古今有幾個人呢？這裏只說與這裏有關的，是他既與壓迫苦難有不解之緣，又與榮華富貴有不解之緣，因此，站在佛家的立場，應該遠遠地躲開他；即使不能時時做到，處處做到，也應該外圓內方，時時記住，這是不得已，心裏應該是厭惡的。可是禪宗典籍所記，有時不是這樣。如：

❶ 薦福弘辯禪師——帝（唐宣宗）曰：“何為佛心？”對曰：“佛者西天之語，唐言覺，謂人有智慧覺照為佛心。心者佛之別名，有百千異號，體惟其一。無形狀，非青黃赤白、男女等相，在天非天，在人非人，而現天現人，能男能女，非始非終，無生無滅，故號靈覺之性。如陛下日應萬機，即是陛下佛心，假使千佛共傳，而不念別有所得也。”……師是日辯對七刻，賜紫方袍，號圓智禪師。

（《五燈會元》卷四）

❷ 育王懷璉禪師——皇祐中仁廟（宋仁宗）有詔，住淨因禪院。召對化成殿，問佛法大意，奏對稱旨，賜號大覺禪師。後遣中使問曰："才去豎拂，人立難當。"師即以頌回進曰："有節非干竹，三星偃月宮。一人居日下，弗與眾人同。"帝覽大悅。又詔入對便殿，賜羅扇一把，題《元寂頌》於其上。與師問答詩頌，書以賜之，凡十有七篇。至和中乞歸老山中，乃進頌曰："六載皇都唱祖機，兩曾金殿奉天威。青山隱去欣何得，滿篋惟將御頌歸。"帝和頌不允，仍宣諭曰："山即如如體也，將安歸乎？再住京國，且興佛法。"師再進頌謝曰："中使宣傳出禁圍，再令臣住此禪扉。青山未許藏千拙，白髮將何補萬幾。霄露恩輝方湛湛，林泉情味苦依依。堯仁況是如天闊，應任孤雲自在飛。"既而遣使賜龍腦缽，師謝恩罷，捧缽曰："吾法以壞色衣，以瓦鐵食，此缽非法。"遂焚之。中使回奏，上加嘆不已。（英宗）治平中上疏丐歸，仍進頌曰："千簇雲山萬壑流，閒身歸老此峰頭。餘生願祝無疆壽，一炷清香滿石樓。"英廟依所乞，賜手詔曰："大覺禪師懷璉受先帝聖眷，累錫宸章。屢貢誠懇，乞歸林下。今從所請，俾遂閒心。凡經過小可庵院，任性住持，或十方禪林，不得抑逼堅請。"師既渡江，少留金山、西湖。四明郡守以育王虛席迎致。九峰韶公（九峰鑒韶）作疏勸請，四明之人相與出力，建大閣，藏所賜詩頌，榜之曰宸奎。翰林蘇公軾知杭時，以書問師曰："承要

作《宸奎閣碑》，謹已撰成。衰朽廢學，不知堪上石否。"

（同上書卷十五）

❸ 惠林宗本禪師 —— 元豐五年，（宋）神宗皇帝下詔，闢相國寺六十四院為八禪二律，召師為慧林第一祖。既至，上遣使問勞。閱三日傳旨，就寺之三門為士民演法。翌日，召對延和殿問道，賜坐，師即跏趺。帝問："卿受業何寺？"奏曰："蘇州承天、永安。"帝大悅，賜茶。師即舉盞長吸，又蕩而撼之。帝曰："禪宗方興，宜善開導。"師奏曰："陛下知有此道，如日照臨，臣豈敢自息。"即辭退，帝目送之，謂左右曰："真福慧僧也。"後帝登遐，命入福寧殿說法。以老乞歸林下，得旨任便雲遊，州郡不得抑令住持。

（同上書卷十六）

❹ 龍牙智才禪師 —— 因（宋）欽宗皇帝登位，眾官請上堂。祝聖已，就坐，拈拄杖卓一下，曰："朝奉疏中道，本來奧境，諸佛妙場，適來拄杖子已為諸人說了也。於斯悟去，理無不顯，事無不周。如或未然，不免別通個消息。舜日重明四海清，滿天和氣樂昇平。延祥拄杖生歡喜，擲地山呼萬歲聲。"擲拄杖，下座。

（同上書卷十九）

在帝座下稱臣，是不得不如此，可以諒解。至於說陛下心是佛心，以得賜紫、賜號為榮，甚至建閣藏皇帝手書，並請名人作碑文為記，可以不山呼而山呼萬歲，心情就離出世間太遠，離世間太近了。

官是比皇帝低一些的權貴，一般說，也是與壓迫苦難和榮華富貴有密切關係。依照佛家以慈悲對人、以淡泊對己的立身標準，對於這類人，也應該畏或惡而遠之，至少心情應該是這樣。可是事實並不都是這樣。最突出地表現在殘唐五代及其後，許多禪師是遵官命住某山某寺，並像是以有此因緣為榮。如：

❺ 長慶慧稜禪師——（唐哀帝）天祐三年，泉州刺史王廷彬請住招慶。開堂日，公朝服趨隅，曰：“請師說法。”師曰：“還聞麼？”公設拜。師曰：“雖然如此，恐有人不肯。”……閩帥請居長慶，號超覺大師。

（同上書卷七）

❻ 保福從展禪師——（後）梁（末帝）貞明四年，漳州刺史王公創保福禪苑，迎請居之。開堂日，王公禮跪三請，躬自扶掖升座。……閩帥遣使送朱記到，師上堂提起印曰：“去即印住，住即印破。”僧曰：“不去不住，用印奚為？”師便打。僧曰：“恁麼則鬼窟裏全因今日也。”師持印歸方丈。

（同上）

❼ 化城慧朗禪師——江南相國宋齊丘請開堂，師升座曰：“今日令公請山僧為眾，莫非承佛付囑，不忘佛恩？眾中有問話者出來，為令公結緣。”僧問：“令公親

降，大眾雲臻，從上宗乘，請師舉唱。"師曰："莫是孤
負令公麼？"

(同上書卷十)

❽風穴延沼禪師——依止六年，四眾請主風穴。又
八年，李史君與闔城士庶，再請開堂演法矣。……師後
因本郡兵寇作孽，與眾避地於郢州，謁前請主李史君，
留於衙內度夏。普設大會，請師上堂。……至九月，汝
州大帥宋侯捨宅為寺，復來郢州，請師歸新寺住持。至
（後）周（太祖）廣順元年，賜額廣慧。師住二十二年，
常餘百眾。

(同上書卷十一)

像這樣的出家生活，雖然是客觀情勢使然，但總嫌官府氣
味太濃，山林氣味太淡了。

12.3.2 念故舊

前面引過《後漢書・襄楷傳》的話："浮屠不三宿桑下，
不欲久，生恩愛，精之至也。"這話也說得很精，可謂一箭中
的。我常常想，佛家主要是理想主義者，根據想像，分明是難
之又難的，他們卻認為，用大雄之力，並不難做到。但在有些
方面，如考究心理或洞察人情，他們又很實際。這集中表現在
對付苦的方面。他們知道苦是來於情欲，所以想滅苦，就必須
無所求，不動情。三宿桑下會生恩愛，就是動了情，或說將有
所執著，有所求，其結果必會引來苦。不三宿是保持徹底捨的
精神，貫徹於行為就是一切世間的甚麼都看作無所謂。其實所

謂禪悟，也不過是，已經能夠徹底捨，能夠看一切世間事物為無所謂。用這個標準衡量，有些禪師的有些做法，表現還不能忘情，就近於俗而遠於道了。如：

❶ 清涼休復禪師──（後晉高祖）天福八年十月朔日，遣僧命法眼禪師（清涼文益）至，囑付訖，又致書辭國主，取三日夜子時入滅。國主令本院至時擊鐘。及期，大眾普集，師端坐警眾曰：“無棄光影。”語絕告寂。

（《五燈會元》卷八）

❷ 石霜楚圓禪師──（宋仁宗）寶元戊寅，李都尉（駙馬都尉李遵勗）遣使邀師曰：“海內法友，惟師與楊大年（楊億）耳，大年棄我而先。僕年來頓覺衰落，忍死以一見公。”仍以書抵潭帥敦遣之。師惻然，與侍者舟而東下。舟中作偈曰：“長江行不盡，帝里到何時？既得涼風便，休將櫓棹施。”至京師，與李公會月餘，而李公果歿。臨終畫一圓相，又作偈獻師：“世界無依，山河匪礙。大地微塵，須彌納芥。拈起幞頭，解下腰帶。若覓死生，問取皮袋。”師曰：“如何是本來佛性？”公曰：“今日熱如昨日。”隨聲便問師：“臨行一句作麼生？”師曰：“本來無掛礙，隨處任方圓。”公曰：“晚來困倦。”更不答話。師曰：“無佛處作佛。”公於是泊然而逝。仁宗皇帝尤留神空宗，聞李公之化，與師問答，加嘆久之。師哭之慟，臨壙而別。

（同上書卷十二）

❸ 天童正覺禪師──（宋高宗）紹興丁丑九月，謁郡僚及檀度，次謁越帥趙公令誏，與之言別。十月七日還山。翌日晨巳間，沐浴更衣，端坐告眾，顧侍僧索筆，作書遺育王大慧禪師，請主後事。

（同上書卷十四）

❹ 昭覺克勤禪師──（宋徽宗）崇寧中，還里省親，四眾迓拜。

（同上書卷十九）

死前向故舊辭行，回家省親，甚至"哭之慟，臨壙而別"，這在常人的圈子裏，是"契闊談宴，心念舊恩"，富有人情味，值得當作美談説説。可是移到禪師們的圈子裏就大不妥，因為這表示已經三宿桑下，生了恩愛，不是"精之至"了。

12.3.3 重詩文

提到這一點，也是《春秋》責備賢者之意。專説詩，出家人作詩，自然也是古已有之。偈頌用的是詩體（有別於長行），雖然內容説的是無常苦空之類。唐五代出了不少詩僧，早的有王梵志、寒山、拾得，晚的有貫休、齊己、可止等。這裏的問題不是詩體可用不可用，而是用舊罈子究竟裝甚麼酒。按照中土的傳統，詩是志之所之也，這志既包括意，又包括情，還有，登高能賦，可以為大夫，能寫是榮譽，於是詩就不能不帶有濃厚的世間氣。出家人寫詩，也平平仄仄平，而想完全拋掉世間氣，不容易。可惜的是，禪的後期，有不少禪僧寫詩，恐怕不是想拋掉，而是樂得享有一些這樣的世間氣。這樣的作品，禪宗典籍裏收了不少，舉一些為例：

❶ 善權法智禪師——上堂："明月高懸未照前，雪眉人憑玉欄干。夜深雨過風雷息，客散雲樓酒碗乾。" 上堂："三界無法，何處求心？驚蛇入草，飛鳥出林。雨過山堂秋夜靜，市聲終不到孤岑。"　　（《五燈會元》卷十四）

❷ 圓通守慧禪師——上堂："但知今日復明日，不覺前秋與後秋。平步坦然歸故里，卻乘好月過滄洲。咦！不是苦心人不知。"　　（同上書卷十八）

❸ 白楊法順禪師——上堂："雞啼曉月，狗吠枯椿，只可默會，難入思量。看不見處，動地放光；說不到處，天地玄黃。撫城尺六狀紙，元來出在清江。大眾，分明話出人難見，昨夜三更月到窗。" 上堂："風吹茅茨屋脊漏，雨打闍黎眼睛濕。恁麼分明卻不知，卻來這裏低頭立。" 因病示眾："久病未嘗推木枕，人來多是問如何。山僧據問隨緣對，窗外黃鸝口更多。"　　（同上書卷二十）

❹ 資壽尼妙總禪師——慧（徑山宗杲）見其語異，復舉岩頭婆子話問之，師答偈曰："一葉扁舟泛渺茫，呈橈舞棹別宮商。雲山海月都拋卻，贏得莊周蝶夢長。"

　　（同上）

還有說綺語的，如：

❺ 中竺中仁禪師 —— 上堂："九十春光已過半，養花天氣正融和。海棠枝上鶯聲好，道與時流見得麼？然雖如是，且透聲透色一句作麼生道？金勒馬嘶芳草地，玉樓人醉杏花天。"上堂，舉狗子無佛性話，乃曰："二八佳人刺繡遲，紫荊花下囀黃鸝。可憐無限傷春意，盡在停針不語時。"

（同上書卷十九）

❻ 報恩法演禪師 —— 上堂，舉俱胝豎指因緣，師曰："佳人睡起懶梳頭，把得金釵插便休。大抵還他肌骨好，不塗紅粉也風流。"

（同上書卷二十）

這些詩，雖然依禪門的習慣，可以指東說西，但這樣費力隨著近體詩的格律走，總是遷就世俗太多了。

還有不是指東說西的，如宋朝一個著名的和尚惠洪（也稱洪覺範）著《石門文字禪》，卷十有一首題為《上元宿百丈》的七律：

上元獨宿寒岩寺，臥看篝燈映薄紗。夜久雪猿啼嶽頂，夢回清月在梅花。十分春瘦緣何事，一掬歸心未到家。卻憶少年行樂處，軟紅香霧噴京華。

吳曾《能改齋漫錄》有關於這首詩的一段記事：

洪覺範有《上元宿嶽麓寺》詩，蔡元度夫人王氏，荊公女也，讀至"十分春瘦緣何事，一掬鄉心未到家"，曰："浪子和尚耳。"

這位王荊公的小姐評得並不過分，因為既然出了家，修出世間道，"憶少年行樂處"總是不應該的。一般作詩或者沒這麼嚴重，但樂世俗人之所樂，總當是好事不如無吧？

這種隨著世俗走的寫作風氣，還擴大到詩以外。常見的是駢文。如：

❼石門元易禪師──上堂："皓月當空，澄潭無影。紫微轉處夕陽輝，彩鳳歸時天欲曉。碧霄雲外，石筍橫空；綠水波中，泥牛駕浪。懷胎玉兔，曉過西岑；抱子金雞，夜棲東嶺。於斯明得，始知月明簾外，別是家風；空王殿中，聖凡絕跡。且道作麼生是夜明簾外事，還委悉麼？正值秋風來入戶，一聲砧杵落誰家。"（同上書卷十四）

❽大洪法為禪師──上堂："法身無相，不可以音聲求；妙道亡言，豈可以文字會？縱使超佛越祖，猶落階梯；直饒說妙談玄，終掛唇齒。須是功勳不犯，影跡不留。枯木寒岩，更無津潤；幻人木馬，情識皆空。方能垂手入廛，轉身異類。不見道，無漏國中留不住，卻來煙塢臥寒沙。"（同上）

駢四儷六，這是費心思雕龍，與破執的精神是不能調和的。

12.3.4 防微杜漸

　　上面所説禪師們順應世俗的一些表現，都近於小節。推想在簡略的典籍記載之外，即禪師們的全面生活中，一定有超過小節的。佛家以逆為順，命定會遇見順應世俗至多只能順應到甚麼程度的問題。這在原則上容易説，是可以任野草生長，只是不得侵入畦内。就是説，言行可以伸縮，只是不得違背教理的基本。基本是甚麼？可以用四聖諦法（有明確的看法和辦法）來代表。譬如説，人生是苦，所以應該想法滅苦，滅苦的辦法是捨，主要是捨情欲，這些就是基本。如果言行違背了這個基本，譬如説，認為世間也有可取的樂，那就一切修持辦法以及所求的禪悟都完了。順應世俗的小節，哪些不至觸動基本，哪些會觸動基本，情況很複雜。但有一點可以肯定，是這種趨勢如果任其順流而下，總會漸漸地甚至越來越多地觸動基本。禪的後期，有不少禪師成為社會的另一類名流，甚至如古人所傳的山中宰相，用教理的基本衡量，總當不是可喜的。這個問題，從佛教傳入中土就有，後來，尤其南宗禪發榮滋長以後，情況是越來越清楚，越來越嚴重。它牽涉到佛教的存亡（實存實亡），是信士四眾應該常常想想的。

第十三章

禪的影響（上）

關於影響

　　禪是佛家一個宗派的人生之道。它屬於佛家，因而修持的目的相同，至少是基本上相同。小異是達到目的的辦法。這有客觀原因，是為了能存在，能延續，不得不中土化，不得不向世俗靠近。化，近，產生異。有人特別看重異，於是也就特別看重變，說禪的骨子裏已經是道家，甚至以不守清規的僧人為證，說其末流成為縱欲主義。我不同意這種看法。一切人間事都要變。變有大小：大，改動基本；小，不改動基本。在這兩類變中，禪的變是小的，是修正，不是背叛。即如與道家的關係，禪吸收道家無為、任自然等成分，是因為兩家有相通之處，這是取其所需，不是盡棄其所學而學。因此，縱使吸收，大別還是照舊保持著，這大別是：道是基於"任"之，禪是基於"捨"之。捨，是因為認定人生是苦，想滅苦，就不能不視情欲為蛇蠍，世間為苦海。自然，這是就根本思想說；至於表現於外，那就可以五花八門。但性質還會有分別，以自由無礙為例，同樣的行為，甲沒有動情，是禪；乙動了情，是敗道。禪要求的是不動情的心境湛然，所以還是佛家一路。這禪的一路，由隋唐之際算起，經過唐宋的興盛，元明清的風韻猶存，一千幾百年，在文化的領域裏活動，勢力相當大，這有如風過樹搖，自然不能不產生影響。

　　最明顯的影響是各地有許多禪林，有不少人出了家，到那裏去真參禪或假參禪。這是禪門之內的事。本章所謂影響是指禪門之外，譬如城門失火，城門不算，只算被殃及的池魚。

　　文化是非常複雜的事物，現象難於理出頭緒，講因果就更難。禪，作為一種人生之道，是文化整體的一部分，與其他部分有千絲萬縷的關係，而關係，絕大多數是思想方面的，想條分縷析，説丁是丁，卯是卯，太難了。難而勉強求索，有時就難免臆測，因而會錯。為了避免牽強附會，只好取其大而捨其小，取其著而捨其微。

　　思想的影響，有如水灑在土地上，四散，浸濕鄰近的土。能浸濕是水之性，鄰近的土受影響不受影響，可以用是否浸濕來檢驗。同理，其他事物是否受了禪的影響，也要用是否吸收了禪之性來檢驗。禪之性是甚麼？人人可以意會，可是想明確而具體地説清楚卻不容易。勉強説，大致包括四個方面：一是“認識”方面，是：世間塵囂可厭，應捨；自性清淨，見性即可頓悟，即證涅槃。二是“實行”方面，即如何立身處世，是悟後一切隨緣（近於萬物靜觀皆自得），自由無礙，並可化逆為順（視不可欲為無所謂）。三是“受用”方面，是心境湛然，不為境移，不為物擾，無煩惱。四是“表現”方面，是因為深入觀照，體會妙境，無執著，所以言行可以超常，有意外意，味外味。總説一句，是有世外氣，有微妙意。

　　以這樣的禪之性為標準，來檢驗它的影響所及，像是問題不大了。其實不然。其中一個很難解決，是池魚方面，表現像是與禪為一路，但究竟是否即來於禪，有時也很難説。難説，一個穩妥的辦法是少説，就是上面説過的，要取大捨小，取著捨微。此外還有範圍問題。我一直認為，禪的影響面遠沒有淨土大，因為悟要有比較多的知識資本。這是説，難於擴大到士大夫以外。就是士大夫，絕大多數熱而冷不起來，恐怕也是相識並不相親。不過，情況也可以由另一面看，即所謂耳濡目染，沒有多少知識資本的，也未嘗不可以受些影響，如琴操是地位卑下的歌妓，傳説與蘇東坡參禪頓悟就出了家。此外還有程度問題。程度深的可以是真正逃禪，淺的就不過是官場失意之後，作兩首淡泊的詩，表示富貴於我如浮雲罷了。這類問題，也只能用取大捨小、取著捨微的原則來處理。

這樣的一些問題撇開之後，為了頭緒清楚些，想把影響分為兩類：一類是學術方面的，另一類是生活方面的。這一章談前一類，包括屬於哲學領域的道學和屬於文學領域的詩學。

13.2

道學

道學，也可稱為新儒學。儒學分舊新，是就演變的形勢説的。總的形勢是，治學重點由外而轉向內：舊儒學多講人倫，偏於外；新儒學多講心、性，偏於內。舊儒學指唐以前的，主要是先秦和兩漢。那時期，儒學著重講怎樣處理日常生活，怎樣修身齊家、治國平天下。君臣，父子，兄弟，夫婦，朋友，再向外推，鄉黨，以及行路之人，要以情理相待，出發點是仁義，如有過或不及，則以禮節之。多講要如此如此，很少問為甚麼要如此如此。問為甚麼是走向哲學或説玄學的傾向，孟子有一些，如講浩然之氣，講不動心。到《中庸》，像是更有意往這條路上走，説“天命之謂性，率性之謂道”，可是仍然是小國寡民，沒有多少人在這方面深思苦索。

　　新儒學興起於中唐，因為想考索行為的是非、善惡的由來等問題，於是深入鑽研“性”，並由性而鑽研“天”。這是追求仁義或善的哲理的根據。然後當然是以之為指導，決定應該如何“行”，即如何立身處世，以期超凡入聖。這種深追的風氣到宋明更加興盛。主題包括天（大自然或存在）、人兩個方面。天是宇宙論，研討一切事物之所從來。這弄明白了，可以有兩方面的用處：一是解決了知識的疑難，花花世界，千奇百怪，溯本推源，原來如此；另一是，人在天之下，或天之內，天明白了，就可以知人，即可以確知應該怎樣生活。在這方面，宋朝道學家費了極大的力量。自然，都只能坐在屋子裏冥想，亂猜。依常識可以推知，猜的結果必不會一樣。於是而有程朱的“理學”，陸王的“心學”（這裏統稱為“道學”），都以為自己獨得天人的奧秘。這是一筆非常複雜的賬。其實，由現在看，也無妨説是一筆糊塗賬。幸而這裏不是想算這筆賬，而是想説明，一，消極方面，如果沒有禪，也許就不會有這樣大講心性的新儒學；二，積極方面，新儒學講天理人欲，講良知良能，確是受了禪宗大講自性清淨的影響。這裏要插説幾句話，是新儒學由唐代起，許多大大小小的名家，都自負為純正的儒，與佛不同，而且大多排佛。與佛不同是事實，如不說人生是苦，不絕情欲等，都是犖犖大者。但其時禪宗的勢力太大，有關修持的理論和實行方面總有不少可資借鑒之處，它山之石，可以攻玉，借來用用也是人之常情。可是借用，他們大概認為這是順著《孟子》《中庸》等向下鑽的結果。這自然也不錯。不過鑽，順著近於禪的一條路走，而不順著其他路走，說是未借它山之石，總是勉強的。回到本題，說影響，消極方面的"如果沒有"來於懸想，難得講清楚；下面專說積極方面，道學，由唐朝起，主要的各家都受了禪宗甚麼影響。就本書說，這不是重點，又，如果談各家，略深入，就會陷入各式各樣的排列抽象概念的泥塘，而所得，至多不過是知道公婆各有各的理，有爭執，就不免都有所蔽。為了經濟實惠，以下講影響情況，都以"略"（只及其大）和"淺"（舉要點而少辨析）為準則，全豹一斑，算作舉例。

13.2.1 李翱復性

講唐代道學，一般由韓愈講起，因為他是排老（道）、佛，樹立儒家道統，所謂撥亂反正的人物。他作《原道》，本之《大學》，講正心誠意；作《原性》，想修正孟子性善說而發揚光大之。其實這位韓文公，聲勢大而實學少。如排佛，還為作《論佛骨表》而貶了官，可是有時又不免偷偷地向禪師們飛眼色。《原性》，看題目是談大問題的大著作，可是內容卻膚淺得很，説性有上中下三品，上者善，中者可導而上下，下者惡，這是孟子加告子加荀子，是鄉愿勸架的辦法，凡舉起拳頭的都對，調和派。他還説到情，也是有上中下三品，與性相配，跟著調和。調和，有好處，是兼容並包；但也暴露出弱點，是東拼西湊，缺少主見。

所以由李翱講起。李翱，字習之，與韓愈是師友之間的關係，可是後來居上，在談性方面，造詣遠遠超過韓愈。這與禪大概有些關係。韓愈，傳説與大顛（寶通）和尚有點交往，從大顛弟子三平（義忠）那裏受到點啟發。李翱就不同了，與禪林交往多，如《五燈會元》卷五還為他立了專條，稱為“刺史李翱居士”，算作藥山惟儼的法嗣。那時他任鼎州刺史，據説是仰望藥山的道行，請而不來，所以親往請教。主要問兩個問題。一是“如何是道”，藥山用手指上下，然後釋義，是“雲在青天水在瓶”（意思是道無不在，各適其所適）。另一問是“如何是戒定慧”（意在知修持的方法），藥山答：“貧道這裏無此閒家具。”李翱不懂有何深意，藥山進一步説明：“太守欲得保任此事，直須向高高山頂立，深深海底行，閨閣中物捨不得便為滲漏。”（這是地道南宗精神，要重根本，不為常見所縛）高高深深的是甚麼？推想不過是自性清淨，見性即可成佛。

性這樣重要，他不能不深思，其間或之前，當然會想到儒家的“性善”，“天命之謂性”等，於是感而遂通，寫了《復性書》上中下三篇，用儒家的話大講禪家的內容。如：

　　人之所以為聖人者，性也。人之所以惑其性者，情也。喜怒哀懼愛惡欲七者，皆情之所為也。情既昏，性斯匿矣，非性之過也。七者循環而交來，故性不能充也。水之渾也，其流不清，火之煙也，其光不明；非水火清明之過。沙不渾，流斯清矣；煙不鬱，光斯明矣。情不作，性斯充矣。……故聖人者，人之先覺者也。覺則明，否則惑，惑則昏。……雖有情也，而未嘗有情也。

　　性與情對立，與儒家的傳統說法不同。孟子道性善，說惻隱之心是仁，惻隱不是情不動。《大學》說：「此謂惟仁人為能愛人，能惡人。」愛惡並不妨害性善。《中庸》說：「喜怒哀樂之未發，謂之中；發而皆中節，謂之和。」對於情，只要求發而中節，不要求不發。要求不發，寂然不動，是禪的修持方法：去染污以明本來清淨的自性。聖人是先覺者，覺則明，否則惑，強調覺，覺即悟，也是禪家的。尤其有情而未嘗有情的說法，是禪家機鋒的翻版，孔孟是不會有這種怪思路的。

　　用復性的辦法以正心修身，這是變人倫日用為禪的冥想的內功。這內功最好有哲學或玄學的根據，於是到宋儒就更深地往心、性裏鑽，更深地往天理裏鑽，新儒學的空氣就越來越濃了。

13.2.2 程朱理學

　　宋代道學，程朱以前還有幾位重要人物。一位是寫《愛

蓮說》的周敦頤，字茂叔，號濂溪。他開宋明道學家深鑽天人
關係的風氣之先，畫太極圖，作《太極圖說》以說明之。目的
是解答這個世界是怎麼回事的問題，於是說是無極生太極，太
極生陰陽兩儀，兩儀生五行，然後化生萬物。這由現在看，都
是無根據的胡思亂想。但可以諒解，因為：一，所想解答的問
題，雖玄遠而與喜深思的人人有關聯；二，直到現在，我們雖
然有了大鏡子和小鏡子，以及數學和理論物理學，可是還是沒
有找到可以滿人意的解答。只說與這裏有關的，古代《易·繫
辭》說“易有太極，是生兩儀”，講天地之始是從太極開始。
周敦頤於其上加個無極，有人說本於宋初的陳摶，如果是這
樣，陳摶是不是還有所本？這使我們不能不想到佛家的“無
明”。周敦頤還說太極是理，五行是氣，人稟太極之理，具五
行之性，理氣對立，與禪宗的自性與染污對立相似，也可算是
為以後的程朱理學寫了個引子。

其後還有邵雍和張載。邵雍，字堯夫，諡康節。他於太
極之外，又引來八卦，畫的圖更多，設想的更複雜。張載，字
子厚，號橫渠。他所學雜，先喜歡談兵，聽范仲淹勸告，改
讀儒書，也讀道書和佛書。後來立意以儒貫之，作《正蒙》，
講氣，講理，講性，還講天人合一，“民吾同胞，物吾與也”
（《西銘》）的名言就是他說的。他自信為得儒家之正，批評佛
家“語寂滅”，不“可與言性”，其實這樣反覆講性，與禪宗的
重視見性總不當沒有一點關係。

宋代道學，到二程才趨於成熟。二程是程顥和程頤兄弟

二人。程顥，字伯淳，人稱明道先生；程頤，字正叔，人稱伊川先生。二人都以周敦頤為師，並吸收內外學各家，重窮理，重修身，成為程氏一家。但二人的學說又同中有異，所以有人說弟弟伊川先生為朱子理學的先驅，哥哥明道先生為陸王心學的先驅。程氏兄弟以儒家正統自居，可是據記載，程顥"出入於老釋者幾十年"，程頤"少時多與禪客語"，他們鑽過，受到影響是可以想見的。如研討天人關係問題，他們都重視理，或稱天理，說天地只是一個理。這理也存於人人的心中，並存於所有的物中，所以仁者應與天地萬物為一體。修養方法不過是窮此理，反身而誠。由誠和敬，可以認識天理之本然，達到萬物一體的境界。這與禪的破我執，見性即可成佛，走的正是同一個路子。又如傳說的程門立雪的故事，楊時和游酢去謁見程頤，程正在瞑坐，他們不敢驚動，立而侍，到程覺到，門外雪已經深一尺。這樣長時間瞑坐，不是睡而是窮理，與禪家的定功又是同一個路子。

二程的學問下傳，其中的一支是楊時傳羅從彥，羅從彥傳李侗，李侗傳朱熹，就是南宋初年的理學大師，後代推尊為可以繼孔孟的朱子。朱熹，字元晦，晚號晦翁。他推重二程，在所作《大學章句序》裏說："於是河南程氏兩夫子出，而有以接乎孟氏之傳，……雖以熹之不敏，亦幸私淑而與有聞焉。"這用的是孟子私淑孔子的舊儀型，可見景仰和自負的心情是如何強烈。心情必化為行動，於是如孔門弟子的編《論語》，朱熹也編，成《河南程氏遺書》二十五篇。此外，著《四書集注》，常是說"子程子曰"，以表明學有所本。其實，就新儒學的造詣說，朱熹是後來居上，正如許多人所說，他是集理學之大成，或者說，融會各家，更深入，而自成一系統。這系統，內容複雜深奧（當然問題也不少），這裏只好取一點點與本題有關的。主要是理、氣的對立。氣是具體事物，理是一切具體事物所以如此而不如彼的所以然。理在氣上，而且在氣先。但理又體現於氣中，所以人人有此理，物物有此理。人之生是理與氣合，氣有理，即人之性。不只人有性，物亦有性。理是至善的，但氣有清濁，所以可以表現為不善。這樣，由道德的角度看，理和氣就會成為對立物，就是說，理會為氣所蔽，於是應清而成為濁。這種看法再前進一些，就成為天理與人欲的對立。很明顯，修養之道就成為，滅人欲而存天理，用朱熹的比喻是："人性本明，如寶珠沉混水中，明不可見，去了混水，則寶珠依舊自明。自家若得知人欲蔽了，便是明處。"（《朱子語類》卷十二）這比喻和禪家的想法（自性清淨，為染污所蔽，修持之道為去染污，明心見性），本質上幾乎沒有甚麼分別。尤其是修持之道，朱熹用程頤辦法，敬，即窮理致知，這是純內功，並且說："用力之久，而一旦豁然貫通焉，……吾心之全體大用無不明矣。"（《大學章句》）用力久是參，豁然貫通、明是頓悟，這種路數也是禪家的。還有，朱熹雖然狠狠批評佛家的空無，可是偶爾走了嘴，也表示過欽羨之意，如說：

退之晚來，覺沒頓身己處。如招聚許多人，博塞為戲，所與交，如靈師、惠師之徒，皆飲酒無賴。及至海上，見大顛壁立千仞，自是心服。其言實能外形骸，以理自勝，不為事物侵亂，此是退之死款。樂天暮年，賣馬遣妾，後亦落莫，其事可見。歐公好事，金石碑刻，都是沒著身己處。卻不似參禪修養人，猶是貼著自家身心理會也。宋子飛言，張魏公謫永州時，居僧寺，每夜與子弟賓客，盤膝環坐於長連榻上，有時說數語，有時不發一語，默坐至更盡而寢，率以為常。李德之言，東坡晚年卻不衰。先生曰，東坡蓋是夾雜些佛老，添得又鬧熱也。

（《朱子語類輯略》卷八）

這是承認禪家能夠外形骸，身心有個安頓處，比韓文公、白香山高明，可見實質上，講人欲的時候，是不會不想到禪門的理想和修持方法的。

13.2.3 陸王心學

上面說過，儒學的演變形勢是由外而轉向內。就新儒學說也是這樣，是越來越內，以至於可以說心是一切，不再於心外另樹立個天理。提出這種看法的是比朱熹晚生幾年的陸九淵。陸九淵，字子靜，因為在象山講學，自號象山翁。傳說他未成年時聽到人述說程頤的話，就很不以為然。這已經可以預示，他講道學，要走與朱熹不同的路。後來多讀書，冥想，發現

"宇宙便是吾心，吾心便是宇宙"（《雜說》）的大道理。心既是一切，則講玄理，講修持，當然就不必到心外去費心思。在朱熹的理學系統裏，最重要的是理，不是心；或者說，都承認理，朱是理也在心外，陸則理不在心外。這分別牽涉到玄理，更牽涉到修養方法。兩位並在鵝湖之會爭論過，各是其所是，於是由南宋起，道學就分為兩派：理學和心學。如通常所說，理學重的是道問學，心學重的是尊德性。尊德性，就是求不失其本心，用陸的話說，這是知本，"學苟知本，六經皆我注腳"（《語錄上》）。（說這話，兼有批評朱熹為聖賢書作注的意思。）失其本心，有原因，是為物欲所蔽，所以修持的重點是去蔽，恢復心的本然。心至上，明心見性就可以不隨著經書轉，這與理學相比，是更靠近禪了。

朱陸以後，道學仍舊興盛。著名學者不少，有的傳陸的心學，如南宋的楊簡（號慈湖）；有的傳朱的理學，如明初的陳獻章（號白沙）。楊宣揚"人心自明，人心自靈"，陳主張為學要"捨彼之繁，求吾之約，惟在靜坐"，都帶有濃厚的禪味。

發展心學，有更大成就的是明朝的王守仁。王守仁，字伯安，曾住陽明洞中，人稱陽明先生。他是道學家中的特異人物，不只能靜坐冥想，還能領兵打仗。通兵法而用力鑽研心、性，也可見當時道學的勢力之大。他繼承陸九淵的心學，認為心即是理，與天地萬物為一。不只大人的心是這樣，小人的心也是這樣。大人和小人的分別，在於是否有私欲之蔽。能夠發見這心的本然之善，是"良知"。能知必能行，行就是擴充這心的本然之善，名為"致良知"。於是修養之道，用他自己的話說就是：

> 人心是天淵，無所不賅。原是一個天，只為私欲障礙，則天之本體失了。……念念致良知，將此障礙窒塞一齊去盡，則本體已復，便是天淵了。　(《傳習錄》卷下)

這樣強調心的作用，與禪家的自性清淨，為染污所蔽，見性即可成佛，走的正是同一個路子。因此，後來有不少人說，王陽明的良知說更近於禪。關於這一點，王守仁自己像是也不完全否認，如他曾說："因求諸老釋，欣然有會於心，以為聖人之學在此矣。"(《朱子晚年定論序》) "無所住而生其心，佛氏曾有是言，未為非也。"(《傳習錄》卷中) 佛氏有些說法不非，甚至也是聖人之學，則建立自己道學系統的時候，取其所需正是必然的了。

陸王之後，道學家發揚心學，還有更靠近禪的，如王畿(龍溪)、王艮(心齋)等就是。其中尤其是王畿，講修養方法，主張要"不思善，不思惡"，要"以無念為宗"，並說這樣就可以脫離生死輪迴，這就不是近於禪，而是入於禪了。

其實，就是到清代，顏(元)李(塨)學派以反對宋明理學自居，可是他們承認理、氣、性、形都來自天命，是善的，因引蔽習染而成惡，修養之道在於"存學"，"存性"，也還是沒有完全跳出禪家的見性即可成佛的老路。

13.2.4 語錄體

附帶説説道學家的授受方式，也接受了禪家的。佛教教理以逆為順，想把逆説成真是順，不能不乞授於深奧而繁瑣的名相辨析。這不利於普及。為了也能説服所謂愚夫愚婦，不得不在多方面求通俗化。其中有內容的，如少説空無，多説果報。有語言的，如不用文言，用口語。這合起來就成為我們現在還能見到一些的變文。變文宣揚佛理，主要是對外。禪師們授受，主要是對內，也採用了白而不文的方式。這記下來就是語錄，大量的，成為禪宗的重要典籍。道學家自信為與佛家不同，想知道不同，表明不同，就不能不也看看禪家的語錄。據説理學大師朱子就是喜歡看禪師語錄的。看，也許覺得這種方式好，也許習染而並不覺得，於是授受時也就學著使用這種方式，寫下來也就成為語錄。質最純、量最大的是朱熹，集為《朱子語類》，多到四十卷。

道學家用語錄的形式講學，始於二程。其中以弟弟程頤為比較明顯，如：

> ❶《孟子》養氣一篇，諸君宜潛心玩索，須是實識得方可。勿忘勿助長，只是養氣之法；如不識，怎生養？有物始言養，無物又養個甚麼？浩然之氣，須見是一個物，如顏子言，如有所立，卓爾，孟子言，躍如也。卓爾，躍如，分明見得方可。　　　　　（《河南程氏遺書》卷十八）

❷ 釋氏有出家出世之說。家本不可出，卻為他不父
其父，不母其母，自逃去，固可也。至於世，則怎出得？
既道出世，除是不戴皇天，不履后土始得。然又卻渴飲而
飢食，戴天而履地。　　　　　　　　　　　　（同上）

程氏兄弟，程顥只是向白靠近，程頤是想白而不能純粹。
朱熹就更進一步，用純粹的白話，如：

❸ 問：每日暇時，略靜坐以養心，但覺意自然紛
起，要靜越不靜。曰：程子謂心自是活的物事，如何窒定
教他不思？只是不可胡亂思。才著個要靜的意思，便是添
了多少思慮。且不要恁地拘逼他，須自有寧息時。又曰：
要靜，便是先獲，便是助長，便是正。

　　　　　　　　　　　　　　　　（《朱子語類輯略》卷六）

❹ 今之學者，往往多歸異教者，何故？蓋為自家這
裏工夫有欠缺處，奈何這心不下，沒理會處；又見自家這
裏說得來疏略，無個好藥方，治得他沒奈何的心。而禪者
之說，則以為有個悟門，一朝入得，則得後際斷，說得恁
地見（現）成捷快，如何不隨他去？此卻是他實要心性上
理會了如此。不知道自家這裏有個道理，不必外求，而此
心自然各止其所。非獨如今學者，便是程門高弟，看他說
那做工夫外，往往不精切。　　　　　　　（同上書卷七）

陸王也是習慣用白話。如陸九淵：

❺ 聖人之言自明白，且如“弟子入則孝，出則弟（悌）”，是分明說與你入便孝，出便弟，何須得傳注？學者疲精神於此，是以擔子越重。到某這裏，只是與他減擔。只此便是格物。　　　　　　　　（《象山先生全集》卷三十五）

如王守仁：

❻ 先生嘗言佛氏不著相，其實著了相；吾儒著相，其實不著相：請問。曰：佛怕父子累，卻逃了父子，怕君臣累，卻逃了君臣，怕夫婦累，卻逃了夫婦，都是為個君臣父子夫婦著了相，便須逃避。如吾儒有個父子，還他以仁，有個君臣，還他以義，有個夫婦，還他以別，何曾著父子君臣夫婦的相？　　　　　　　　　　　（《傳習錄》下）

用語錄體是學話。道學家學禪的行事，還有不這樣浮面的，那是由淺而深、由暗而明的悟入的體驗，有些人也強調“頓”。如楊簡是：

❼ （楊）從容問曰：“何為本心？”適平旦嘗聽扇訟，公（陸九淵）即揚聲答曰：“且彼訟扇者必有一是一非，若見得孰是孰非，即決定謂某甲是，某乙非矣，非本心而何？”先生聞之，忽覺此心澄然，亟問曰：“止如斯耶？”公竦然端厲，復揚聲曰：“更何有也！”先生不暇他語，即揖而歸。拱達旦，質明，正北面而拜。

　　　　　　　　　　　　　　　（錢時《慈湖先生行狀》）

如王守仁是：

❽ 孝宗弘治五年，二十一歲，"始侍龍山公（某父王華）於京師，遍求考亭（朱子）遺書讀之。一日，思先儒謂眾物必有表裏精粗，一草一木皆涵至理，官署中多竹，即取竹格之，沉思其理，不得，遂遭疾。"弘治十一年，二十七歲，"一日，讀晦翁上宋光宗疏，有曰：'居敬持志，為讀書之本；循序致精，為讀書之法。'乃悔前日探討雖博，而未嘗循序以致精，宜無所得。又循其序，思得漸漬洽浹，然物理吾心，終若判而為二也。"武宗正德三年，三十七歲，"春至龍場。……忽中夜大悟格物致知之旨，寤寐中若有人語之者。不覺呼躍，從者皆驚。始知聖人之道，吾性自足，向之求理於事物者，誤也。"

（《王文成公全集》附《年譜》）

"忽覺此心澄然"，"忽中夜大悟"，是禪家的頓悟，不是孔門的"學而時習之"，"不知老之將至"。尤其王守仁，悟之前還有長時間的不契，這心的旅程，與禪門的修持經歷簡直是一模一樣。

$$13.3$$

詩學

　　道和禪拉上關係，很自然，因為戴天履地，由生趨死，都想問個究竟，不甘於不識不知；而且，不管是中年逐鹿，還是臨去結縷，都想明道全身，心安理得。這用現在的話說，兩家是同路人，雖然各有心事，某時某地，借借火，甚至搭一段車，總是理所當然的。詩和禪的關係就不是這樣。大分別是對於"情"的態度。詩要情多，最好是至於痴。"春草年年綠，王孫歸不歸"，"春蠶到死絲方盡，蠟炬成灰淚始乾"，是詩，精神是執著而難割難捨。禪對於世間事，是必須沒有執，必須能捨。捨，要忘情，要無情；如果痴，那就只好跑出山門，不共住了。這是說，兩家在這方面水火不相容，無法同路。但是天地間有些事就是怪，不能攜手的竟攜起手來：詩家用禪理講詩，禪家借詩體表達禪意，唐宋以來竟成為司空見慣。自然，兩家出入的量有顯著區別，是詩家入多出少，禪家入少出多。

　　這裏只說詩家。詩家借禪說詩，郭紹虞《滄浪詩話校釋》說嚴羽"只是以禪喻詩，而諸家則是以禪衡詩"，又說嚴羽已經說過"論詩如論禪"（《詩辨》四的釋）。袁行霈先生《中國詩歌藝術研究·詩與禪》說得比較清楚，是：

　　　　禪對詩的滲透，可以從兩方面看：一方面是以禪入詩，另一方面是以禪喻詩。……以禪喻詩。這是傳統的說法，比較籠統。細分起來，有以禪參詩、以禪衡詩和以禪論詩的區別。以禪參詩是用參禪的態度和方法去閱讀欣賞詩歌作品。以禪衡詩是用禪家所謂大小乘、南北宗、正邪道的說法來品評詩歌的高低。以禪論詩則是用禪家的妙諦來論述作詩的奧妙。

這三種，都是詩家借禪家的工具，以期把自己的家當修整得更精美。自然，對於詩，禪家的工具並不是都有用，詩家只是挑自己需要的。這可以化簡些，說只是"詩作"和"作詩"兩個方面的某種性質的進口設備。具體說，詩作方面取的是意境的"超凡"；作詩方面取的是入手的"妙悟"。先說超凡，兩家有相通之處。詩所寫是創造（取現實的絲縷重新編織）的意境，用來滿足諸多渴想而難於在現實中獲得的欲求。意境各式各樣，其中一類是淡遠，或說有出世間意，與禪境相似，而沒有禪那樣決絕。分別還是在於情的性質以及有無。陶淵明"採菊東籬下，悠然見南山"（《飲酒》其五）是意境超凡，可是其中還蘊涵著對於閒適生活的淡淡的甚至不淡淡的愛。雲峰志璿禪師"不知誰住原西寺，每日鐘聲送夕陽"也是意境超凡，但心境是隨緣兼看破，不是戀戀。有淡淡的愛是"似禪境"，隨緣而不戀戀是"真禪境"。似非真，可是無妨雖不能至而心嚮往之，以求越靠近，超凡的味道越濃。求味道濃，有若有意若無意的，如王維的有些詩作就是。時代靠後，有意的成分增加，終於形成詩論，如嚴羽的《滄浪詩話》就是。再說"妙

悟”，也是詩家和禪家有相通之處。“池塘生春草”（謝靈運《登
池上樓》），好，何以好，如何好，不可説。“師姑元是女人
作”，所悟之境為何，也是不可説。不可説，作，只好相信文
章本天成，妙手偶得之；欣賞，只好付之偶然，期待忽而相視
而笑，莫逆於心。總之，都是盡日覓不得，有時還自來的事，
與學習數學，加減乘除，循序漸進，所知明確，功到必成的情
況迥然不同。無明確的法，而仍要作，仍要欣賞，只好乞援
於無法之法，就是所謂“妙”。超凡，兩家有類似的希求，妙
悟，兩家有同樣的甘苦，於是，説是物以類聚也好，説是同病
相憐也好，詩和禪就攜起手來。由結果看，自然是詩家討了便
宜，就是借用禪家的修路工具，開了通往淡泊清空的一條路。

13.3.1 司空圖詩品

　　作詩，詩境向禪境靠近，至晚由盛唐的王（維）、孟（浩
然）已經開始。可是其時只是感知而還沒有成為“論”。成為
論，要到五代以後。五代之前，因為禪宗的勢力過大，推想一
定有不少人，尤其既作詩又通禪的，會想到兩者的相通之處，
或者進一步，使兩者溝通，以詩入禪，或以禪入詩。這後一
種，可以舉唐末的司空圖為代表。他不像後來的蘇軾、吳可、
嚴羽等，明白提到禪，可是談詩，所用語言，有不少是帶有禪
意或禪味的。如：

　　　　文之難而詩尤難。古今之喻多矣，愚以為辨於味而

後可以言詩也。江嶺之南，凡足資於適口者，若醯，非不酸也，止於酸而已；若醝，非不鹹也，止於鹹而已。中華之人所以充飢而遽輟者，知其鹹酸之外，醇美者有所乏耳。……噫！近而不浮，遠而不盡，然後可以言韻外之致耳。……足下之詩，時輩固有難色，儻復以全美為工，即知味外之旨矣。 （《與李生論詩書》）

又如：

戴容州（戴叔倫）云：“詩家之景，如藍田日暖，良玉生煙，可望而不可置於眉睫之前也。”象外之景，景外之景，豈容易可談哉！ （《與極浦談詩書》）

這裏提出的“鹹酸之外”，“韻外之致”，“味外之旨”，以及“象外之象，景外之景”，與禪家的“超乎象外，不落言詮”正是相類的意境。

司空圖論詩的名著是《詩品》。這是講詩作的風格的，分為二十四種，是：雄渾，沖淡，纖穠，沉著，高古，典雅，洗煉，勁健，綺麗，自然，含蓄，豪放，精神，縝密，疏野，清奇，委曲，實境，悲慨，形容，超詣，飄逸，曠達，流動。風格是由內容、表達以及作者的學識為人甚至一時情趣等諸多條件所形成，雖然有特色，卻很難說明。不得已，只好用象徵的手法，舉韻味相近的事物來旁敲側擊。如“雄渾”是：

大用外腓，真體內充。返虛入渾，積健為雄。具備萬物，橫絕太空。荒荒油雲，寥寥長風。超以象外，得其環中。持之非強，來之無窮。

每一種都用四言詩體十二句來説明，其中有的用語也有韻外之致，富於禪意。如這裏的“超以象外，得其環中。持之非強，來之無窮”就是。其他各種風格的説明，用語也有不少富於禪意。如：

沖淡——素處以默，妙機其微。……遇之匪深，即之愈希。脱有形似，握手已違。

纖穠——乘之愈往，識之愈真。

沉著——所思不遠，若為平生。

高古——泛彼浩劫，窅然空蹤。……虛佇神素，脱然畦封。

典雅——落花無言，人淡如菊。

洗煉——流水今日，明月前身。

自然——俯拾即是，不取諸鄰。俱道適往，著手成春。

含蓄——不著一字，盡得風流。

精神——妙造自然，伊誰與裁？

縝密——是有真跡，如不可知。

疏野——但知旦暮，不辨何時。

委曲——似往已回，如幽匪藏。

形容——俱似大道，妙契同塵。

超詣——遠引若至，臨之已非。

飄逸——如不可執，如將有聞。

其中尤其"超以象外"，"不著一字"，是更明顯地用禪意說明詩意，因為作詩是不能離象，更不能離開文字的。

13.3.2 詩與禪

把作詩和禪境禪悟拉在一起，大概始於北宋。梅堯臣已經說："作詩無古今，惟造平淡難。"平淡當是指少世間煙火氣。蘇軾就說得更加露骨，在《送參寥師》的詩裏說：

> 上人學苦空，百念已灰冷，……欲令詩語妙，無厭空且靜。靜故了群動，空故納萬境。閱世走人間，觀身臥雲嶺。鹹酸雜眾好，中有至味永。詩法不相妨，此語當更請。

空且靜是禪境，必須如此才能詩語妙，等於說上好的詩要有禪意。

蘇軾之後，明白提出作詩與參禪有相通之處的，郭紹虞《中國文學批評史》中舉了很多。淺的是以禪喻詩，如韓駒，在《贈趙伯魚》的詩裏說：

> 學詩當如初學禪，未悟且遍參諸方。
>
> 一朝悟罷正法眼，信手拈出皆成章。

如吳可，有《學詩》詩，說：

> 學詩渾似學參禪，竹榻蒲團不計年。
> 直待自家都了得，等閒拈出便超然。
> 學詩渾似學參禪，頭上安頭不足傳。
> 跳出少陵窠臼外，丈夫志氣本沖天。
> 學詩渾似學參禪，自古圓成有幾聯？
> 春草池塘一句子，驚天動地至今傳。

如龔相，也作《學詩》詩（和吳可），說：

> 學詩渾似學參禪，悟了才知歲是年。
> 點鐵成金猶是妄，高山流水自依然。
> 學詩渾似學參禪，語可安排意莫傳。
> 會意即超聲世界，不須煉石補青天。
> 學詩渾似學參禪，幾許搜腸覓句聯。
> 欲識少陵奇絕處，初無言句與人傳。

如楊萬里，在《送分寧主簿羅宏材秩滿入京》的詩裏說：

> 要知詩客參江西，政如禪客參曹溪。
> 不到南華與修水，於何傳法更傳衣？

深的是以禪悟論詩。如范溫，在《潛溪詩眼》裏說：

> 學者先以識為主，禪家所謂正法眼；直須具此眼目，

方可入道。

如張鎡，在《覓句》的詩裏說：

> 覓句先須莫苦心，從來瓦注勝如金。
> 見（現）成若不拈來使，箭已離弦作麼尋？

如鄧允端，在《題社友詩稿》的詩裏說：

> 詩裏玄機海樣深，散於章句領於心。
> 會時要似庖丁刃，妙處當同靖節琴。

如葉茵，在《二子讀詩戲成》的詩裏說：

> 翁琢五七字，兒親三百篇。
> 要知皆學力，未可以言傳。
> 得處有深淺，覺來無後先。
> 殊途歸一轍，飛躍自魚鳶。

不管是以禪喻詩還是以禪悟論詩，都是想借禪為作詩的它山之石。但這借還是零星的，或片段的，有如磚瓦木料，這裏放一些，那裏放一些。可以看出，已經到了用這些材料建造大廈的時候。於是就來了嚴羽的《滄浪詩話》。

13.3.3 滄浪詩話

詩話性質的書，由北宋歐陽修的《六一詩話》開始。作詩

是正襟危坐的事；詩話則可莊可諧，上可以發表詩識，下可以
借遺文軼事消遣，所以很多人喜歡作。到南宋，這類著作已經
很多，其中最重要的或說影響最大的是嚴羽的《滄浪詩話》。
嚴羽，字儀卿，是南宋後期人。他這部詩話影響大，是因為，
用他自己的話說：

> 僕之《詩辨》（詩話包括《詩辨》《詩體》《詩法》《詩
> 評》《考證》五部分），乃斷千百年公案，誠驚世絕俗之
> 談，至當歸一之論。其間說江西詩病，真取心肝劊子手。
> 以禪喻詩，莫此親切，是自家實證實悟者，是自家閉門鑿
> 破此片田地，即非傍人籬壁、拾人涕唾得來者。李杜復
> 生，不易吾言矣。　　　　　　　　（《答出繼叔臨安吳景仙書》）

一句話，是開始系統地用禪來講詩。這對不對？昔人是仁
者見仁，智者見智。持否定態度的，有的說禪和詩是兩回事，
不能扯在一起；有的說嚴羽雖然大喊至當歸一之論，可是道理
多有不圓通處；還有的甚至說，對於佛理，嚴羽也是多有未
知。這裏不是研討《滄浪詩話》的對錯，可以只說他是怎樣以
禪喻詩的。《詩辨》一說：

> 夫學詩者以識為主，入門須正，立志須高。以漢魏
> 晉盛唐為師，……久之自然悟入。雖學之不至，亦不失
> 正路。此乃是從頂顊上做來，謂之向上一路，謂之直截根
> 源，謂之頓門，謂之單刀直入也。

《詩辨》四説：

> 禪家者流，乘有大小，宗有南北，道有邪正；學者須從最上乘，具正法眼，悟第一義。若小乘禪，聲聞辟支果，皆非正也。論詩如論禪：漢魏晉與盛唐之詩，則第一義也。大曆以還之詩，則小乘禪也，已落第二義矣。晚唐之詩，則聲聞辟支果也。學漢魏晉與盛唐詩者，臨濟下也。學大曆以還之詩者，曹洞下也。大抵禪道惟在妙悟，詩道亦在妙悟。

《詩辨》五説：

> 夫詩有別材，非關書也；詩有別趣，非關理也。然非多讀書，多窮理，則不能極其至。所謂不涉理路，不落言筌者，上也。詩者，吟詠情性也。盛唐諸人惟在興趣，羚羊掛角，無跡可求，故其妙處透徹玲瓏，不可湊泊，如空中之音，相中之色，水中之月，鏡中之象，言有盡而意無窮。

《詩法》一三説：

> 須參活句，勿參死句。

《詩法》一六説：

> 學詩有三節：其初不識好惡，連篇累牘，肆筆而成；

既識羞愧，始生畏縮，成之極難；及其透徹，則七縱八
橫，信手拈來，頭頭是道矣。

《詩法》一七說：

> 看詩須著金剛眼睛，庶不眩於旁門小法。

這裏講學詩的門徑是"參"，所求是"妙悟"，作詩要"不
落言筌"，如"羚羊掛角，無跡可求"，不只理是禪家的，連話
頭也是禪家的。

現在看，《滄浪詩話》是順應以禪說詩的風氣，集中講了
講，並向前邁了一步。這結果，詩和禪就更加靠近，有不少
人學詩作詩，總是強調由悟入手，而趨向淡遠清空的意境。

13.3.4 神韻說

宋朝以後，文人引用禪理來講詩的還有不少。如金末元初
的元好問，詩和詩論的大家，也曾說："詩為禪客添花錦，禪
是詩家切玉刀。"再舉明朝的幾位為例，如謝榛說：

> 體貴正大，志貴高遠，氣貴雄渾，韻貴雋永，四者之
> 本，非養無以發其真，非悟無以入其妙。　（《四溟詩話》一）

如屠隆說：

> 詩道有法，昔人貴在妙悟。……如禪門之作三觀，

如玄門之煉九還，觀熟斯現心珠，煉久斯結黍米。

（《鴻苞》十七）

如鍾惺説：

　　我輩文字到極無煙火處，便是機鋒，自知之而無可
奈何。　　　　　　　　　　　　　（《隱秀軒文·往集》）

僧人普荷（擔當和尚）説得更加明顯：

　　太白、子美皆俗子，知有神仙佛不齒。千古詩中若
無禪，雅頌無顏國風死。惟我創知風即禪，今為絕代剖其
傳。禪而無禪便是詩，詩而無詩禪儼然。從此作詩莫草
草，老僧要把詩魔掃，那怕眼枯鬚皓皓。一生操觚壯而
老，不知活句非至寶。吁嗟至寶聲韻長，洪鐘扣罷獨泱
泱。君不見，嚴滄浪。　　　（《滇詩拾遺》卷五《詩禪篇》）

　　他們重妙悟，重無煙火，有的還明白表示自己的詩論是繼
承嚴羽。

　　此後，還出了個繼承嚴羽並發揚光大，理論自成一家的，
那是清朝初年的著名詩人王士禎。他字貽上，別號漁洋山人，
二十四歲作《秋柳》四首（七律），就哄動大江南北，一時推
為詩壇盟主。他作詩，喜歡淡遠清空的風格，寫景，輕輕點
染，寫情，似清晰而又像是抓不著甚麼。詩論當然也是這樣，
接受司空圖的韻味説和嚴羽的妙悟説，提出混合兩者或再向下

發展的"神韻説"。意思是，上好的詩或詩作的最高境界是神
韻。神韻中有"神"，難於詮釋，勉強説，是妙到不可言説而
有味外味（即不同意此論的人所感到的迷離恍惚和輕飄飄）。
這正是禪的境界。看他自己怎樣説明這難説的最上乘詩的
奧秘：

> 汾陽孔文谷云："詩以達性，然須清遠為上。薛西原
> 論詩，獨取謝康樂、王摩詰、孟浩然、韋應物，言'白雲
> 抱幽石，綠篠媚清漣'，清也；'表靈物莫賞，蘊真誰為
> 傳'，遠也；'何必絲與竹，山水有清音'，'景昃鳴禽集，
> 水木湛清華'，清遠兼之也。總其妙在神韻矣。""神韻"
> 二字，予向論詩，首為學人拈出，不知先見於此。
>
> （《池北偶談》）

> 洪升昉思問詩法於施愚山，先述余凤昔言詩大旨。愚
> 山曰："子師言詩，如華嚴樓閣，彈指即現，又如仙人五
> 城十二樓，縹緲俱在天際。余即不然，譬作室者，瓴甓木
> 石，一一須平地築起。"洪曰："此禪宗頓漸二義也。"
>
> （《漁洋詩話》）

> 嚴滄浪以禪喻詩，余深契其説，而五言尤為近之。如
> 王、裴輞川絕句，字字入禪。他如"雨中山果落，燈下草
> 蟲鳴"，"明月松間照，清泉石上流"，以及太白"卻下水
> 精簾，玲瓏望秋月"，常建"松際露微月，清光猶為君"，

浩然"樵子暗相失，草蟲寒不聞"，劉昚虛"時有落花至，
遠隨流水香"，妙諦微言，與世尊拈花，迦葉微笑，等無
差別。通其解者，可語上乘。　　　　　　　　（《蠶尾續文》）

嚴滄浪論詩，特拈"妙悟"二字，及所云"不涉理
路，不落言詮"，又"鏡中之象，水中之月，羚羊掛角，
無跡可尋"云云，皆發前人未發之秘。　　　　（《分甘餘話》）

捨筏登岸，禪家以為悟境，詩家以為化境，詩禪一
致，等無差別。　　　　　　　　　　　　　　（《香祖筆記》）

僧寶傳：石門聰禪師謂達觀曇穎禪師曰："此事如人
學書，點畫可效者工，否則拙。何以故？未忘法耳。如有
法執，故自為斷續。當筆忘手，手忘心，乃可。"此道人
語，亦吾輩作詩文真訣。　　　　　　　　　　（《居易錄》）

這把神韻的境界說得很高。按照這種理論，那就只有富於
禪意的詩才是上好的詩。

細想起來，這也是怪事，因為詩的意境應該是世間的，禪
的意境應該是出世間的，中間還隔著高牆。可是由於詩家親煙
火而有時想離開煙火，還想提筆後手頭有"巧"，於是飢不擇
食，竟把異己引進來當作知己。而其結果，在詩的領域裏就真
出現了一些新生事物。妙悟、神韻等詩論是一個方面。還有一
個方面，是表現在詩作中，這只要拿出《古詩十九首》甚至盛
唐的詩，與宋以後的有些詩一比就可以知道，前者樸厚，有話

直說，不吞吞吐吐，後者就常是"愁生陌上黃驄曲，夢遠江南烏夜村"（王士禎《秋柳》一聯）一類，像是很美，而又撲朔迷離的了。

第十四章

禪的影響（下）

立身處世

上一章開頭曾說，談禪的影響不容易，因為難於丁是丁，卯是卯。就這一章說就更是這樣，因為是談生活方面，談一個人的立身處世。上一章談學術方面，大多是有文獻可徵的，寫，可以抓住把柄，看，因為覺得不是捕風捉影，容易點頭稱是。生活方面就不同了，它表現為行為，表現為愛好，行為有大小，愛好有顯隱，其中哪些是受了禪的影響才會出現的？至少是有些，或有時候，很難說。又，就一個人說，生活是複雜的，由少壯到衰老，千頭萬緒，而且不免於變化，由其中抽出一些，說是受了禪的影響，其他不是，也太難了。

想克服困難，像是應該：一，咬定禪家的生活態度和生活情況，用它為尺度，量；二，用大網，捉大魚，讓小魚漏下去。但這也還會碰到問題。一個小一些的是，指出某種現象，以為這一回是摸準了，其實也許並不準。例如南宗的祖師慧能，據他自己說，是初次聽人誦《金剛經》就喜愛得了不得；禪宗典籍常常記載，有的禪師是自幼就茹素，執意入空門。這是生性如此，生活態度同於禪而沒有受禪的影響。問題還有個大的，是六朝以來，佛和道關係密切，互通有無，甚至合夥過日子，同路往遠離塵囂的地方走。這樣，如果某人、某行為、某愛好，上面沒有標明是禪或是道（典型的例是王維，他的詩說"中歲頗好道，晚家南山陲"，這道就一定都是禪嗎？），我們怎麼能知道，這是禪而非道，或是道而非禪，或兼而有之呢？總之，是苦於模棱，如果望文生義，就常常會似是而非。

　　但這情況也可以從另一方面考慮，是禪宗勢力這樣大，它這另一條路的人生之道，會影響某些人又是必然的。這某些人，前面說過，主要是有知識的士大夫，與禪林、禪師、禪理有交往的。有交往，大多會或有意或無意，取他們認為有用的，摻和在自己的立身處世的指導思想裏，並表現為行為和愛好，這就成為禪的影響。自然，因為立身處世的範圍太廣，其中牽涉到思想，還苦於無形無質，想說得中肯總是困難很多。不得已，還得用前面說過的原則：取大捨小，取著捨微，而且只及全豹的一斑，以期以一例概其餘。但就是這樣，個別地方恐怕還是不免於似是而非，怎麼辦？也只能希望並不都錯而已。又，為了條理清楚些，或只是解說的方便，以下把生活分作幾個方面。由形跡顯著、與禪最近的情況說起。

●────── **14.2** ──────●

14.2.1 近禪與逃禪

　　過世間生活，日久天長，有些煩膩，或只是想換換口味，到禪林去轉轉，或同禪門中人你來我往（包括用文字），是近禪。過世間生活，不管由於甚麼，失了意，於是嚮往禪門的看破紅塵，身未出家而心有出家之念，並於禪理中求心情平靜，是逃禪。二者有程度淺深的分別。深的，受了禪的影響，沒有問題。淺的呢？那就不可一概而論。如唐朝的王播，未騰達時候是住在禪院裏的，受了冷遇，騰達之後題"三十年來塵撲面，如今始得碧紗籠"的詩，以吐多年的屈辱之氣，這心情是怨，當然談不到受影響。比播小之又小的人物，多到無數，與禪林接近，心情不是怨，是舒暢，甚至安然，這就應該說是或多或少受了影響。這些人是很少見經傳的，但可以想而見之。見經傳的為數也不少，史書隱逸傳之內、之外，都可以找到。這裏不是意在網羅，可以用個省力的辦法，舉一部書為例。那是《五燈會元》，由龐蘊居士開始，舉出陸亘大夫、白居易侍郎、相國裴休居士、刺史陳操尚書、刺史李翱居士、張拙秀才、太傅王延彬居士，常侍王敬初居士、丞相王隨居士、駙馬李遵勖居士、英公夏竦居士、文公楊億居士、節使李端願居士、太傅高世則居士、太守許式郎中、修撰曾會居士、侍郎楊傑居士、簽判劉經臣居士、清獻趙抃居士、丞相富弼居士、衛州王大夫、太史黃庭堅居士、觀文王韶居士、秘書吳恂居士、內翰蘇軾居士、參政蘇轍居士等多人，算作某某禪師的法嗣。拉這些人算作法嗣，當然也因為他們地位高，名聲大，可以給禪林壯壯門面。但他們與禪有關係也應該是事實。這關係，有的並且不是一般的。這有多種情況。如龐蘊居士，至多是士而不是大夫，據禪宗典籍所傳，造詣恐怕不低於南泉普願、趙州從諗之流。又如裴休，以高官的身分拜倒在黃檗希運的門下，並為老師整理流傳《傳心法要》和《宛陵錄》；張商英，即著名的無盡居士，官也做得不小，為了給禪宗爭地位，還作了《宗禪辯》和《護法論》。再如官不很大的馮楫是：

> 公後知邛州，所至宴晦無倦。嘗自詠：“公事之餘喜坐禪，少曾將脅到床眠。雖然現出宰官相，長老之名四海傳。”至（宋高宗紹興）二十三年秋，乞休致，預報親知，期以十月三日報終。至日，令後廳置高座，見客如平時。至辰巳間，降階望闕肅拜，請漕使攝邛事。著僧衣履，踞高座，囑諸官吏及道俗，各宜向道，扶持教門，建立法幢。遂拈拄杖，按膝蛻然而化。　　（《五燈會元》卷二十）

這是名為官員而實已成為禪師，受影響當然是更深的。

還有的連官場的名也捨掉，那就成為百分之百的逃禪。這樣的人，歷朝都有不少。如王維就是典型的一位。他中年喪妻，不再娶。晚年在輞川別墅中隱居，讀經參禪，正如他弟弟王縉《進王摩詰集表》所說：“至於晚年，彌加進道，端坐虛室，念茲無生。”這是名未出家而實出了家。白居易似乎也可以算。他官做得多而大，晚年像是灰了心，隱居香山，同和尚佛光如滿結香火社，顯然是不再想治國平天下，而想見性成佛了。宋朝仍是禪宗興盛的時代，士大夫受影響而逃禪的自然也不會少。《五燈會元》卷十九記了突出的一位，是侍郎李彌遜居士：

至二十八歲為中書舍人。常入圓悟（昭覺克勤）室。一日早朝回，至天津橋，馬躍，忽有省，通身汗流。直造天寧（寺），適悟出門，遙見便喚曰："居士且喜大事了畢。"公屬聲曰："和尚眼花作甚麼！"悟便喝，公亦喝。於是機鋒迅捷，凡與悟問答，當機不讓。公後遷吏部，乞祠祿歸閩連江，築庵自娛。

乞祠祿是辭實職，領退休金。住在小型禪院裏，所求自然只是禪境的心體湛然。程度淺一些的，人數會更多，如正統儒家的歐陽修，晚年致仕，也是與禪師們親近，自號六一居士了。其後到明代，李贄是個更突出的，因為不只心喜禪，而且剃了髮。他官做到知府，罷官以後，聚徒授學，學王充，連孔孟也懷疑，這是因為思想早已穩穩地坐在禪榻上。受他的影響，公安派創始人袁氏兄弟（宗道、宏道、中道）也是既做官，又修道，積極時說說儒，稍一冷就到禪那裏去尋求安身立命之地。明清之際的錢謙益也是這樣，晚年失意，就"賣身空門"，"惟有日翻貝葉，消閒送老"（《與王貽上》書）。稍後，專說大人物，順治皇帝是真想逃禪的；其孫和曾孫，雍正皇帝和乾隆皇帝，不真逃，可是取了圓明居士和長春居士的雅號。這風氣仍然向下流傳，直到民國初年還沒有滅絕。如大官僚靳雲鵬、大軍閥孫傳芳之流，下野之後，不知心怎麼樣，身卻也是常在禪林了。

14.2.2 正心修己

這是道德修養方面的事。古代儒家講怎樣用功，還分為多少層次，是："欲修其身者，先正其心；欲正其心者，先誠其意；欲誠其意者，先致其知；致知在格物。"（《大學》）這所謂心，與《孟子》"求放（跑出去）心"的心大概一樣，都是"常識"的，指思維能力的本源，正心，求心不放，不過是不胡思亂想，不求所不當求。到宋朝道學家，受禪門自性清淨、即心是佛理論的影響，理也求深，於是常識的心升級，變為"玄學"的心。尤其是陸王，心的地位比在程朱那裏更高，所講習成為心學。這在前面，由學或知的角度，已經介紹過。王學是強調知行合一的，但常識上又有知易行難的説法；所以這裏想説得委婉些，是知不能不影響行，比如所知是十，只行了五六甚至二三，也總當算是一部分合了一。説到本題，是受了禪的影響的宋明以來的道學家，以及受道學影響的各式各樣的人，在修身方面，有時就會顯露出禪的影子。這主要表現在以下幾個方面。

一是正心，求心保持天賦之本然。如程頤説：

> 學者患心慮紛亂，不能寧靜。此則天下公病，學者只要立個心，此上頭盡有商量。　　（《河南程氏遺書》卷十五）

如朱熹説：

> 聖賢千言萬語，只要人不失其本心。……人心本

明，只被物事在上蓋蔽了，不曾得露頭面，故燭理難。

（《朱子語類輯略》卷二）

這人心本明的想法，到王守仁就更進一步：良知是心本善，致良知是發揮心之本然的行，成為明明德，就如何用功即可有成說，與禪的即心是佛正是一個路子。

二是"參"。禪家常用，即參話頭公案。禪宗中還有特別重視這種修持方法的，成為看話禪。宋以來的道學家，以及受禪學、道學影響的人，也有用這種方法以求正心明道的。如二程說：

> 昔受學於周茂叔（周敦頤），每令尋顏子、仲尼樂處，所樂何事。　　　　　（《河南程氏遺書》卷二上）

> 鳶飛戾天，魚躍於淵，言其上下察也。此一段，子思吃緊為人處，與"必有事焉而勿正心"意同，活潑潑地。會得時活潑潑地，不會得時只是弄精神。　　（同上書卷三）

奇怪的是非道學家的司馬光也用過這種辦法，如：

> 君實嘗患思慮紛亂，有時中夜而作，達旦不寐，可謂良自苦。人都來多少血氣，若此則幾何不摧殘以盡也？其後告人曰："近得一術，常以中為念。"　　（同上書卷二上）

這同禪門的參趙州和尚"狗子無佛性"的無，以求由迷轉悟，也走的是同一條路。

三是“靜坐”。這是禪家的定功，宋以來的道學家有不少人用。如：

> 昔陳烈先生苦無記性，一日讀《孟子》“學問之道無他，求其放心而已矣”，忽悟曰：“我心不曾收得，如何記得書？”遂閉門靜坐，不讀書百餘日，以收放心。卻去讀書，遂一覽無遺。　　　　　　　　　（《朱子語類輯略》卷二）

> 明道教人靜坐，李先生亦教人靜坐，蓋精神不定，則道無湊泊處。又云，須是靜坐，方能收斂。　　　　　　（同上）

前面講過程門立雪的故事，弟子立而久待，就因為老師正在靜坐。

四是“節情節欲”。這種修持功夫，就是一般不學道的人中也不少見。但這也可能不是來於禪，而是來於儒的以禮節之和道（或兼有道教成分）的養生術。較多的可能是儒道釋兼而有之；如果是這樣，由果而求因，那就禪也應該佔有或大或小的一份。

14.2.3 脫略世事

這一節，以及下面兩節的“處逆如順”和“山林氣”，比較難講。因為禪氣和道氣都很濃，某種表現來路不明，硬說是禪的影響，說服力就不大。這沿流溯源，也許應該歸咎於六朝以來的道釋混合。但既已混合，再分為涇渭總是做不到了。而這幾種現象，講禪的影響又不能不涉及。不得已，只好醜話説在前面，是：一，這裏説是禪，意思是含有道的成分的禪，甚至多半是道而少半是禪；二，禪少，甚至少到近於沒有，那就算作姑妄言之，僅供參考而已。

脫略世事是對於常人認為應該有甚至很可欲的世間事物的態度變淡。這與禪是一路：視世間事物為一據點，出世間是大離（至少是理論上），脫略世事是小離。説是小，因為：一，思想方面還沒有萬法皆空那樣決絕；二，形跡方面還難免拉拉扯扯。但無論如何，與一般人相比，總是不那麼熱了。不熱，有的帶有政治意味，是無意（甚至厭惡）仕官；有的只是一般的厭煩男婚女嫁和柴米油鹽；見於經傳的絕大多數是兼而有之。隨便舉一些例。

王維是典型的一位，他不只行，而且宣揚：

> 晚年惟好靜，萬事不關心。自顧無長策，空知返舊林。松風吹解帶，山月照彈琴。君問窮通理，漁歌入浦深。
>
> （《酬張少府》）

唐朝末年，司空圖也是這類人物。他名聲大，本來有官可做，可是堅辭不做；在中條山王官谷隱居，作詩並寫他的詩論。宋朝有兩位有名的隱士，是連官也沒有做過。一位是魏野，也許禪意更多，因為既能不仕，又能隨緣。他詩名大，受到許多大人物的敬重，其中一位是寇萊公（准），可是他始終沒有改變"野人"的風貌。一位名聲更大，是諡為和靖先生的林逋，不娶妻，在杭州西湖孤山隱居。袁宏道曾著文稱讚他：

> 孤山處士妻梅子鶴，是世間第一種便宜人。我輩只為
> 有了妻子，便惹許多閒事，撇之不得，傍之可厭，如衣敗
> 絮行荊棘中，步步牽掛。　　　　　　　（《解脫集·孤山》）

其實妻梅子鶴還是其次焉者。他還有更值得稱讚的，是
真能夠“清”，證據是臨終作詩，其中有“茂陵他日求遺藁，
猶喜曾無封禪書”的話。這不禁使人想到漢武帝時候的司馬相
如，那就偏於熱，因而也就流於俗了。還有，像道學家周敦頤
的“窗前草不除去”（翁森《四時讀書樂》並以之入詩，曰“綠
滿窗前草不除”），也可以歸入這一類。

14.2.4 處逆如順

我有時想，卑之無甚高論，禪悟，由理想方面看（實際複
雜得多，應該另說），其成果或功效似乎可以用比喻來說明。
這還可以分為淺深兩種情況：淺的，像是身心之外圍上一圈至
堅至韌的盾牌，於是外界的刺激就不能侵入（即見可欲而心不
亂）。深的，像是有了一種神妙的化合能力，不管碰到甚麼，
都能使不可意的變為可意的（就是參政李邴居士所說自己的
體驗：“事無逆順，隨緣即應。”）。前一種是不為物所擾，後
一種更進一步，是化擾為不擾，結果一樣，都是能斷煩惱。總
之，禪終歸是世間之內的事，想使周圍沒有逆，辦不到；所
能做的只是用內功（禪悟），求逆化為順。這本領，在家人當

然也很需要，因為在世間食息，碰到逆總是難免的。碰到，怨天尤人，哭哭啼啼，顯然不如能化逆為順，處之泰然。這是很高的修養，取得很難，但也非絕不可能。舉偶然想到的幾位為例。

一位是范仲淹的長公子范純仁。抄他的兩件軼事為證：

> 范忠宣（稱謚號）謫永州。公夫人在患難時，每遇不如意事則罵章惇，曰："枉陷正人，使我至此！"公每為一笑。舟行過橘洲，大風雨，船破，僅得登岸。公令正平（純仁子）持蓋，自負夫人以登。燎衣民舍，稍蘇，公顧曰："船破，豈章惇所為耶？" （沈作哲《寓簡》）

> 范忠宣寓居永州東山寺。時諸孫尚幼，一日戲狎，言語少拂寺僧之意。僧大怒，叱罵不已。入坐於堂上，僧誦言過之語頗侵公，公不之顧；家人聞之，或以告公，亦不應。翌日，僧悔悟，大慚，遂詣公謝。公慰藉之，待之如初，若未嘗聞也。 （曾敏行《獨醒雜志》）

受責罵，如不聞，是禪。"豈章惇所為"，有"不思善，不思惡"的破執精神，禪味更重。

也是那個時期，蘇軾一再受貶謫，最後到瓊州（今海南島），據說還強人說鬼，人家說沒有鬼，他說："姑妄言之。"這也是處逆如順。還有更厲害的，那是清初的金聖嘆，因為哭廟被處斬刑，傳說死之前還說怪話，留遺書同監斬官開玩笑。

如果所傳是實，那就比僧肇的"猶似斬春風"少認真氣，更富於禪味了。

14.2.5 山林氣

禪院多建在山中，這是出世間理想的不得已的退讓一步，因為山仍在世間，不能出，依理是應該有些遺憾的。至於身未出家的人，住在山林就可以算作已經遠離紅塵，因而也就可以毫無遺憾。這種嚮往山林的風氣至晚起於六朝。有名的故事是宗少文（炳）的臥遊。後來還有不少人效顰，或擴而充之，如宋朝呂祖謙，傳世的《臥遊錄》據說就出於他之手。但這只是想而不是行。行有兩種情況：一種是人就山林，如司空圖的入中條山王官谷。一種是使山林縮小，就人。這後者有等級之分：上者如宋徽宗，用君權讓汴京城東北部生一個艮岳；中者如李格非《洛陽名園記》所記，在宅旁修建個或大或小的園林，舊時代的上層人物幾乎都是這樣；下者是建園林既無地又無力，那就可以想法弄一幅山水畫，懸之壁間，或一塊靈壁石，擺在案頭，以幻想咫尺而有千里之勢。還有比山水畫和靈壁石更空靈的，是只稱名而未必有實。一種是為居室起名，不管如何湫隘囂塵，而名曰甚麼甚麼山房。另一種更多，是為人起別號，也是不管心在魏闕還是身在朱樓，而名曰甚麼甚麼山人。這風氣大概始於唐朝，如隱士兼大官的李渤別號"少室山人"，詩人杜荀鶴別號"九華山人"。其後到明清就盛行而至於濫，幾乎遍地都是"山人"，其中還有不少大名人，如明宗室朱載堉別號"句曲山人"，清詩人王士禎別號"漁洋山人"，等等。還有不滿足於僅僅住山的，如清朝周金然，別號是"七十二峰主人"，那就把居室之外的整個山林都據為己有了。

其實，住在天街或住在陋巷，長年罵賊頌聖或柴米油鹽，未免煩膩，想到山林換換空氣，也是人之常情。常情，未必與禪有關。但也可能與禪有關，那就有如風助了火之力，於是就燒得特別旺起來。這旺的情況，見於史書隱逸傳的，以及不見經傳的，幾乎有數不清的那樣多。這裏隨便談一些。如唐朝早年的田游岩，隱居嵩山，名聲大，乃至驚動了高宗皇帝。皇帝過嵩山，屈尊去看他，他說了句山林氣非常重的名言，是："臣所謂泉石膏肓煙霞痼疾者。"這是喜好過甚而成為病態。其後的白居易，病輕一些，但不只晚年住香山；中年貶官，失意，還在廬山建草堂，過過山林癮。宋朝的林逋，上面已經談過，當然也是典型的一位。元朝可以舉王冕為例，隱居九里山，也是決心做山林中人物。再其後，明清兩朝，這樣的人物也是屢見不鮮。且說另一種情況，是山林氣，就算附庸風雅吧，總是更加無孔不入了。手頭有一本明末文震亨作的《長物志》，作者是曾任東閣大學士（宰相職）的文震孟的老弟，官至中書舍人，所謂仕宦之家，可是書中所舉"長物"（消閒中可喜而又可有可無之物）中有：山齋，佛堂，水石，英石，太湖石，短榻（置之佛堂書齋，可以習靜坐禪），禪椅，佛廚佛桌，香爐，禪燈，缽，鐘磬，坐團，番經，禪衣，這儼然是住在山林中的大和尚的氣派了。可以想像，如果沒有禪，上層士大夫大概不會這樣心在朝市而貌在山林的。

———————●————— **14.3** —————●———————

14.3.1 禪意詩

　　上一章談了受禪影響的詩學；詩學是知，知要表現為行，作詩，這裏談含有禪意的詩作。先說說本源，是出家人的詩作。這本來應該都是偈頌，即用詩的形式述說禪理的。典型的如六祖慧能的「菩提本無樹……」，可以不提。其後如龍山和尚的：

　　　　三間茅屋從來住，一道神光萬境閒。莫把是非來辨我，浮生穿鑿不相關。　　　　　　　　（《五燈會元》卷三）

靈雲志勤禪師的：

　　　　三十年來尋劍客，幾回落葉又抽枝。自從一見桃華後，直至如今更不疑。　　　　　　　　　　（同上書卷四）

　　都是這樣，即只有道意而沒有詩意。後來，想是由於越來越向世俗靠近，有些禪師用詩體達意，就樂得於道意外兼有些詩意。如靈岩了性禪師的：

　　　　一葦江頭楊柳春，波心不見昔時人。雪庭要識安心

士，鼻孔依前搭上唇。　　　　　　　　　（同上書卷二十）

資壽尼妙總禪師的：

　　一葉扁舟泛渺茫，呈橈舞棹別宮商。雲山海月都拋
卻，贏得莊周蝶夢長。　　　　　　　　　（同上）

都是骨子裏是道而外貌是詩。

這兩種寫法，在家人的筆下也都有。可是相似的情況不
同：前者幾乎是照貓畫虎，十之十的明道；又因為道總是枯燥
的，附和的不多。後者就不然，而是有了大變化，就是不是寫
道詩，而是寫詩帶一些禪意（清幽淡遠的世外意）；又因為這
既有理論作靠山，又有某種意境可供欣賞吟味，於是用力這樣
寫的就相當多。

先說前一種，用詩體明道的。其中有的明佛道，是禪的近
親。如趙抃居士的：

　　腰佩黃金已退藏，篋中消息也尋常。世人欲識高齋
（其書齋名）老，只是柯村趙四郎。　　　（同上書卷十六）

莫將居士的：

　　從來姿韻愛風流，幾笑時人向外求。萬別千差無覓
處，得來元在鼻尖頭。　　　　　　　　　（同上書卷二十）

都有禪悟的看山還是山，看水還是水的意味。宋以來的道

學家有時也用這樣的辦法表意，雖然所明的道未必有很多的禪意。如程顥的《秋月》：

> 清溪流過碧山頭，空水澄鮮一色秋。隔斷紅塵三十里，白雲紅葉兩悠悠。

朱熹的《觀書有感》：

> 半畝方塘一鑒開，天光雲影共徘徊。問渠那得清如許，為有源頭活水來。

程詩是間接寫心，朱詩是直接寫心，這心雖是道心，卻是與禪理相通的道心。道學家以外，受時代風氣的影響，士大夫也有用這種辦法表一時有所悟的。如王安石的《登飛來峰》：

> 飛來峰上千尋塔，聞說雞鳴見日升。不畏浮雲遮望眼，自緣身在最高層。

蘇軾的《題西林壁》：

> 橫看成嶺側成峰，遠近高低各不同。不識廬山真面目，只緣身在此山中。

這都是用隱語發點世俗的小牢騷，詩意很少；只是言在此而意在彼，就語言的性質說是帶有禪意的。

下面說禪意詩的大戶，那是地道的詩，而帶有清幽淡遠的世外味。這還可以細分為三種。一種是寫清幽淡遠的景物，以表現遠離煙火的世外味，如：

❶ 不知香積寺，數里入雲峰。古木無人徑，深山何處鐘。泉聲咽危石，日色冷青松。薄暮空潭曲，安禪制毒龍。　　　　　　　　　　　（王維《過香積寺》）

❷ 清晨入古寺，初日照高林。曲徑通幽處，禪房花木深。山光悅鳥性，潭影空人心。萬籟此俱寂，惟聞鐘磬音。　　　　　　　　　　（常建《破山寺後禪院》）

❸ 獨憐幽草澗邊生，上有黃鸝深樹鳴。春潮帶雨晚來急，野渡無人舟自橫。　　　　　（韋應物《滁州西澗》）

另一種是表現以慧心觀照而得的空寂之感，如：

❹ 千山鳥飛絕，萬徑人蹤滅。孤舟蓑笠翁，獨釣寒江雪。　　　　　　　　　　　　　　（柳宗元《江雪》）

❺ 山靜似太古，日長如小年。餘花猶可醉，好鳥不妨眠。世味門常掩，時光簟已便。夢中頻得句，拈筆又忘筌。　　　　　　　　　　　　（唐庚《醉眠》）

❻ 野水空山拜墓堂，松風濕翠灑衣裳。行人欲問前朝事，翁仲無言對夕陽。　　　　　（孫友儵《過古墓》）

還有一種是輕輕點染，以求於迷離恍惚中有言外意和味外味，也就是以禪理說詩的所謂韻味或神韻，如：

❼ 青山隱隱水迢迢，秋盡江南草木凋。二十四橋明月夜，玉人何處教吹簫。 （杜牧《寄揚州韓綽判官》）

❽ 白藕作花風已愁，不堪殘睡更回頭。晚雲帶雨□（原缺，疑當作"歸"）飛急，去作西窗一夜秋。

（《續本事詩》"詩媒"條記王氏詩）

❾ 東風作絮糝春衣，太息蕭條景物非。扶荔宮中花事盡，靈和殿裏昔人稀。相逢南雁皆愁侶，好語西烏莫夜飛。往日風流問枚叔，梁園回首素心違。

（王士禛《秋柳》四首之一）

這最後一種，就表現方法說是不即不離，中唐以前的人很少用，宋以後有不少人喜歡用。不即不離，意境有時近於迷離恍惚，這好也罷，壞也罷，總當與禪的跳出常格有些關係。

14.3.2 禪意畫

由明朝晚期起，有不少人認為，中國畫，主要是山水畫，由王維開始，用水墨渲染，以表現平遠疏曠的境界的，帶有禪意。所謂禪意，大概是指所畫景物有遠離世間煙火的意味。因為有禪意，有人甚至比附禪之有南北，說畫也有南北二宗：以王維為代表的是南宗，以大小李將軍（李思訓、李昭道）為代表的是北宗。如莫是龍的《畫說》說：

禪家有南北二宗，唐時始分。畫之南北二宗，亦唐時分也,但其人非南北耳。北宗則李思訓父子著色山,流傳而為宋之趙幹、趙伯駒、伯驌以至馬、夏輩。南宗則王摩詰始用渲淡,一變鈎斫之法,其傳為張璪、荊、關、郭忠恕、董、巨、米家父子,以至元之四大家。亦如六祖之後,馬駒、雲門、臨濟兒孫之盛,而北宗微矣。(有人說是莫抄董其昌說)

稍後,陳繼儒在《偃曝餘談》中說:

> 山水畫自唐始變,蓋有兩宗,李思訓、王維是也。李之傳為宋王詵、郭熙、張擇端、趙伯駒、伯驌,以及於李唐、劉松年、馬遠、夏圭,皆李派。王之傳為荊浩、關仝、李成、李公麟、范寬、董源、巨然,以至於燕肅、趙令穰、元四大家,皆王派。李派板細,無士氣;王派虛和蕭散,此又慧能之禪,非神秀所及也。至鄭虔、盧鴻一、張志和、郭忠恕、大小米、馬和之、高克恭、倪瓚輩,又如方外不食煙火人,另具一骨相者。

這裏提到"士氣",所以又稱有士氣的南宗畫為"文人畫"。分宗,褒文人畫而貶非文人畫,其中問題很多。如:一,分宗說是比喻,相似與受影響是兩回事。二,分宗,某人入某宗,以及二宗高下,古今都有異說。三,因此,古今有不少人反對這樣的分宗說。這些問題,辨析起來相當麻煩,而與本節想談的問題關係不大。

　　想談的問題是，所謂南宗畫是否受了禪的影響。我的想法，在有關係和無關係之間，我們似乎應該肯定前者。因為：其一，在同一個文化系統之中，兩種意識形態毫不牽涉的可能性是微乎其微的。其二，蘇軾說過："味摩詰之詩，詩中有畫；觀摩詰之畫，畫中有詩。"詩畫表現的意境相通，王維詩中既然有禪意，畫中自然也會有禪意。其三，所謂南宗的一些畫，如出於宋李成、元倪瓚、明董其昌、清查士標等人之手的，確是簡淡疏曠，有禪家的不食人間煙火氣。其四，如明僧蓮儒著有《畫禪》，董其昌著有《畫禪室隨筆》，這是承認畫和禪有密切關係。這樣，我們說中國的山水畫，有些也受了禪的影響，總不是無中生有吧？

14.4

禪語

　　禪語，指禪師們講禪境時說的話，即機鋒公案之類。這樣的話，由常人看來是不著邊際，難解。但也有優越的一面，是奇而巧，因為總是言近旨遠，言在此而意在彼。意義跳出語言文字之外，於是不可說的就成為可說，難表達的就成為易表達。禪語的這種優越性，對禪林之外的人當然也會有吸引力，於是而學，以表達世俗的比較難說的意思。

　　世俗人用禪語表難言之意，有少數是採用禪門內的形式。如：

> 蘇子瞻守杭日，有妓名琴操，頗通佛書，解言辭，子
> 瞻喜之。一日遊西湖，戲謂琴操曰：“我作長老，汝試參
> 禪。”琴操敬諾。子瞻問曰：“何謂湖中景？”對曰：“落
> 霞與孤鶩齊飛，秋水共長天一色。”“何謂景中人？”對
> 曰：“裙拖六幅湘江水，髻挽巫山一段雲。”“何謂人中
> 意？”對曰：“隨他楊學士，鱉殺鮑參軍。如此，究竟何
> 如？”子瞻曰：“門前冷落車馬稀，老大嫁作商人婦。”
> 琴操言下大悟，遂削髮為尼。　　　　　（《蘇米志林》）

本書開頭引的林黛玉和賈寶玉參禪，也屬於這一類。

禪門之外的禪語，因所表意思性質的不同，大致可以分為
以下幾種。一種是表玄意的，如：

> ❶ 東坡嘗宴客，俳優者作伎萬方，坡終不笑。一優
> 突出，用棒痛打作伎者曰：“內翰不笑，汝猶稱良優乎？”
> 對曰：“非不笑也，不笑所以深笑之也。”坡遂大笑。
>
> 　　　　　　　　　　　　　　（《宋人軼事匯編》卷十二）

> ❷ 一和尚犯罪，一人解之。夜宿旅店，和尚沽酒
> 勸，其人爛醉，乃削其髮而逃。其人酒醒，繞屋尋和尚不
> 得，摩其頭則無髮矣，乃大呼曰：“和尚倒在，我卻何處
> 去了？”　　　　　　　　　　　　　　　　（《笑贊》）

一種是表超脫的，如：

❸ 荊公與魏公論事不合，曰：“如此則是俗吏所為。”
魏公曰：“公不相知，某真一俗吏也。”

（《宋人軼事彙編》卷十）

❹ 元章知無為軍，見州廨立石甚奇，命取袍笏拜
之，呼曰“石丈”，言事者傳以為笑。或語芾曰：“誠有
否？”芾徐曰：“吾何嘗拜？乃揖之耳。”　（《海岳志林》）

一種是表示詼諧的，如：

❺ 黃魯直戲東坡曰：“昔右軍書為換鵝書，近日韓宗儒
性饕餮，每得公一帖，於殿帥姚麟家換羊肉數斤，可名公
書為換羊書矣。”公在翰苑，一日，宗儒致簡相寄，以圖
報書。來人督索甚急，公笑曰：“傳語本官：今日斷屠。”

（《侯鯖錄》）

❻ 有士人入寺中，眾僧皆起，一僧獨坐。士人曰：
“何以不起？”僧曰：“起是不起，不起是起。”士人以禪
杖打其頭，僧曰：“何以打我？”士人曰：“打是不打，不
打是打。”　　　　　　　　　　　　　　　　（《笑贊》）

一種是表示嘲諷的，如：

❼ 劉子儀不能大用，稱疾不出。朝士問疾，劉云：

"虛熱上攻。"石文定在坐，云："只消一把清涼散。"（原注：兩府用清涼傘也。）　　　　　　（《古今譚概·微詞部》）

❽ 楊升庵云：滇中有一先輩，諭諸生讀書為文之法甚悉。語畢問諸生曰："吾言是否？"一人應曰："公天人，所言皆天話也。"（原注：吳下謂大言曰天話。）

（同上）

一種是表示牢騷的，如：

❾ 東坡先生自黃移汝，起守文登。舟次泗上，偶作詞云："何人無事，燕作空山。望長橋上燈火鬧，使君還。"太守劉士彥本出法家，木強人也。聞之，即謁東坡，曰："知有新詞，學士名滿天下，京師便傳。在法，泗州夜過長橋者徒二年，況知州耶！切告收起，勿以示人。"東坡笑曰："軾一生罪過，開口不在徒二年以下。"

（《揮塵後錄》）

❿ 不會談天說地，不喜咬文嚼字。一味臭噴蛆，且向人前搗鬼。放屁，放屁，真正豈有此理！

（《何典》第一回《如夢令》）

一種是表示隱諱的，如：

⓫ 某科會試，潘文勤公祖蔭充總裁，有一卷薦而未售，評曰："欠沙石。"及輾轉託人致問，文勤曰："其文

日光玉潔，因恐風檐寸晷，未必有如此磨琢工夫，或係代
槍所致，故抑之。"又一卷批一"矮"字。眾皆愕視，文
勤曉之曰："矮者，謂其不高耳。"

（《清稗類鈔·詼諧類》）

❿ 這寶玉固然是有意負荊，那寶釵自然也無心拒
客……從此"二五之精，妙合而凝"（案為《太極圖說》
中語）。

（《紅樓夢》一百九回）

可以想見，語言千變萬化，所對付的情境也千變萬化，除
了上面舉的幾種之外，一定還有不少言在此而意在彼的。言在
此而意在彼是禪門的家數，世俗人借來用，即使不能照搬，只
要星星點點，也會閃爍出或大或小的光芒。

第十五章

餘　論

15.1

回顧既往

禪宗是中土佛教的一個宗派，禪是佛教中一種有特點的修
持方法，講禪，尤其在理的方面，常常不能離開佛教，因此，
本章打算混起來講。這裏稱餘論，意思是有關禪的一些情況講
完了，用剩餘的筆墨總的說說。這所說偏於評價，自然更是仁
者見仁，智者見智。想由時間方面分作兩部分，過去和未來。
先談過去，有以下幾點意思。

第一點，佛道是值得珍視的。前面一再說過，人生，作為
一種客觀現實，是“一”，人生之道是“多”。這有如同是吃，
有人喜歡酸的，有人喜歡辣的。同理，同是住在世間，有人喜
歡朝市，有人喜歡山林。不同的選擇，都是求生活安適，或者
用人生哲學的術語說，求快樂。可是說到快樂，問題又是一大
堆。如叔本華就不承認有積極性質的快樂。佛家更進一步，認
為錦衣玉食，聲色狗馬，以及娶妻生子，柴米油鹽，都沒有甚
麼快樂可言，而是苦。擴大了說，世間就是苦海。這是“知”，
知之後要繼以“行”，於是求滅苦之道。辦法是出世間。由常人
看，這想法很怪。但仔細思考，生活中有苦，甚至多苦，也確
是事實。還有，即使撇開苦。心安理得問題，有不少人是常常
想到而沒有解決。這用佛家的話說，是生死大事未了。總之，
人生確是有佛家所想的那樣的問題，即使在有些人的眼裏，問
題並不那麼嚴重。有問題，應該解決，用甚麼辦法？佛道（尤

其禪）的價值就在於它提供了一種辦法，而且有不少人真就這樣做了。做的結果呢？至少是信士弟子承認，有不少人真就斷了煩惱。也有不少人或者抱存疑態度，這也無妨。我們站在禪外，應該用公平的眼光，把它看作對付人生中某種病的一種方劑，如果真就得了這種病，那就無妨用它試一試。這是說，它是人生哲學方面的一種祖傳的遺產，保存以備用總是應該的。

第二點，慈悲的價值不可輕視。佛教修持的所求，小乘可以滿足於自了；大乘不然，菩薩行還要推己及人。儒家也主張推己及人，所以《論語》說："夫仁者，己欲立而立人，己欲達而達人。""己所不欲，勿施於人。"佛家更進一步，是大慈大悲，就是擴大到人以外的"諸有情"或"眾生"。這由常人看，是過於理想，貫徹很難。不過理想有理想的價值，如中土自佛教盛行以後，也由於有果報說的輔助，推崇慈善、厭惡殘忍的思想感情總是很強烈，這對於維持社會的安定，緊密人與人的關係，應該說是有相當大的作用。打開窗戶說亮話，所謂"德"，不過是人己利害衝突的時候，多為人想想而已。慈悲的思想感情正是培養德的強大的力量，所以不只應該保存，而且應該發揚光大。

第三點，中土佛教的天台、華嚴、法相等宗，都著重繁瑣名相的辨析。禪宗走另一條路，直指人心，不立文字。兩者相比，禪宗是走了簡明的路。所謂"簡"，是比較容易，如不通《成唯識論》等書同樣可以得解脫。所謂"明"，是比較容易說清楚，如自性清淨，當作信念堅持，日久天長就會雜念減削而感到心體湛然；如果鑽研唯識學說，到末那識、阿賴耶識那裏打轉轉，那就有陷入概念大海的危險。此外，禪還有接近世俗的優越性，就是說，容易致用。總之，中土佛教唐以後禪宗獨盛，既是演變的必然，又是選擇的當然。

第四點，是理想離現實太遠，難於實現。前面多次說過，佛道是以逆為順。逆甚麼？是逆《中庸》所說"天命之謂性"。這性，告子說得簡明具體，是"食色，性也"。對這些，佛家硬說是染污，甚至萬法皆空。要求清淨真實的，即所謂實相、真如、涅槃之類。這些事物實質是甚麼？在哪裏？難言也。且從頂端降下一層，不再問能不能證涅槃，只求能夠滅情欲以斷煩惱。可是情欲偏偏來於"天命之謂性"，順，容易，抗就太難了。自然，太難不等於不可能，有少數人，如馬祖、趙州之流，大概是斷了煩惱，夠得上真是悟了。可是，這正如《莊子·天下》篇批評墨家所說："反天下之心，天下不堪，墨子雖獨能任，奈天下何！"因為太難，我的想法，自魏晉以來，出家、在家四眾，數目多到數不清，真正能夠解脫的恐怕為數不多。不能而住山林，持齋唸佛，參禪打坐，其中究竟還有多少煩惱，雖然難於確知，卻是可以想見的。這悲哀是隱蔽的。還有公開的，是把削髮為僧尼看作一條生路，甚至另一種養尊處優的生路，那就是名為出世間實際是入世間了。一部分所謂信士弟子，由以逆為順之難走到有名無實之假，也是佛教的悲劇的一面。這悲劇，應該由教理負責呢，還是應該由一些信徒負責呢？也許是兼而有之吧？

15.2

展望將來

關於將來，也可以説幾點意思。

第一點，佛道的知和行，與現代的想法和生活有大距離，求現代人接受大不易。先説知，現代是科學統轄一切的時候。所謂科學，是求可以説明因果關係、可以實證的知識。往大處説，地球是太陽系的一個行星，太陽系是銀河系的一個星系，等等，都可以實證。往小處説，人體由各種細胞組成，某些病由病毒引起，等等，也是可以實證。佛書上的講法不然，大至三十三天，小至阿賴耶識的種子，都來於玄想，是不能實證的。能實證與不能實證對比，捨前者而取後者，即使非絕對不可能，總是太難了。知不能不影響行，於是科學之下產生了科技。科技想解決的偏於實際問題，如空調可以改善住的條件，飛機可以改善行的條件，等等。這等等相加，會引來生活方面的大變化，即不可意的成分漸漸減少，可意的成分漸漸增加。減之又減，加之又加，其結果，世間的情況就會離佛家的想法（世間是苦海）越來越遠。再加上佛家的不率性而行，太難，求現代人能夠沿著玄奘、馬祖等人的路線走，必是越來越困難。

第二點，信士弟子會逐漸減少。科學與宗教，至少是知的部分，難於調和。這樣，科學知識的勢力膨脹，宗教信條的勢力就會相應地縮小。這是一切宗教共有的命運。六朝以來，中土佛教勢力很大，出家、在家四眾，人數很多，思想的影響，對四眾是深入，對四眾以外的不少人是淺入。到現代，雖然信教有自由，各地還有一些寺院，可是甘心住在裏邊、執意求解脫的人總是為數不多了。在家的二眾自然更少。可以想見，此後這種情況還會發展，就是說，信士弟子會越來越少。佛學，作為哲學史的一個門類，會在研究哲學的機構和大學的教室佔一席地。但這是研究，等於站在外邊用冷眼看，而不是隨著大流走下去。知，難見諸行，這由佛教的立場看，是個遺憾。還可能有更大的遺憾，是滅苦的大志和辦法，以及誓願度的弘願，都漸漸在人的思想中消逝。這值得惋惜。說值得惋惜，是因為，如果人的生活可以分為物質、心靈兩部分，昔人感到的心靈方面的問題，不會因為科技的進步而削減淨盡。那麼，昔人對這類問題的成系統的想法和解決辦法，也就值得保存，並在必要的時候思索一下。也就是根據這種想法，我覺得，佛道，尤其禪的修持方法和生活態度，總是應該當作寶貴的遺產收藏在適當的地方。

第三點是求生存的兩難。上面兩點意思，總起來是佛教的前途充滿荊棘，不易走，或者說，想生存下去，有不少困難。信士弟子們當然想生存下去，困難怎麼克服？很明顯，是要在兩難中闖出一條中道的路。這兩難的路，一種偏於保守，就是緊抱著教義不放。這，剛才說過，就會與現代的思想和生活格格不入。具體說，還相信萬法唯識，用現代化設備也是苦，禪悟後可以了生死，等等，必難於取信於人。這條路不能暢通，於是不得不試一條偏於維新的，就是向世俗靠近，或說趨向現代化。怎麼化？一言難盡，因為牽涉到無限事物，不能遍舉，就是只舉一項，如用農藥殺害蟲，也不好辦。前不久看報，見某活佛曾說：「如果將『四大皆空』理解為不妄求，不做非分之想，不沉溺於物欲，則仍有其保留和存在的價值。」這用意很好，可是就佛理說，放棄「四大皆空」，究竟變動太大了。我有時想，不得已而向世俗和現代靠近，如果把「人生是苦」的想法也放棄了，路是容易走通了，但那還能夠算作佛教嗎？怎麼樣才能夠取得既不放棄基本教義，又不遠離現代精神的中道，以期能夠生存下去，這個問題太大，只好留給與佛教、與佛教教理有牽涉的一些來者慢慢思考。

　　第四點，也不排斥另一種可能。這是指較長時期之後，整個世界思潮可能有變化，就是由向外的追求科技，變為向內的追求內心。如果竟會這樣，佛教教義以及禪宗的修持方法，是各種心學中的很重要的一種，也許還會有人把它從書庫裏找出來，刮目相看吧。

張中行
（1909—2006）

原名張璿，字仲衡。1909 年 1 月生於
河北省香河縣一農家。1931 年畢業於通縣
師範學校。1935 年畢業於北京大學中國語
言文學系。曾任教於中學、大學，亦曾編過
期刊。1949 年後就職於人民教育出版社，
從事編輯工作。

先生涉獵廣泛，遍及文史、哲學諸多領
域。著作先後出版有《文言津逮》《佛教與
中國文學》《作文雜談》《負暄瑣話》《文言
和白話》《負暄續話》《禪外說禪》《詩詞讀
寫叢話》《順生論》《談文論語集》《負暄三
話》《說夢樓談屑》《橫議集》《說書集》《流
年碎影》《說夢草》《散簡集存》《張中行全
集》等。其中或記舊人舊事，或談學論理，
或探究人生，見識深邃，文筆獨特。

三聯書店網址：
www.jointpublishing.com

 Facebook 搜尋：
三聯書店 Joint Publishing

 WeChat 賬號：
jointpublishinghk

 豆瓣賬號：
三聯書店香港

 bilibili 賬號：
香港三聯書店